书山有路勤为径,优质资源伴你行
注册世纪波学院会员,享精品图书增值服务

Child and Adolescent
Mental Health

儿童与青少年心理健康
指导手册

修订版

[美] 威廉姆·迪克尔（William Dikel）◎著
蔺秀云　刘胜男　白　雪◎译

电子工业出版社
Publishing House of Electronics Industry
北京·BEIJING

Student Mental Health: A Guide for Teachers, School and District Leaders, School Psychologist and Nurses, Social Workers, Counselors, and Parents（Updated and Expanded）by William Dikel
Copyright ©2020, 2014 by William Dikel
Chinese Simplified translation copyright © 2023 by Publishing House of Electronics Industry Co., Ltd
Published by arrangement with W. W. Norton & Company Inc. through Bardon-Chinese Media Agency
博达著作权代理有限公司
ALL RIGHTS RESERVED.

本书经由 W. W. Norton & Company Inc.通过 Bardon-Chinese Media Agency 授权电子工业出版社独家出版发行。未经书面许可，不得以任何方式抄袭、复制或节录本书中的任何部分。

版权贸易合同登记号　图字：01-2020-3452

图书在版编目（CIP）数据

儿童与青少年心理健康指导手册 /（美）　威廉姆•迪克尔（William Dikel）著；蔺秀云，刘胜男，白雪译. 一修订版. 一北京：电子工业出版社，2023.7
书名原文: Student Mental Health: A Guide for Teachers, School and District Leaders, School Psychologists and Nurses, Social Workers, Counselors, and Parents（Updated and Expanded）
ISBN 978-7-121-45275-8

Ⅰ.①儿⋯　Ⅱ.①威⋯　②蔺⋯　③刘⋯　④白⋯　Ⅲ.①儿童—心理健康—健康教育—手册②青少年—心理健康—健康教育—手册　Ⅳ.①G444-62

中国国家版本馆 CIP 数据核字（2023）第 096551 号

责任编辑：杨洪军
印　　刷：河北鑫兆源印刷有限公司
装　　订：河北鑫兆源印刷有限公司
出版发行：电子工业出版社
　　　　　北京市海淀区万寿路 173 信箱　邮编：100036
开　　本：787×1 092　1/16　印张：15　字数：311 千字
版　　次：2023 年 7 月第 1 版
印　　次：2023 年 7 月第 1 次印刷
定　　价：88.00 元

凡所购买电子工业出版社图书有缺损问题，请向购买书店调换。若书店售缺，请与本社发行部联系，联系及邮购电话：（010）88254888，88258888。
质量投诉请发邮件至 zlts@phei.com.cn，盗版侵权举报发邮件至 dbqq@phei.com.cn。
本书咨询联系方式：（010）88254199，sjb@phei.com.cn。

致　　谢

　　本书的顺利完成离不开诸多杰出的、支持学生心理健康工作的专业人士的帮助。

　　首先，我要感谢所有采访过的教师，包括那些要求匿名的教师。黛布拉·古德拉森、唐娜·哈里斯、南希·柯兹曼，以及辛迪·劳森，他们每一位都无私分享了多年来与患有心理健康障碍的学生打交道的宝贵经验。学校心理健康中心的前任和现任主管，马克·韦斯特、南希·利弗、莎伦·胡佛·斯蒂芬，以及来自加州大学洛杉矶分校学校心理健康项目的霍华德·阿德尔曼和琳达·泰勒，他们一直在推进学校心理健康工作领域处于先驱地位。贾恩·莫尔和沙琳·伯斯特是为患有心境障碍的学生开设的四类安置所项目的管理者，他们已经为学区领导提供了应对这些高风险学生心理健康需求的方案。来自家长权益倡导联盟（Parent Advocacy Coalition for Educational Rights，PACER）组织的勒内勒·纳尔逊从家长的角度阐述了什么是学校心理健康，来自明尼苏达州教育部门的凯蒂·佩里分享了自己作为教师的经验。来自芭芭拉·施耐德基金会的马克·安德森提供了关于预防暴力的相关见解。马克·桑德尔分享了他在明尼苏达州亨内平县政府监督学校规划心理健康项目的丰富经验。贝丝·弗里曼帮助美国各地的学区建立起能够可持续发展的学校心理健康项目。戈迪·罗伯尔一直致力于将学校心理健康纳入学校的整体健康规划，并倡议增加学校心理学家这一专业角色。凯莉·斯特恩在我对夏威夷学区项目进行咨询审查后，成功地在该学区实施了几个心理健康项目。儿童和青少年行为研究所的谢尔顿·布拉登深入研究了教育系统在解决学生课堂行为问题方面的作用。来自《残疾人教育法案》（Individuals with Disabilities Education Act，IDEA）合作企业的乔安妮·卡什曼将学校的心理健康活动置于社区实践的环境中，用这种方式将各相关方联系在一起，共同实现服务高风险学生的目标。作为执业心理学家和行为分析师的贾恩·奥斯特罗姆，在建立联结行为和临床观点的概念框架方面提供了宝贵的帮助，并与我共同创建了"临床-行为谱系"的概念。

　　最重要的是，我要感谢美国各地无数的教师、学校心理学家、辅导员、社工、护士和学校管理人员，他们每一位都致力于学生教育，帮助学生克服挑战，并走向成功人生。

本版介绍

当《学生心理健康教师指南》(*The Teacher's Guide to Student Mental Health*)这本书于2014年首次出版时,有关"学校心理健康"的话题热度就已经开始升温了。尽管本书很受欢迎,但根据我们得到的反馈,接下来我们还需要把工作的重点扩展到教师群体之外,从而让更多的人了解到这个重要的内容。

因此,本书面向所有的教育工作者。教师、学校和学区领导、学校心理学家、心理教师、社工和心理咨询师都可以从中获益。此外,家长也可以通过本书学习相关知识,以便更好地了解孩子在学校中的需求。由于许多学生被多个组织部门所关注,因此本书对其他人群,包括医生、社区心理健康服务者、学校律师、儿童保护和青少年司法系统的专业人员,同样有用。

新增内容

本书的新增内容涵盖了与学生心理健康相关的各种主题,包括基于实证的教学方法、学校间心理健康服务的协调合作、与外部服务提供者的关系、学校心理健康计划的制订、特殊教育问题、学生暴力行为、健康生活方式与心理健康的关系、学校心理健康数据档案的处理,以及与特殊教育有关的政策问题。以上内容都将在本书中进行详细介绍。

针对有情绪和/或行为问题学生的基于实证的教育干预措施部分,可以帮助教育工作者为有各种有心理健康障碍的学生量身定制合适的方案。

本书详细描述了在学校为学生提供心理健康服务的模式,并分析了每种服务模式的风险与收益。本书还介绍了在学校环境中为学生提供心理健康服务所推荐的契约关系,重点介绍了学区如何在不参与心理健康诊断及治疗的情况下,协助提供相关服务。

本书举例说明了如何与外部机构或项目,包括县级社会服务机构和社区心理健康项目成功合作的方法。

尽管学区通常有专门的医疗方案去帮助患有糖尿病或哮喘等疾病的学生,但对患有抑郁障碍、注意缺陷/多动障碍(Attention Deficit Hyperactivity Disorder,ADHD)或焦虑障碍等心理健康障碍的学生,却往往缺少具体的心理健康干预措施。本书侧重于提出成功有效的心理健康计划,以帮助学区满足有心理健康障碍学生的需求。

在特殊教育方面,本书深入探讨了心理健康和特殊教育的重叠部分。包括心境障碍、孤独症(自闭症)谱系障碍(Autism Spectrum Disorder,ASD)和其他与学生心理健康障碍相关的特殊教育类别。本书还详细介绍了对滥用药物或酒精的学生进行特殊教育评估的方法。

在学生暴力行为方面，本书深入分析了这类学生的心理健康障碍与暴力行为之间的关系。

生活方式和心理健康的关系也是一个重要内容，因为与营养、运动、睡眠和积极社会关系相关的议题在学生心理健康中扮演着日益重要的角色。本书讲述了身体健康与心理健康的关系，并对学生的生活方式提出了建议，来帮助学生形成最佳的健康生活方式。

教育工作者在处理学校档案中与学生心理健康相关的信息时也经常会感到困惑。例如，学校的社工可能认为他们与学生会面的文件应该是保密的，而实际上它是学生教育记录的一部分。又如，来自社区的心理健康服务提供者的相关信息需要以特定的方式加以处理，而这又往往被人们所忽略。本书中关于如何处理学校档案中学生心理健康信息的建议，为教育工作者提供了一些指导和思路。

本书还详细讨论了几个政策问题，包括需要重新评估特殊教育中心境障碍类别的标准和定义，因为目前的标准已经过时，并且有着糟糕的消极影响。此外，本书还建议取消 IDEA 的最后付款人条款，因为学区要为特殊教育的学生支付包括昂贵的住宿费用在内的心理健康治疗费用，这使得学区承担了巨大的财务压力。

扩大国家中心机构规模，促进学校心理健康发展

30 多年前，当我第 1 次开始面向学校咨询时，许多学区都不愿意提及学生的心理健康问题，似乎他们禁止在一句话中同时使用"学校"和"心理健康"这两个词。然而，时代在改变，现在大家对学校心理健康问题的重视程度正迅速提高。例如，由马里兰大学组织的国家学校心理健康中心（National Center for School Mental Health，NCSMH），其在 2018 年举办的促进学校心理健康发展年度会议上约有 1400 名参会者，这比 2014 年增加了 30%以上。NCSMH 与卫生资源服务管理局的妇幼保健局合作，实施了在学校心理健康领域提高质量和保持可持续性发展的全国人口普查和国家绩效措施。NCSMH 提供了丰富且免费的线上资源——学校健康评估与绩效评估体系，为学校、地方和各州提供了工作平台和有针对性的资源，以促进高质量的学校心理健康体系的发展。NCSMH 继续在地方、州和国家几个层面开展工作，通过多层次支持系统和共享家庭—学校—社区心理健康日程，促进综合性学校心理健康工作的开展。一些关注社会情感学习、创伤知情护理、远程医疗保健、健康的社会决定因素，以及校园安全与氛围的议题，渐渐成为心理健康的新兴领域。

与此同时，在西海岸，加州大学洛杉矶分校（University of California, Los Angeles，

UCLA）的心理健康服务中心，在学校和学生/学业支持下开展了对学校心理健康主题的不断扩展和趣味化提示。学校心理健康项目（School Mental Health Project，SMHP）确立于1986年，该项目专注于从事理论研究、实践和培训，并通过基于学校的干预解决心理健康和社会心理所关注的问题。SMHP工作人员与学区、地方和各州机构、特别行动机构、相关组织和全国各地的同行开展了密切合作。1995年，该项目建立了学校心理健康服务国家中心。2015年，该中心制订了国家学生转化和学习支持计划。2017年，该中心将名称扩展为"学校和学生/学业支持心理健康中心"，其任务是帮助学区和学校提高学生在学习中解决困难的能力，并和与学校脱节的学生重新联系，从而提高他们的成绩。SMHP为领导者和实践者提供了信息和链接，帮助他们获得一系列免费的资源，这些资源可用于学校改进、专业发展和直接的学生/学业支持。SMHP也帮助学区将原来分散而零碎的途径进行整合，以在整个学校系统中提供针对学生的学业支持。

学校心理健康服务的增加

自本书第1版出版以来，在学校内提供心理健康服务已呈现一种日益增长的趋势。通过与社区心理健康服务者合作的方式将心理健康服务纳入学区，这种模式在美国得到了推广。该模式在学区和心理健康服务提供者之间搭建沟通的桥梁，同时完善了法律边界，保护学区免受法律和财务责任的影响。因此理想的服务提供模式包括教师咨询、参加团体活动（在征得家长同意的前提下）、提供服务演示等。由于这些辅助服务一般不在保险覆盖范围内，因此通常以政府补助的形式支付这些服务的费用，并负担未投保和投保不足的学生的费用。

在我的家乡明尼苏达州，在明尼阿波利斯市的公立学校系统中的163所学校，以及涵盖亨内平县的9个PICA"赢在起跑线"项目（包括明尼阿波利斯市在内的人口最多的县政府）中的50所学校，均拥有学校心理健康服务，在整个明尼苏达州的2066所学校中，有约1000所学校拥有该服务。根据亨内平县政府领导和明尼阿波利斯市公立学校的学校心理健康处主任马克·桑德尔博士的说法，与10年前相比，这个数字有了显著的增长，当时，明尼阿波利斯市公立学校中仅有11所、亨内平县有45所、明尼苏达州有400所学校提供该服务。学校心理健康服务增加的一个主要原因，是2007年开始的学校心理健康拨款项目，该项目由明尼苏达州公共服务部管理。学校心理健康项目通常在校内提供现场服务，以及面向教师和其他教育工作者提供和治疗相关的咨询。此外，学校心理健康项目还为教育工作者提供心理健康专业发展服务，并与校外的其他专业人员进行护理协调。家庭健康保险支付了大部分的服务费用（就像在门诊一样），国家拨款通常用于支付未投保和投保不足的人的临床护理费用。国家拨款也帮助支付与治疗相关的咨询与护理协调费用。在一些学区，如果没有国家拨款，那么学区将承担该项费用。在明尼苏达州，学校心理健康服务的发展很大程度上是由于这些项目增加了大量家庭护理服务，并为心理健康专业人员与学校教育工作者在如何更好地支持学生的问题上展开合作提供了机会。在2018年，明尼苏达州人力资源服务部提供了用于未来3年的3300万美元的拨款，用于为明尼苏达州公立学校的学生提供服务。57名受助者获得了与学校有关的心理健康项目的资助，该项目为该州一半以上的学校提供服务。上一轮拨款数据显示，该项目惠及了953所学校中的学生。

基于我给大量因失去拨款资助而不得不停止服务的项目咨询的经验，我认为只有当项目从启动试用过渡到能自我维持提供服务的模式时，这个项目才可以依靠拨款资助。如果国家提升医疗补助报销率，将心理健康福利扩展到所有辅助服务中，允许医疗补助为提供心理健康相关服务的普通教育和特殊教育的学生付学费，并使所有疑似有情绪障碍的学生的家庭获得免费医疗补助的服务，基于学校的心理健康服务就可以成为能自我维持的项目。

加强对教育工作者和学生的心理健康培训

在美国，超过一半的州都要求教师教育包含心理健康方面的内容。例如，在2018年，艾奥瓦州通过了一项立法，要求对教师进行培训，以帮助他们识别学生的抑郁症状，并帮助学生寻求心理健康服务。许多州都采用一个提供8小时课程的心理健康急救项目，让专业人员掌握更多技能去帮助那些有发展性心理健康问题，或正经历心理健康危机的人们。

2018年，纽约州和弗吉尼亚州率先颁布法律，要求在学校开展心理健康教育。纽约州法律更新了小学、初中和高中的健康课程，增加了有关心理健康的内容。该州的法律并没有规定具体的课程，相反，它更新了健康课程，将心理健康纳入健康课程的定义和范围。该法律指出，心理健康"是我们整个健康体系中必要的组成部分，应该成为纽约州学校里健康教育的一部分"。依据该法律，纽约州教育部门表示，该州的健康教育"必须认识到健康有多个方面，包括身体健康和心理健康间的关系"。根据纽约州法律，"死于自杀的青少年中，90%的人在死时患有抑郁障碍或其他可被诊断并治疗的心理健康障碍"。通过对心理健康知识的重视，学校正在努力培养学生能够终身掌控身体健康和心理健康的能力。通过对所有年龄段的学生进行心理健康教育，学校希望他们能学会如何识别自己和朋友的早期症状，并在危机发生前寻求帮助。

弗吉尼亚州的法律规定，九年级和十年级学生的身体教育和健康课程中必须包含心理健康教育内容，并要求州教育部门更新九年级和十年级学生的心理健康学习标准。该法律要求州教育部门与包括国家心理健康障碍联盟在内的专家协商，利用最新研究和最佳实践制定一套更严格的学习标准。其目标是在全州范围内开展一个解释心理疾病背后的脑科学原理的教育项目，以帮助学生学习如何改善自己的心理健康状态，并减少由心理健康问题造成的耻辱感。

学生心理健康的公共健康途径

本书出版的目的是用浅显易懂的语言解释心理健康障碍。其目标是使学校成为支持性的环境，并提高对弱势学生群体的教育成果。

越来越多的教育工作者意识到，学生的心理健康问题需要获得至少与身体健康问题同等的重视。学校心理健康活动作为一种公共健康活动，可以被纳进学生教育的各个方面。

作为在本地和全美国范围内工作了 30 多年的学校心理健康顾问，我很高兴地发现，现如今学生心理健康问题得到了其应有的重视。我希望本书能使教育工作者和他们所服务的学生有更多获益，能为这一目标的实现做一些力所能及的事，我深感荣幸。

目　录

第一部分　儿童和青少年心理健康概述 ········· 1
- 引言　为什么学校应当关注学生心理健康 ········· 3
- 第1章　学生心理健康概况 ········· 8

第二部分　儿童和青少年心理健康障碍的种类 ········· 17
- 第2章　临床-行为谱系 ········· 19
- 第3章　心境障碍 ········· 30
- 第4章　ADHD ········· 43
- 第5章　焦虑障碍、强迫症和PTSD ········· 49
- 第6章　物质使用障碍 ········· 60
- 第7章　ODD和品行障碍 ········· 72
- 第8章　ASD ········· 78
- 第9章　精神病性障碍 ········· 82
- 第10章　心理健康障碍范围内的暴力行为 ········· 85

第三部分　儿童和青少年心理健康障碍的诊断与治疗 ········· 89
- 第11章　对心理健康障碍进行诊断和治疗的专业人员 ········· 91
- 第12章　心理健康综合评估 ········· 96
- 第13章　针对儿童和青少年的心理治疗方法 ········· 106
- 第14章　精神类药物的合理使用 ········· 111

第四部分　学区和学校的政策与程序 ········· 119
- 第15章　学区、学校和教职人员的角色 ········· 121
- 第16章　学区和教育工作者的角色 ········· 126
- 第17章　教育工作者和心理健康专业人员之间的关系 ········· 137

第五部分　促进学生学习的学校做法 ········· 149
- 第18章　学校应对学生心理健康挑战的方式 ········· 151
- 第19章　参与普通教育、特殊教育和504计划的学生 ········· 164
- 第20章　针对有情绪或行为障碍学生的有效教学策略 ········· 174

第 21 章　针对有情绪或行为障碍学生的循证教育干预……………………199
第 22 章　结论和建议………………………………………………………208
附录 A　精神障碍诊断与统计手册…………………………………………216
附录 B　关于个性化教育计划的心理健康相关服务………………………219
附录 C　对滥用物质的学生进行特殊教育评价……………………………224

第一部分
儿童和青少年心理健康概述

引 言

为什么学校应当关注学生心理健康

银行抢劫犯威利·萨顿在被问及为何抢劫银行时回答到:"因为钱在那里"。同理,当被问到为什么学校是解决儿童和青少年心理健康问题的理想场所时,我们可以做一个相似的比喻——因为孩子们在那里。

一、学校和教师的角色

事实上,患有心理健康障碍的儿童和青少年可以在学校里接受所有的服务,例如,学校咨询(25%)、心理健康专家指导(24%)、通用医疗服务(11%)、人力资源服务(7%)、替代药品指导服务(5%)、未成年人司法服务(5%)(加兰等,2001)。当教育工作者识别学生的障碍后,学校也有途径获得更多相关服务。总统管辖下的心理健康自由委员会、医学研究所和美国卫生与公众服务部都鼓励学校提高他们对学生心理健康障碍的早期识别能力。显然,如果专业人员在问题还处于早期时就能发现并及时反应,同时提供有针对性的服务,这对心理健康障碍患者和他们的教育效果都将有显著的积极影响。教育工作者在未成年人的心理健康方面起着关键作用。儿童和青少年群体有较高的心理健康障碍患病率。在美国的每个教室里,都至少有一名学生患有相关障碍,这些患病学生中的大部分都患有严重的心境障碍。通常来讲,人们认为能否在学校中获得成就预示着未来的人生是否成功,而患有心理健康障碍的儿童和青少年如果没有得到适当的干预,他们在学校便会处于明显劣势。通过学习心理健康障碍方面的知识,教育工作者能更有效地与患病学生及其家庭开展合作,确保他们获得更好的学业成就。

教师在帮助患有心理健康障碍的儿童和青少年方面尤其发挥着重要作用。教师可以识别会导致挫折的学习困难或障碍并帮助解决它们,这些挫折会使儿童和青少年出现情绪和行为问题。他们可以帮助这些有障碍的儿童和青少年学习由于障碍影响而未得到充分发展的宝贵生活技能。他们可以识别障碍的迹象和症状,并同家长和治疗师沟通，以协助诊断和治疗。他们可以向那些为患有情绪和行为问题的儿童和青少年制定解决方案的学校团队提供信息和意见，并在课堂上实施有助于成功的干预措施。他们可以为学校社工、心理学家、辅导员、校医，以及社区医疗和心理健康障碍的专业人员提供协调服务。他们可以鼓励管理者制定心理健康障碍处理流程和指导方针，用以阐明教育工作者的相关工作职能、危机干预方法，以及设计对患有心理健康障碍的学生进行评估的流程。他们可以与患病学生的家长进行合作，创建在家庭和学校环境下无缝衔接的行为干预计划。最重要的是，他们可以成为更成功的教师，让那些患有心理健康障碍的学生获得更强的学习能力，减少其行为困难，改善其对学校的态度，并提高其自尊心，这些都可以作为课堂成就的一部分。总而言之，教师在儿童心理健康领域发挥着至关重要的作用，可以说，有效的教学对这些学生是有治疗意义的。如果教师能敏锐地觉察到学生心理健康障碍问题的本质，并能帮助学生从这种障碍中解脱出来，那么此过程中产生的支持和同情将在很大程度上使该学生感觉到：学校是一个欢迎他的地方。

引发心理健康障碍的风险因素是复杂的，并且不同于其他疾病障碍。即使是那些受遗传因素影响的障碍，环境也会对其产生影响。如果同卵双胞胎中的一个患有精神分裂症，那么另一个基因相同的双胞胎患精神分裂症的几率只有50%。这一统计数字表明，其他因素同样可以引发这种障碍。因此环境因素，如儿童虐待、贫困和混乱的家庭环境均会增加罹患心理健康障碍的风险。然而，环境因素有时也可以起到保护作用。最强大的保护因素之一是与成年人之间的积极关系，这可以来自一位家庭成员、一位充满关怀的成年邻居或一位教师。特别是与一位表示关心、能提供始终如一、结构化关照的教师建立关系，可以帮助一个学生塑造其心理韧性，使之能够成功地面对生活中的压力。许多有经验的教师描述了以前的学生拜访他们的情形，这些学生告诉他们，正是由于得到了来自教师的帮助并做出了能力上的巨大改变，自己才获得了成功的人生。可见，成功的师生关系有助于预防心理健康障碍的发生并抑制其进一步发展。

二、心理健康教育的前提条件和提供服务的障碍

教师培训项目包括为众多教学科目以及最有效的教学策略提供信息和指导，然而遗憾的是，学校无法腾出足够的时间和精力放在那些事关学生心理健康的事情上。在这种教育氛围的影响下，许多教师和学校管理者对儿童的天性、儿童和青少年心理健康障碍如何诊断和治疗、他们在学校环境中如何表现，以及以学校为基础的何种干预方式最有效等方面都缺乏最基本的了解。

美国各学区对学生心理健康障碍的处理方法存在很大差异，这种差异更加剧了差距的扩大。即使在一个学区内部，学校与学校间的处理方法也可能有很大不同。一些学区在心理健康问题方面提供丰富的培训，与此相反的是，其他一些学区几乎没有任何培训。有些学区把心理健康障碍治疗看作接受特殊教育的学生众多个性化教育计划中的相关服务，一些地方则很少这样做。有些学区拥有由学校雇用的专业人员，或由当地社区的心理健康医疗工作人员提供的现场诊断和治疗服务，而其他学区则根本没有。

一些学区明确规定了心理健康指导的程序及准则，一些学区则没有。一些学区鼓励从临床视角看待学生的心理健康问题，一些学区则坚持采用严格的行为方法来解释学生的问题并进行随后的干预。我认为，导致学区未能充分解决学生心理健康问题的原因有以下几个。首先是缺乏关于心理健康障碍及其对学生和学校会产生什么影响的专业知识。其次，有些学校对医学类诊断模式存有偏见，进而倾向于行为观察，造成这种现象的原因有很多。大多数有心理健康障碍的学生从没有被诊断过，而行为观察可能被教育工作者认为是判断一名学生是否患有障碍的唯一方法。因为在一些个案中，患病者接受了大量来自不同医疗机构和心理健康专业人员的不同诊断。鉴于这些诊断结果的差异性，教育工作者发现有必要依靠更可靠的行为观察。最后，如果一名学生患有心理健康障碍，且正在接受特殊教育服务，学校可能需要承担识别和转诊治疗的经济责任。根据 IDEA，学校是学生接受必要教育服务的最后付费方。虽然学区不必负担医院治疗的费用，但学校可能需要支付心理健康障碍治疗的费用。这种情况成为学校处理心理健康问题的重要阻碍。由于特殊教育需求经费的不足，以及对有需要的学生（特别是贫困学区）缺乏足够的服务，该问题就显得更加严重。

一则值得思考的寓言

想象一下，在一个世界中，脑膜炎是引起学生在课堂上出现情绪和行为困难的主要原因。在这个世界上，教师在识别脑膜炎的症状以及当症状被识别时该怎么做方面只会接受最低限度的培训。在这个世界中，常规医疗预约不会进行对脑膜炎的广泛筛查，医生在诊断和治疗脑膜炎方面所接受的培训非常有限。在这个世界中，有一个专业知识严重缺乏的人接受过对脑膜炎进行诊断和治疗的技术训练，而学校由于是诊断费用和随后昂贵的治疗费用的最后支付者，可能由于经历着严重的经济问题而减少对家长就孩子的脑膜炎问题提供评估的建议。在这个世界中，由脑膜炎导致的学生行为问题往往被误解为任性，当他们感到自己因为难以控制的行为而受到指责时，会变得更加消沉。在这个世界中，针对这些学生的专门教育项目非常昂贵，而且效果往

> 往很差。现在，将"心理健康障碍"代替"脑膜炎"一词，并考虑一下这种不幸情况的影响。

心理健康障碍无论对于儿童、青少年还是成年人，都是一个重要的公共健康问题。在一个理想世界中，这些障碍会在求医问诊时被发现，与此同时，所有家长都将为他们的孩子积极寻求有效的治疗方法，同时有足够的经验丰富的专业人员可以为这些学生提供治疗，也有足够的训练有素的教育工作者识别并处理这些心理健康障碍。

三、本书内容及写作目的

本书旨在为各种人群提供实用的参考建议，他们均以不同身份支持着学生的发展，有教师、学校和学区领导人、学校心理学家、社工、咨询顾问、家长、临床医生、初级护理人员和治疗师等。本书提供了关于儿童心理健康问题的广泛内容，这些内容可以作为参与儿童教育和照顾的专业人员的基础知识的补充。具体来说，本书回顾了不同心理健康障碍对儿童及青少年造成影响的本质原因及其在学校内的症状表现，讲述了如何对这些心理健康障碍进行诊断和治疗，并讨论了已被证明有效的课堂干预技术（包括学术的和非学术的）。本书还概述了与此类学生相关的一般和特殊教育问题，阐明了教育干预经常失败的原因，并提出了有利于提高成功率的建议。本书希望能为关心学生心理健康的教育工作者提供扎实的实践知识基础。

第一部分儿童和青少年心理健康概述为第二部分奠定了基础。在第二部分中，每一章都详细描述了一系列情绪或行为障碍，包括抑郁障碍和双相情感障碍、ADHD、焦虑和强迫障碍、创伤后应激障碍（Post-traumatic Stress Disorder，PTSD）、物质使用障碍、对立违抗障碍（Oppositional Defiant Disorder，ODD）和ASD。第三部分解释了这些障碍的诊断过程和最常见的心理治疗和精神药理学治疗方法。第四部分讨论了学校和学区工作人员的作用，以及教育工作者同社区和学校心理健康专业人员如何开展最佳合作。第五部分概述了基于循证的教学策略，以及对有情绪或行为障碍的学生如何进行干预，并且对学校心理健康政策与实践提出了建议，以建立一个可以满足学生需求的由各专业人士紧密合作的系统。书中穿插着的案例，都是从我几十年提供个案咨询和学区咨询的经验中总结出的例子——用以说明在学校心理健康工作中出现的各种问题及其分类与性质。这些案例都伴随着反思问题，将有助于促进读书学习小组的讨论或激发个别读者的思考。

本书的关键在于，儿童和青少年的心理健康障碍都是真实存在的，它们能够被识别、正确诊断和成功治疗。许多对儿童和青少年发展至关重要的人可以在治愈患有心理健康障碍的儿童和青少年方面发挥重要作用。我专门从事学校心理健康工作已经超过30年，在明尼苏达州和全国的学区以及州心理健康和教育部门都工作过。在我职业生涯的初期，一些学区在同一句话中使用"学校""心理健康"几乎是禁忌。但多年以来，这种情况已经有了重大的转变，学校越来越意识到解决心理健康问题的必要性。本书的目的是推广、深化这种意识，促进教育工作者、家长与学校和社区心理健康服务者之间的合作。

第1章

学生心理健康概况

1999年美国卫生局局长关于心理健康的报告,以及2000年关于儿童心理健康会议的报告中,均明确将心理健康确定为公共健康领域中的一个主要问题(美国卫生和公共服务部,2000)。这些文件表明,心理健康障碍是常见的并可以被治疗的,尽管它们通常得不到应有的治疗。

一、心理健康障碍的患病率和类型

根据美国卫生局的报告,大约有1/5的儿童、青少年和成年人患有心理健康障碍,每20个儿童和青少年中就有一人患有严重的情绪障碍。然而,只有1/3的成年人和1/5的儿童及青少年接受了最低限度的治疗。治疗一般由初级护理人员提供,而非心理健康专业人员。人们注意到,心理健康障碍对社会的影响是巨大的,这不仅体现在患者所经受的痛苦上,也体现在对财政的巨大影响上。据估计,仅仅一种障碍——重性抑郁障碍,每年对美国经济就造成了约400亿美元的财政损失。随后的研究也报告了类似的发现(帕斯特、鲁宾、杜兰,2012),在美国卫生局发布报告的20年后,该问题依旧严重。世界卫生组织已确定,重性抑郁障碍是导致15~44岁美国人患病的主要原因。全国共病调查-青少年补充部分发现,约11%的青少年在18岁时患有抑郁症。其中,女生比男生更容易罹患抑郁障碍。而随着他们年龄的增长,患抑郁障碍的风险也相应增加。

美国疾病控制和预防中心在2013年5月的报告中提到(佩鲁等,2013),美国估计有20%的儿童和青少年患有心理健康障碍。该报告还提到,这些心理健康障碍的患病率似乎正在升高。心理健康障碍被定义为"严重偏离预期的认知、社交和情感发展"。最常见的心理健康障碍是ADHD,约占7%,其次是品行障碍(3.5%)、焦虑障碍(3%)、抑郁障碍(2.1%)、ASD(1.1%)和抽动症(0.2%)。此外,近5%的12~17岁青少年被报告在过去的一年中患有非法药物使用障碍,4.2%的青少年在过去一年中有酒精使用障碍。自杀是 12~17 岁青少年死亡的第二大原因。在 10~19 岁的儿童和青少年中，每 10 万人中就有 4.5 人死于自杀。

美国国家心理健康研究所的研究人员发现，人一生中一半的心理疾病都出现在 14 岁之前。因此，心理健康障碍在大部分儿童和青少年中非常普遍。例如，上面提到的美国疾病控制和预防中心的研究发现，大约 5% 的 4~17 岁儿童和青少年的家长报告，他们的孩子在过去的 6 个月中有过严重或明确的情绪或行为障碍，17% 报告有轻微障碍。并且，在这两类障碍的严重程度上，男孩的比例都高于女孩。然而无论男孩还是女孩，有情绪或行为障碍的人数比例都会随着年龄的增长而增加。与非西班牙裔白人儿童或非西班牙裔黑人儿童相比，西班牙裔儿童群体的家长极少报告他们的孩子有情绪或行为障碍，无论何种严重程度。家长报告有轻微障碍的非西班牙裔白人儿童和非西班牙裔黑人儿童，他们可能实际上患有更严重或明确的情绪或行为障碍。单亲家庭中有严重或明确障碍的儿童百分比是双亲家庭的两倍（8% : 4%）。家长报告有严重或明确障碍的贫困儿童的比例是非贫困儿童的近两倍（7% : 4%）。拥有公费医疗补助的儿童有严重或明确障碍的比例是 9%，而拥有私人医疗保险的儿童的比例仅为 4%，没有私人医疗保险的比例为 5%。4~17 岁儿童和青少年中有 12% 被诊断出至少患有下列障碍之一：ADHD、学习障碍、智力障碍、ASD、唐氏综合征或发育迟缓。将近 7% 的儿童和青少年被诊断患有 ADHD，8% 患有学习障碍，3% 患有发育迟缓。患有 ADHD、学习障碍或发育迟缓儿童的年龄比例与他们的情绪或行为障碍程度密切相关。在有严重或明确障碍的男孩中，59% 被诊断为 ADHD，48% 被诊断为学习障碍，21% 被诊断为发育迟缓。在没有问题的男孩中，只有不到 4% 的家长报告他们的孩子存在该类诊断。同样在女孩中，也通常是那些有严重或明确障碍的孩子被诊断患有心理健康障碍。

教育工作者非常清楚，许多学生在课堂上就已经表现出了情绪或行为方面的障碍。许多学生在生活中经历了多重压力，这些压力会增加他们罹患心理健康障碍的风险。危险因素主要包括身体问题和慢性病、智力残疾和认知障碍、低出生体重，以及母亲产前接触酒精、毒品和烟草。其他风险因素包括家庭心理健康或成瘾病史、多代贫困、养育者分离、被忽视或被虐待的经历、紧张的不满意的关系，以及经历创伤性事件。作为成长过程中的一部分，儿童和青少年通常会经历各种起伏的情绪，产生挫败感、焦虑感和自我怀疑。因此心理健康专家仅根据日常行为就对儿童和青少年进行诊断是非常不合适的。事实上，这样的问题已经在逐渐改善，《精神障碍诊断与统计手册Ⅲ》中，有一个障碍为"儿童对立障碍"，该障碍将一般人群中的普通行为列为诊断标准，但在《精神障碍诊断与统计手册Ⅳ》中，这一障碍更名为"对立违抗障碍（ODD）"。新版本要求只有符合更加严格的诊断标准才能确诊。（更多关于《精神障碍诊断与统计手册》的内容，详见附录 C。）

因此，除非有证据表明某人存在严重的病理问题，并且该问题在其家庭内部、工作场所、学校环境或与同龄人交往中造成了严重的功能性心理健康障碍（例如，不断与焦虑或抑郁的内在情绪做斗争），否则将无法对他做出诊断。根据定义，如果一个儿童和青少年在所有方面都表现良好，那么他就不会被诊断为患有心理健康障碍。如果存在某些障碍，其程度可能会是轻度、中度或重度。由于学校系统是唯一不能将儿童和青少年排除在服务之外的系统，因此一些患有心理健康障碍的儿童和青少年只能通过学校项目得到相关服务。例如，治疗中心可以由于患者太暴力而让其出院。因此满足患病孩子的多种需求，就成为学校系统的责任。

有些儿童和青少年的心理问题被描述为"内部型"，他们把问题深藏于自己的内心，尽管内心承受痛苦，表面上仍旧表现正常。在大量的案例中，那些积极参加体育运动的青少年、在同龄人中受欢迎的学生以及成绩优秀的学生，他们的自杀让所有认识他们的人都倍感震惊。这些人其实患有严重的心理健康障碍，但他们的障碍不为他人所知。其他有明显行为障碍的儿童和青少年被称为"外部型"，他们在多种环境下都表现出此类障碍，然而他们中的很多人也经历着焦虑或抑郁等内部问题。

二、影响心理健康的因素

重要的是要认识到，当有些学生表现出他们似乎患有心理健康障碍时，实际潜在的问题与文化因素、身体疾病及药物因素、生活方式因素、学校环境压力因素、霸凌因素、课程因素、师生互动因素、教育工作者的心理健康状况因素之间的关系。

（一）文化因素

文化敏感性对于正确确定心理健康诊断和提供心理健康治疗至关重要。如果临床医生没有文化敏感性，他们可能会对个体在文化上正常的行为做出不恰当的诊断，或者相反地，他们可能会忽略指向心理健康障碍的重要证据。例如，西方文化假设个体有从家庭中获得自主权的需要，而用这种假设与来自亚洲文化的个体打交道的话就不太恰当了。有的文化将竞争与超越作为正常需求，并可能以牺牲同伴为代价，这种文化就非常不适合美洲土著。因此，许多有色人种对自己被贴上患有心理健康障碍的标签持怀疑态度不足为奇。事实上，在美国的奴隶制时期，从种植园逃跑的奴隶会被诊断患有被称为"漂泊症（Drapetomania）"的心理健康障碍[①]。有人认为他们"显然因

---

① 译者注：漂泊症是美国医生塞缪尔·A.卡特莱特在1851年提出的，他认为是这种心理健康障碍导致了黑奴逃跑。现在，漂泊症被认为是伪科学，是科学种族主义的一部分。

为有心理疾病才会有这样的行为"。

还有另外一个重要的问题，即在某种文化中被视作正常的孩子在另一种文化中可能被视作不正常，并被当作患有心理健康障碍而安置在与同龄人隔离的项目中，进而导致他们在学业上获得的成功机会更少。具有讽刺意味的是，已有明确的证据表明，与欧裔美国儿童有同类问题的美国有色人种儿童，更有可能被安置在教养机构，而欧裔美国儿童则更有可能被安置在心理健康治疗项目中。这表明有色人种社区对心理健康问题认识严重不足。学校的专业人员在交流讨论来自不同文化背景的孩子的议题时需要意识到这些问题。

另外还应指出的是，在主流文化中，心理健康问题也与巨大的耻辱感息息相关。许多儿童和青少年宁愿被当作坏孩子，也不愿被当作有病的孩子，所以他们可能会通过破坏性的、付诸行动的行为来掩盖自己的心理健康障碍或物质使用障碍。他们可能因此被诊断为患有 ODD 或品行障碍，但是他们真正潜在的问题却没有得到诊断和治疗。

心理健康问题与一般医疗问题一样，同样对儿童、青少年以及所有来自不同种族和文化背景下的成年人产生着影响。虽然不同文化中的个体可能有不同表现，但当临床医生具有适当的文化敏感性时，他们便能得到有效的治疗。如果教师也能意识到文化或生活方式可能对学生诊断有着潜在的影响，他们便可以通过向家长和进行诊断评估的专业人员传达自己担忧的方式来提供帮助。

（二）身体疾病及药物因素

身体疾病与心理健康障碍之间有着相似之处，因此心理健康障碍经常不能被临床医生所识别。研究表明，在接受心理健康专业人员治疗的患者中，至少有 10% 的人根本没有心理健康障碍，他们实际上患有未被诊断的身体疾病。维生素缺乏、传染病、代谢异常、肿瘤、退行性疾病、内分泌功能紊乱、神经系统疾病、心律失常、环境中的毒素、药物副作用、滥用酒精和非法药物，均与临床抑郁障碍、焦虑障碍、痴呆和精神病的症状相似。在 ASD、心境障碍、ADHD、焦虑障碍等障碍中，遗传也起着重要作用。事实上，许多以前被认为是心理健康障碍的疾病现在都得到了修正，重新被认定为医学方面的疾病。随着医学诊断技术和研究的进步，许多现在被认定为心理健康障碍的疾病在未来某一天也可能被重新认定，成为医学疾病。

完善的身体检查和适当的实验室检测对于排除儿童、青少年和成年人的精神症状的医学原因至关重要（迪克尔，2013）。

用于治疗医学或心理健康障碍方面的药物也可能会产生类似的副作用。药物治疗的精神病性副作用包括类固醇治疗引起的器质性心境障碍，如抑郁障碍或躁狂症，以及哮喘药物引起的多动和易怒情绪。精神病药物也会引起其他精神病性症状，如抗精神病药物会引起躁动，兴奋剂会引起易怒。精神病药物也会导致身体疾病，如抗精神病药物会导致2型糖尿病。

（三）生活方式因素

生活方式因素会以积极或消极的方式影响儿童和青少年的心理健康，许多由于生活方式的问题而导致的症状可能被误认为心理健康障碍。如果这些问题在心理健康综合评估中没有得到充分的解决，那些只要通过改变生活方式就可以改善的问题，很可能被误认为需要接受心理治疗，甚至可能需要精神药物治疗的严重心理健康障碍。因此，心理健康综合评估需要解决这些问题。

典型的美国饮食包括至少30%以无营养食品和饮料组成的空热量[①]，以及37%的脂肪。在美国，肥胖问题很普遍，美国当今的肥胖率是20年前的2~3倍。超过90%的肥胖儿童和青少年都面临睡眠异常问题，最常见的是睡眠呼吸暂停综合征，其特征是睡眠时呼吸异常暂停，这个问题也会导致学生在学校时注意力不集中。而注意力困难则可能会被误诊为ADHD，这又可能导致对其使用药物治疗从而加重其睡眠障碍。

其他饮食问题包括营养不良、维生素及必需脂肪酸缺乏。维生素缺乏会导致抑郁和易怒（维生素B6）、失眠或思维混乱（维生素B3）和肌肉骨骼疼痛（维生素D）。含有人工色素的食品已被发现会使部分儿童出现多动症状。还有研究发现，精制糖会导致认知功能障碍，而高蛋白的早餐比高糖或高碳水化合物的早餐更好。汞、铅和许多杀虫剂具有神经毒性，从而影响人的认知和行为。双酚A——一种用于制造婴儿塑料奶瓶的化学物质，已经被证实与脑组织发育损伤有关。

许多学生饮用过量的咖啡因，因此这些学生中常见咖啡因中毒和咖啡因戒断症状。研究发现，每天若摄入超过250mg的咖啡因，即相当于摄入两杯8盎司的咖啡，就会导致咖啡因中毒。咖啡因中毒的症状包括失眠、思维混乱、焦虑、头晕、肠胃问题和易怒。咖啡因的戒断症状包括头痛、易怒、嗜睡以及无精打采。

青少年吸烟也是很常见的问题，他们在白天可能经历尼古丁戒断症状。其症状包括注意力不集中、紧张、易怒、睡眠不佳、嗜睡以及对尼古丁的强烈渴望，这会使学生无法专心学习。而酒精和烟草的中毒效应和戒断症状明显影响着个人的心理健康，已有充分证据证明这些物质对呼吸系统、神经系统、心血管和免疫系统都有着负面影响（迪克尔，2013）。

环境影响也会导致产生心理健康障碍症状。许多学生患有ASD，他们在由荧光灯

---

① 译者注：空热量是指热量高，却缺乏或只含有少量基本的维生素、矿物质和蛋白质。

照明的教室里感到非常焦虑，尤其是那些有大直径灯泡和磁性镇流器的教室。这些学生对闪烁的灯光反应消极，可能产生显著的行为过激反应。荧光灯也会引发其他易感人群的恐慌。噪声污染（过量或令人不安的背景噪声）会导致心情烦躁、攻击性增加、压力增加、耳鸣、睡眠障碍，甚至高血压。

很多学生的生活方式会影响睡眠质量。一个典型青少年的醒睡周期与学校开始上课的时间并不一致，因此很多学生存在严重的睡眠不足问题。因此，一些学区将早上上课时间延后到晚些时候。另外，睡眠不足还会导致认知功能问题、工作记忆力和注意力问题、运动能力受损、内分泌功能改变、驾驶事故、肥胖问题以及学业表现不佳。

缺乏锻炼是当今伴随着电子游戏成长起来的儿童和青少年面临的主要问题。经常锻炼可以降低肥胖的风险，还可以提高认知能力，降低罹患抑郁障碍的风险。然而，一些学校取消了体育课程，这使儿童和青少年缺乏锻炼的问题变得更加严重。

显然，生活方式因素影响着学生的心理健康。对此，学校可以督促学生选择积极的生活方式，通过各种方式提高学生的身体健康和心理健康水平。例如，学校早餐和午餐中可以提高水果和蔬菜的多样性，提供充足的维生素和必需脂肪酸，减少糖、盐和脂肪的摄入。学校还可以撤掉饮料贩卖机（这对于那些通过销售饮料获得收入的学校来说是一个重要的财务问题），可以用100%的果汁代替饮料。学校还可以减少过量噪声和人工照明对环境的影响。新学校建设的建筑规划可以通过增加天窗和更大的窗户进行采光。学校健康课可以强调生活方式对身体健康和心理健康的影响。这些信息也可以分享给学生的家庭成员。通过关注生活方式的改变，学校不仅可以改善许多学生的身体健康状况，还可以改善他们的心理健康水平。由于生活方式因素而导致的心理健康问题最好通过向积极的生活方式转变来解决，而不是通过心理治疗和精神药物治疗。

（四）学校环境压力因素

对于心理健康专业人员、内科医生和教育工作者来说，认识到对于部分学生而言，学校中的一些因素也会加剧甚至导致心理健康障碍这一点是很重要的。当这些压力被有效地识别并解决时，这些脆弱的学生将在他们的情感困扰中得到显著缓解。如果这些问题在进行心理健康综合评估时没有被识别出来，那么治疗干预将不太可能成功。

（五）霸凌因素

霸凌是许多学生遭受痛苦的主要原因。霸凌可能指身体上的、语言上的或书面形式的（如网络暴力），霸凌可能由一个人或一群人实施。男孩倾向于身体上的霸凌，而女孩则倾向于语言上的霸凌，但是在具体方式上，不同性别之间仍有重叠。霸凌的受害者可能经历严重的焦虑和抑郁问题，可能有自杀的想法，可能表现出自杀行为的倾向，甚至付诸行动。他们可能面临学习困难，并有严重的旷课行为。

根据美国心理协会2013年的统计数据，40%～80%的学生在他们的学生生涯中被霸凌过，5%～15%是被持续霸凌的受害者。残疾学生往往更容易成为霸凌者的目标，包括有学习障碍、表达和语言困难以及严重心境障碍的学生。而重要的是，教师需要意识到霸凌问题可能在学校中普遍存在，并且在与学生交谈时保持对这种可能的敏感性。一个成年人出现在霸凌经常发生的地方（如不定时地出现在课间休息室、走廊上、浴室中、校车上）可以减少霸凌事件的发生。由于大多数被欺负的学生都不会告诉家长或教师，他们的焦虑或抑郁症状便不会被正确地归因为恶性欺凌的行为，因此导致对这些学生心境障碍的干预措施主要是药物治疗，而没有解决他们的根本问题。

（六）课程因素

学生在课堂上表现出的心不在焉可能给人一种他们患有ADHD的印象，而实际上他们只是对枯燥乏味的课程感到厌倦。这些学生在学习自己感兴趣的课程时，就不会有这些问题。当然，学校的课程并不总是那么吸引人，不能总让人投入其中，因此，学生需要学着做一些可能不是那么有趣的作业。那些没有心理健康障碍的学生可能只是对他们认为无关紧要、无聊的作业选择忽视。

（七）师生互动因素

优秀的教师能与学生融洽相处，带领他们参与手头的课题，鼓励并使用积极的行为强化技术。幸运的是，大多数教师都致力于他们的工作，并不断提高他们的教学能力。然而遗憾的是，一些教师由于种种原因，在教学能力方面存在着明显不足。在他们的课堂上，学生容易有开小差的行为，甚至表现出焦虑或抑郁症状。如果教师在情感上虐待学生，或者提出学生无法满足的要求的话，学生很可能在教室中感受到一种恶劣的氛围。虽然这是一个敏感的话题，但它作为导致学生心理健康障碍的学校压力之一，仍需要被我们关注到。多年来，我评估过几个孩子，他们被报告在课堂上出现ADHD的多种症状，但当他们被转移到另一间教室时，症状却消失了。看来，给这些孩子进行药物治疗将是错误的干预。

幸运的是，大多数教师都在努力工作，致力于服务学生。然而，当教师缺乏对心理健康障碍特质的了解时，患有这些障碍的学生可能会由于教师的误解，而面临额外的困境。例如，一个在组织能力、注意力持续时间和注意力分散方面都有着明显困难的学生，如果他的教师认为这些问题是该生故意逃避功课任务的表现，那么该生可能会感到沮丧和无力，在权威下挣扎，还被贴上"不服从"的标签。然而，当教师了解到学生所患心理健康障碍的特征时，他们便能与学生展开更有效的合作，将障碍（而不是学生）视为问题所在。教师应该有机会识别这些障碍并与其他学校的专业人员一起，为学生消除与学校相关的压力源。对于心理健康诊断师而言，重要的是通过师生互动的氛围，来确认教师是否成为学生在课堂困境中的压力源。

（八）教育工作者的心理健康状况因素

尽管本书聚焦于帮助那些与患有心理健康障碍的学生打交道的教育工作者，但了解这些问题也可以帮助教育工作者找到改善自身心理健康状况的方法。阅读本书可能会让一些教育工作者认识到，他们自己也患有未经治疗的心理健康障碍，这将促使他们为自己寻求有效的治疗。他们还能识别朋友或家人的症状，从而为他们的心理健康障碍寻求治疗。

教育工作者是一个压力很大的职业，特别是当教育工作者与患有严重情绪或行为障碍的学生一起工作时，压力就更大了。同时，人们对这个职业的要求也很高，当学生在学校里表现不佳时，尽管其他众多因素都可能是造成这一问题的主要原因，媒体还是经常将矛头指向教育工作者。有些学生在课堂上可能会表现得非常有对抗性、目中无人并不断制造混乱，而对其他学生有效的干预措施对他们则毫无用处。对于教育工作者来说，面临与适应相关的压力是一个普遍存在的问题，对于那些面对患有心境障碍人群的特殊教育工作者而言更是如此。据估计，一位学生有情绪问题的教师，其实际工作时间平均为 3.5 年，少于他为该职位所花费的培训时间。对于教育工作者来说，重要的是在工作中保持平衡感，对于那些与非常有挑战性的学生相处的教师而言更是如此。如果一位教育工作者承受着过多的压力（如贫困、无家可归、社会服务过度投入），并且因为一些学生和他们的家庭而经历情绪混乱，那么这位教育工作者将面临情绪倦怠的风险。有些教育工作者则正好相反，当他们同这些学生和他们的家庭打交道时，便会丧失情感联结。这对于这些教育工作者自己和学生而言都是一种伤害，因为他们没有按照教育工作者所被要求的方式去激励他们的学生。在这个行业中，那些出类拔萃的教育工作者所采取的折中路线是，对陷入困境的学生和家庭充满同情，同时保持良好的个人边界。

即使是在最好的情况下，教育工作者面临的多重挑战也会使他们倍感压力。做好生活方式管理是保持教育工作者心理健康的一个重要内容。它包括积极的社会关系，拥有一个由管理者、同事、家人和朋友组成的支持系统，以及健康均衡的饮食。尽管能够很好地管理自己的生活方式，一些教育工作者还是产生了严重的心理健康问题。正如每 5 名儿童和青少年中就有 1 名遭受心理健康障碍的影响一样，成年人也存在类似的比例。其中临床抑郁障碍很常见，尤其对于女性而言，1/5 的女性在她们生命中的某个时期会遭受抑郁障碍的影响。而只有 1/3 患抑郁障碍的成年人接受过治疗，那些接受治疗的人一般都是去初级护理人员那里就诊，而这些人员在诊断和治疗抑郁障碍的知识和技术方面都存在局限性。患有抑郁障碍的人可能没有意识到他们正经受着情绪障碍，而将他们的问题归咎于工作、家庭或其他因素。抑郁障碍会让教育工作者认为有正常问题的学生患有心理健康障碍，因为抑郁（像牙痛一样）会让人觉得周围的一切都比实际情况更糟糕。

　　教育工作者也可能患有其他障碍，如双相情感障碍、惊恐障碍、PTSD、强迫症等。大多数患有心理健康障碍的成年人没有得到治疗，而且他们往往不知道自己患有可被治疗的心理健康障碍，许多教育工作者也正经历着对他们的个人和职业生活带来不利影响的、严重的、未经治疗的心理健康障碍。而患有心理健康障碍的耻辱感也导致很多人不愿意去寻求他人的帮助，即使他们意识到自己正患有可被治疗的心理健康障碍。希望本书除了帮助教育工作者了解学生的心理健康问题，还能帮助患有心理健康障碍的教育工作者认识到自己患病的事实，并为他们寻求相应治疗提供信息和启发。

第二部分
儿童和青少年心理健康障碍的种类

第 2 章

临床-行为谱系

在我详细介绍心理健康障碍在学校环境下的不同表现形式和解决方式之前，我们有必要了解导致学生出现问题行为的潜在原因。利用源自医学疾病的行为模型会有所帮助。假设某位学生患有糖尿病，并且血糖过低，如果他在课堂上出现了易怒行为，那么教师和其他教育工作者就可以合理地推断该生可能是因为他的疾病而出现易怒行为。在这种情况下，教师首先要做的是向家长传达自己的担忧，接着由家长和医生一起调整胰岛素的剂量来降低糖尿病的影响。没人会认为该生的易怒行为是为了引起他人注意、逃避学校任务或得到额外奖励。然而，在教育评价和功能性行为分析视角下，这些行为会被认为是学生的心理健康障碍因素导致的。如果这些行为实际上完全是由心理健康障碍造成的，那么这些行为便没有其功能性。但是，有障碍的学生的问题行为可能不仅仅由障碍本身所致，也可能有其计划性和目的性。在这类情况下，通过功能性分析来确定导致行为问题的原因，同时确定行为干预的方法会非常有效。许多学生的行为问题成因复杂，可能同时包含了临床因素和行为因素，这让教育工作者感到非常头疼。

行为问题在学生群体中非常常见，对于一些学生来说，这些问题既严重又长期存在。其他临床疾病如抑郁障碍、ADHD、ASD 和焦虑障碍，也有各自的行为表现。在问题行为谱的一端，是完全纯粹的有计划、有目的的行为问题，没有任何临床方面的证据；另一端则是心理健康障碍的直接表现（如躁狂症的狂躁表现），这些行为完全不受学生自己的控制，也不太适合用传统的行为方法进行干预。教育工作者想要使干预措施能有效应用于学生，并尽量达到最大的效果，他们必须先准确识别这名学生在临床-行为谱系上所处的位置，然后再进行相应的干预。然而由于在学生服务支持的提供者之间，特别是心理健康专业人士和真正的实施者之间往往缺乏沟通和协作，因此人们很难确定恰当的识别位置并进行有效干预。

干预服务的实施者通常使用许多专业术语来描述行为问题。"行为"这个词指的是一个人的反应、回应或表现的方式。然而，在分析行为变化的正式语境中，"行为"一词指的是处理评估和干预的科学方法。对学生的行为评估要假设行为的功能性（行为发生的原因），这样才可以确定适当的干预措施。这种基于操作性条件反射原理的实践，要求学生的行为与环境影响之间存在有序的关联性。然而这种行为评估方法导致人们很少有机会解决学生的情绪问题以及消除情绪对他们行为的影响。尽管实施者知道情绪对行为有着重要的影响，但他们仍将注意力集中在可测量、可量化的行为上，而不是那些难以定义和测量的内在情绪状态上。

相反地，心理健康专业人士将"临床疾病"当作一种特定的诊断类别，该类别都是超出正常功能范围并导致患者严重功能紊乱的思维、情感及行为异常。因此，重性抑郁障碍患者会有一系列症状（如睡眠紊乱、食欲不振、精力减退、注意力下降、自我价值感降低和情绪低落等），这些症状会严重干扰他们的行为功能。临床障碍的诊断基于内在情感状态和认知状态，这些状态可以从直接观察、患者自我报告和确定的信息中推断出来。

情绪是与心理认知状态相区别的感受（如愤怒、喜悦、恐惧）。心理健康专业人士和实施者都明白，情绪可体现为生理方面的变化（如心跳加快、呼吸急促、哭泣不止），并可能伴随着学生的不当行为。然而，即使情绪状态经常伴随着行为表现，但除非情绪成为心理健康障碍的最突出表现，否则情绪因素还是不会被纳入临床考虑范围。尽管医疗界和心理健康专业人士都做临床诊断，但医学诊断往往只与身体体征及症状、实验室检查、X光、心电图等异常相关。遗憾的是，尽管已经有明确证据表明许多心理健康障碍具有其生物学基础，但目前尚未研发出具有足够敏感性和特异性的医学测试来确认心理学诊断。

对于其他人来说，尽管心理健康障碍可能带来痛苦和功能方面的障碍，但这些障碍通常是难以识别的。对于教育工作者来说，他们很难认识到这些难以识别的障碍是如何影响学生的行为的，也很难理解在识别的过程中可以发现更有效的干预措施。因此，这种情况可能导致教育工作者对传统行为干预方法的过度依赖，对于那些即使有着非常严重的心理健康障碍并直接导致行为问题的学生来说也是如此。如果教育工作者能意识到学生的行为问题背后有着广泛的原因，就可以根据每名学生的具体情况调整干预措施，使干预更成功有效。

一、临床-行为谱系类别

临床-行为谱系是一个概念模型，有助于提供成功的干预措施，由我和简·奥斯特罗姆共同合作开发。简·奥斯特罗姆是一名注册心理学家和应用行为分析学家。该模型作为十分有用的工具，有助于概念化和解决儿童、青少年和成年人的行为问题。该模型可以分为 5 种类型：完全行为型、行为主导型、临床行为混合型、临床主导型和完全临床型。

这些分类有助于明确患病学生行为问题的本质原因，也有助于找出最有效的干预措施。

二、临床-行为谱系的两端

通常来讲，有行为问题的学生一般不会被置于临床-行为谱系的两个极端（完全行为型或完全临床型），但这样的情况确实会发生。

（一）完全行为型

患病学生的行为与任何心理健康障碍都无关，且其行为具有明显的功能性，即该行为是有计划的、有目的的，具有获得有形回报、吸引注意力、逃避工作等功能。药物干预对行为问题无效，虽然药物对注意力障碍、心境障碍、思维障碍和焦虑障碍很有用，但这些障碍在该类个体中实际并不存在，以情感为导向的心理治疗也是无效的。行为干预是可选择的干预措施，而这些学生更需要"高限制水平"的干预。

> **杰森的例子**
>
> 杰森是一名九年级的 14 岁学生，有偷窃、撒谎、毁坏公物、纵火、攻击他人的行为史。这些行为在他的成长过程中一直存在，最早可追溯到幼童时期。杰森生活在一个反社会家庭中，他的家长鼓励他从事反社会行为，如入店行窃。杰森有一个缓刑监督官，在监禁的威胁下，杰森表现出了克制破坏性行为的能力。

（二）完全临床型

被归类为完全临床型的个体在心理健康障碍发作之前没有任何行为问题方面的病史。完全临床型，如精神分裂症的妄想和幻觉，或者双相情感障碍中躁狂阶段的躁动症状，都是非常严重的问题，且学生本人无法控制它们。而这些症状正是导致行为问题产生的直接原因，就像患有低血糖的糖尿病患者有易怒行为一样，这些行为没有其功能性。因此行为干预措施通常对它们是无效的，只有通过恰当的临床治疗，才可以改善心理健康障碍的症状，也可以改善伴随症状而生的行为问题。

> **马克的例子**
>
> 马克是一名 18 岁的高中生，近期被诊断患有精神分裂症。他没有任何行为问题病史，并且在十年级之前的学业里都表现良好。但在过去的一年中，他的成绩每况愈下，

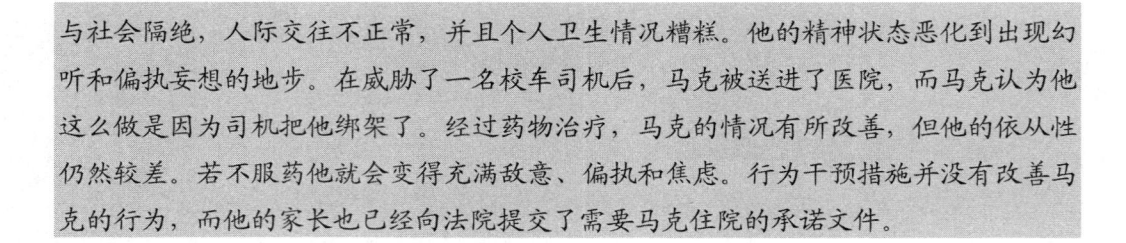

与社会隔绝，人际交往不正常，并且个人卫生情况糟糕。他的精神状态恶化到出现幻听和偏执妄想的地步。在威胁了一名校车司机后，马克被送进了医院，而马克认为他这么做是因为司机把他绑架了。经过药物治疗，马克的情况有所改善，但他的依从性仍然较差。若不服药他就会变得充满敌意、偏执和焦虑。行为干预措施并没有改善马克的行为，而他的家长也已经向法院提交了需要马克住院的承诺文件。

三、临床-行为谱系的中间部分

大多数学生都被归类为临床-行为谱系的中间部分。对于教育工作者来说，重要的是能够认识到行为因素和临床因素混合的复杂性，并做出相应反应。

（一）行为主导型

如果某个患有心理健康障碍的人的行为问题在很大程度上并不是由其障碍导致的，那么他就属于临床-行为谱系中的行为主导型。患病学生可能会借口自己患有障碍而无法控制自己，来掩盖其不当行为，比如说"我有多动症"。事实上，这名学生的行为往往是有计划的、由自己意志决定的，而这名学生也很清楚自己的行为对他人的影响。对于一些学生来说，行为问题早于心理问题出现。

杰罗德的例子

杰罗德是一名 10 岁的五年级男孩，长期以来，他在家庭、学校和社区中都有问题行为。他能认识到自己行为的后果，但他也相信如果他不被抓到，这些行为就是合理的。杰罗德一直在服用各种治疗 ADHD 的药物，当他对某一学科感兴趣时，这些药物的确有助于他完成学科任务。但是，问题行为仍然存在。例如，当被问到为什么有一天在操场上殴打一个孩子时，杰罗德回答道："今天早上在上学的路上我就决定给他一个教训。"从本质上来说，这反映出他的反社会倾向，针对 ADHD 的药物治疗不仅不能减少他的行为问题，反而会"帮助他更好地犯罪"。因此，行为主导型的学生主要需要一种行为方法来解决他的问题。通过寻找理想的药物治疗来消除问题行为最终将是徒劳无功的，因为这些问题行为并不直接源于心理健康障碍。这并不是说心理健康障碍不应该被治疗，而是说教育和心理健康领域的专业人员应该避免一种误解，即心理健康障碍是造成患者问题行为的主要原因。

（二）临床主导型

在临床-行为谱系中属于临床主导型的个体，他们的行为有一定行为因素的影响，因为他们的行为有一些可被识别的原因，并具有一定程度的功能性。然而，所有这些都不及临床障碍因素对他们问题行为的影响。部分学生在心理健康障碍发作前或许存在着轻度对抗或行为障碍，而心理健康障碍症状极大地放大了行为问题。对于这些学生来说，临床治疗是帮助他们行为改善的主要治疗方式。行为原则应根据需要加以应用，但就其本身而言，行为治疗不太可能消除直接源于学生心理健康障碍核心症状的功能失调行为。

> **金的例子**
>
> 金是一名16岁的十一年级的学生，最近她开始出现双相情感障碍的症状。她开始接受使情绪稳定的药物治疗，但躁狂的症状并没有得到完全控制，主要表现有情绪的快速变化、愤怒爆发、激动、冲动和易怒，并且对他人一直进行语言干扰。在发病之前，金就已经表现出了一些青少年期的叛逆行为，对家长进行温和的反抗，并且有两次违反了宵禁要求。总体来说，她是个好学生。行为干预需要关注与认识到她行为问题的根源，并提供足够安全的空间，使可能由于行为因素造成的问题得以避免。随着药物治疗效果的改善，她的行为问题也有望得到改善。

（三）临床行为混合型

临床行为混合型的学生无论对心理健康临床医生还是对教育工作者来说，都是一个重大的挑战。他们的困难行为兼具心理健康障碍和重大行为问题因素。把属于临床行为混合型的有严重行为问题的学生（如被诊断为患有"情绪紊乱""严重情绪紊乱""情绪或行为紊乱"的学生）放置于独立学校环境中的情况并不少见。通常来说，这些学生的心理健康障碍，如ADHD、抑郁障碍、双相情感障碍和PTSD是无法被识别并被治疗的，即使他们曾经已被诊断过患有这些障碍。事实上，许多被评估为需要接受特殊教育以及符合在心境障碍特殊教育类别资质的学生都适用于临床行为混合型。该群体通常在教育、就业和被捕率方面均表现不佳。此外，他们也对心理健康专业人士构成了挑战，因为这些专业人士更倾向于关注心理健康障碍方面的内容，而没有充分认识到意志行为的影响。当传统行为干预方式只有些许作用或根本不起作用时，教育工作者可能没有认识到这些学生的心理健康障碍才是潜在原因，并因此感到挫败和沮丧。教育工作者通常能意识到这些学生有着行为问题，但对背后的临床因素理解甚少。许多学生不仅没有得到心理健康障碍方面的治疗，反而可能被不恰当地治疗或误诊。教育工作者常常因为面临着解决这些学生临床行为障碍的挑战而感到沮丧，因为学校是教育场所，不是临床医疗机构。

临床行为混合型群体对所有专业人士都构成了重大挑战，而成功的干预需要的是合作、沟通，以及来自所有服务和支持领域的专业人士之间的观点共享，这些领域包括教育、矫正、心理健康、医疗和社会服务。

尼克的例子

尼克是一名 14 岁的九年级学生，他参加了一项联邦特殊教育计划，在这项计划中，学生每天有超过 50%的时间在单独的学校场所里接受特殊教育服务。尼克有多种障碍以及长期的不良行为历史。他的母亲在怀孕期间吸毒、酗酒，并在他还是婴儿时就一直忽视他。尼克一直和母亲生活到 6 岁，在那一年，他的母亲因贩卖毒品被捕。之后，尼克被安置在多个寄养家庭，在其中一个家庭中，他遭到了来自寄养兄弟的性虐待。尼克的全量表智商为 78，并被诊断患有胎儿酒精综合征、PTSD、ADHD、反应性依恋障碍及"未明确的心境障碍"。他的反社会行为可以追溯到 3 岁，包括放火、虐待动物、偷窃、说谎、侵犯他人和破坏财产。治疗 ADHD 和心境障碍的药物使尼克的状况有所改善，但他仍有严重的不良行为。尼克已经得到一名来自县级社会服务机构的心理健康案例管理经理和一名青少年感化官的帮助。在未来的许多年中，他还需要来自多个系统的大量帮助。从临床和行为因素以及结合尼克行为的临床和行为解决方案来看，尼克的问题不是"非此即彼"，而是临床和行为因素"两者兼有"。

四、了解临床-行为谱系概念的重要性

在设计最可能有效的干预措施时，第一步就是了解该患者在临床-行为谱系上处于什么位置。该谱系还有助于提供服务及支持的专业人士达成共识，特别是当他们从截然不同的角度看待学生问题时。如果一个学校社工认为学生属于完全临床型或临床主导型，而教师认为该生属于完全行为型或行为主导型，那么认识到这种差异可以帮助他们理解为什么干预措施至今没有产生理想的效果，同时这也成为为学生创造更有效的调节和调整措施的第一步。同样，如果家长只认为孩子的行为问题完全是由已被诊断的心理健康障碍导致的，那么他们可能会与认为由行为因素与意志行为因素占主导的教师意见相左。或者，有的家长可能会承认他们的孩子有不良行为问题，但是没有意识到这是心理健康障碍的表现，直到他们在见了认为孩子患有明显心理问题（如抑郁障碍）的学校社工后，才意识到这个状况。通过在团队会议上简要描述临床-行为谱系的概念，并要求团队的不同成员确定他们认为学生属于谱系中的哪个部分，就可以帮助明确各方在学生的本质问题上存在的主要分歧，这是确保对学生进行有效干预的第一步。

临床疾病似乎往往是不可见的，但行为表现却是显而易见的。因此，可能会存在过分强调行为因素而忽略临床因素的倾向。这个问题会因教育工作者在处理心理健康问题时感受到的限制被放大。例如，出于对学校会成为最后付款人的担心，在判断学生是否患有心理健康障碍时会因压力而认定学生未患病；或者在学校的环境中可能存

在着"偏好行为因素、反对医学模式"的偏见。大量的研究表明，针对情绪失常个体的特殊教育效果非常有限，而且这种结果往往与缺乏对学生心理健康的关注有关。因此，重要的是鼓励重视对学生需求支持的连续性，其中也包括心理健康部分。

五、如何识别正确的类别

临床-行为谱系提供了一个使教育工作者有机会拓宽他们关于学生行为问题以及理解什么是成功的干预措施的视角。由于教育工作者不是临床医生，他们对于将学生进行分类可能感觉不适应，特别是在许多学生尚未被诊断患有心理健康障碍，以及存在众多误诊的情况下。该谱系不应被视为一种诊断工具，而应该成为一种工作假设。特别是在当前的教育干预措施对那些已被诊断出或有明确证据证明患有心理健康障碍的学生不起作用时，该谱系更值得被应用。

考虑到临床-行为谱系的临床方面，我认为学校心理健康工作人员（社工、心理学家、咨询师和护士）应该在假设学生在谱系中的位置方面起到带头作用。教师可以通过向学校团队描述学生可观察的课堂行为来协助这个过程。以下是一些在分配类别的过程中，对谱系中临床端判断有用的指导：

- 除了品行障碍或ODD，该生是否被诊断或有证据表明还患有其他心理健康障碍？
- 如果有的话，《精神障碍诊断与统计手册Ⅴ》中的标准是否与观察到的行为相匹配？
- 在心理健康障碍发作前该生是否有问题行为？
- 该生过去是否有治疗史？问题行为是否因治疗减少或消失？
- 是否有证据表明该生存在有目的性、有计划性的不良行为？

对谱系中行为端判断有用的指导：

- 除了ODD和品行障碍，是否有证据表明该生存在心理健康障碍？
- 如果存在心理健康障碍，该生的不良行为是否符合诊断标准？
- 是否有证据表明该生行为是有计划、有目的的，并且完全可以自控？
- 是否有证据表明这些行为有明确的原因或社会功能？
- 过去是否有证据表明这些行为是对基于行为的程序性干预措施的反应？
- 该生在童年早期是否有行为问题的慢性病史？
- 该生是否缺乏对不当行为的懊悔？

对谱系中混合维度判断有用的指导：

- 是否有明确的证据表明临床心理健康障碍和行为具有功能性，并有明确的行为原因？

六、使用谱系概念的好处

使用谱系概念有以下好处：
- 创造一种共同的语言，弥合了不同教育学科之间的鸿沟。
- 提高了心理健康意识，鼓励教育团队重塑他们对源于心理健康障碍内在临床症状的行为的思考。
- 有助于教育团队统一方法，并认识到团队成员或家长对于学生行为问题成因的观点呈现的两极化情况。
- 帮助心理健康工作人员重新考虑将那些有计划、有目的的行为问题被认定为心理健康障碍的情况。
- 指导教育干预措施发挥最大效用，达到最好的学术和行为结果。

了解用于诊断各种心理健康障碍的诊断标准的性质，可以帮助教师理解有这些障碍的学生在课堂上如何表现。重要的是认识到其中一些障碍的表现形式往往是长期性的（如ADHD、ASD），而其他一些障碍可能是近期才表现出来的。障碍的表现形式与学生的心理健康病史有着显著关系。一个长期有心理问题的学生通常不会表现出与过去相比明显不同的症状，除非该症状明显恶化。比如一个曾经外向、爱交际的十年级学生，最近患上了严重的抑郁障碍，其行为方面便会发生重大的改变，变得孤僻和回避。然而，障碍的发展并不总是显而易见的。另一个同龄的学生，本身性格内向而安静，当他出现严重抑郁时，便可能没有明显的症状表现。

注意：行为上的重大改变也可能源于近期的创伤性事件（如性虐待或霸凌），如果有创伤性事件发生的话，重要的是识别它是否存在。

一些障碍有明显的症状，一些障碍的症状却更微妙甚至无法被察觉。有些障碍是外化的，这意味着学生的症状可能会被表现出来，有较少的行为抑制，或者变得过度活跃，更具破坏性，甚至攻击性。患有ADHD或合并该障碍的学生会有明显的外在症状。一方面，有内化障碍的学生则倾向于将他们的症状指向自身内部，而不对外表现出来。抑郁障碍和焦虑障碍通常被认为是内化障碍。然而，它们也可能通过外在症状表现出来，这正如描述心理健康障碍及其在学校中如何表现的章节里所说的那样。

即使在最好的情况下，无论是完全行为型还是完全临床型，学生问题的来源并不总是清晰的。如果对一名行为完全是出于个人目的的学生的临床-行为谱系类型进行过多调整和修改，那么后果可能是这名学生逃脱了对其不当行为的惩罚，而没有学会承担个人责任。如果教育工作者认为学生直接表现出的临床症状行为（如注意力障碍、心境障碍、焦虑障碍）是故意的（如为了逃避作业），那么学生很可能会有沮丧感和无力感。这可能导致学生卷入权力斗争，缺乏动力，或者被教师认为是在反抗和挑衅。

对于那些被诊断出患有心理健康障碍的学生来说，有一条很好的经验法则可以遵循。当尚不清楚一名学生的行为在多大程度上是出于个人目的还是由于临床原因时，工作人员可以澄清被观察到的行为是否在该心理健康障碍的诊断标准中。在教师的协助下，学校心理专家、社工、辅导员和护士在确定这一点上会提供助益。例如，有注意力分散的行为被诊断为 ADHD；情绪波动、激动和易怒是双相情感障碍的标准；退缩行为在社交恐怖症中很常见。在设计教育干预措施时，最好对被诊断患有（或者有证据表明患有）心理健康障碍的学生给予善意的怀疑。

临床-行为谱系概念消除了行为判断的灰色地带，并鼓励教育工作者和家长避免采用非黑即白、非此即彼的方法。当家长对教师说"我的孩子有 ADHD，所以他无法控制自己的行为"时，这是一个探索孩子具有某种程度控制力的机会。为了让孩子获得自控的技能，成长为一个负责任的成年人，家长能够识别并鼓励这种控制力是很重要的。如果一名学校的工作人员在谈论一名学生时说"我不在乎她身上有什么诊断标签，她需要的是控制自己的行为"，我们就有必要对这种想法进行讨论。这为发展治疗心理健康障碍的干预措施提供了契机，从而改善学生的行为控制。

由于行为术语存在多个解释，临床-行为谱系概念也会变得复杂混乱。该术语可以指从个体中可观察到的活动，即从行为分析的具体原则，到提供奖励和惩罚的干预措施，再到针对临床障碍的行为治疗。应用行为分析关注了行为产生的原因及其功能性。一些由潜在心理健康障碍主导行为的学生，虽然他们的行为也有其原因和功能性，临床-行为谱系仍然将这些行为视为临床主导型。这些行为将被视为潜在心理健康障碍的直接表现。

吉尔的例子

吉尔是一名 17 岁的学生，正在接受双相情感障碍治疗。她在学校时有强烈的情绪波动，有时表现为极度易怒。当吉尔走在拥挤的走廊上，被另一名同学不小心撞到肩膀时，她愤怒地反击，转身打了同学一拳。虽然打人的原因是吉尔被撞了一下，但她以暴力回应的根本原因是她潜在的双相情感障碍引起的激动和易怒。当该障碍得到有效治疗时，吉尔将不再表现出这种类型的反应。

约翰的例子

约翰是一名 16 岁的学生，患有高功能 ASD（之前被称为阿斯伯格综合征），语言表达能力完整。由于约翰对他的环境有保持可预测性和习惯性的强烈需求，因此每天他都会坐在同一把午餐椅上就餐。一天，他正拿着托盘走向熟悉的椅子，却看见一名同学坐在那把椅子上。约翰僵硬地站在原地，命令这名同学腾出椅子。当这名同学拒绝了约翰的要求时，约翰把他从椅子上推了下去。午餐室管理员前来干预，并把约翰带到了校长办公室。尽管这个行为有其原因（一名同学坐在了"他的"椅子上），但约翰的行为反应还是直接源于其ASD。这种行为的功能与他想要坐在"他的"椅子上的愿望有关，但这种想要坐在椅子上的愿望与他的心理障碍直接相关。显然，这种情况与典型的午餐室里两名学生因座位而发生的争执有很大不同。

无论是约翰还是吉尔，都没有表现出具有主要功能性的行为，如寻求关注、逃避工作、获得有形回报等。他们的行为是其心理健康障碍的直接表现。教育工作者应共同努力，制定防止问题进一步发展的干预措施，包括考虑为约翰准备一个特定的午餐用餐地点，并为吉尔提供减少高度刺激性的环境（如繁忙拥挤的走廊）。这些干预措施都将基于对每名学生潜在心理健康障碍的了解而设置。我认为，没有认识到这些行为的根本原因就去解决问题，往往会导致失败的结果。当根本原因是心理健康障碍时，这一点便尤其正确。然而，一些教育工作者强烈反对我的观点。他们认为诊断结果无关紧要，行为问题需要以行为原则为基础的行为干预措施来解决。但在典型的以行为为导向的心境障碍特殊教育项目中，学生的糟糕表现表明，情况并非如此。

然而，由于缺少对患有心理健康障碍的学生的准确诊断，教育工作者正面临着一个挑战，即对那些没有被确诊，或者已被确诊但其家长不愿告知教育工作者的学生，他们要靠自己识别问题行为潜在的临床因素。对心理健康障碍及其在课堂环境中的表现的基本了解，可以帮助教育工作者设计针对这些学生更有效的干预措施。通过对临床及行为相关因素的理解，教师和其他教育工作者将有能力为患有心理健康障碍的学生设计有效的适应措施。

讨论

案例1：吉姆的故事

吉姆是一名12岁的学生，他从9岁开始接受ADHD的治疗。七年级之前吉姆在学校的表现都很好，但从七年级起他开始与有反社会行为的同龄人交往。在课堂上，吉姆破坏课堂纪律，经常以此寻求朋友的关注和赞同。当与吉姆家长讨论孩子的问题时，他们强烈地反对进行纪律干预，并说："吉姆有心理疾病，他不应该为他的行为负责。"

案例2：崔维斯的故事

崔维斯是一名7岁的学生，被诊断患有ADHD，但他没有接受过任何治疗。在课堂上，崔维斯很难安静下来专心学习。他喜欢在操场上活动，因为在那里他可以到处奔跑，消耗掉多余的精力。最近，崔维斯的教师一直让他在课间休息时留在教室里，完成其他学生在课堂上就能完成的作业（未能完成任务是ADHD的诊断标准之一）。他的教师坚持认为，崔维斯是能够完成任务的，把他留在教室里是在教育他，对他负责任。崔维斯变得越来越消沉，他的家长也因此感到很沮丧。

反思问题

在上述两个案例中，教育工作者都与学生家长进行了会面。应该如何利用临床-行为谱系概念，在教育工作者与家长之间寻找共同点呢？教师在团队中发挥着什么作用？教育工作者（如社工、辅导员或学校心理专家）的作用是什么？为了让每名学生在谱系中的位置更加准确，需要向团队提供哪些信息？这对教育过程有什么帮助？

第 3 章

心境障碍

儿童、青少年和成年人都可能受到心境障碍的影响，他们的症状会影响其在社交场合、家庭、工作场所和学校的社会功能。心境障碍包括情绪的异常低落（如重性抑郁障碍）或异常高涨、激动（如双相情感障碍）。有些障碍的症状会持续很长时间，有些则会在每周、每天甚至每小时发生着变化。本章介绍了在学校中常见的心境障碍，它们在学校中表现出来的症状，以及针对不同障碍的治疗方法。

一、重性抑郁障碍

让人感到遗憾的是，同一个词——"抑郁"——不仅被用来描述每个人偶尔会产生的悲伤感受（例如，"这天气真令人抑郁""我的支票余额让我感到抑郁"），也是一种很严重的、具有潜在毁灭性的心理健康障碍的名字。就像肺炎不同于普通感冒一样，抑郁障碍也不同于普通的悲伤感受。

抑郁障碍诊断可以追溯到几个世纪前，关于抑郁障碍的特征有着许多不同的说法。在亚里士多德时代（公元前384—公元前322年），人类在情感上遭遇的困难被认为是源于所谓的"体液失衡"。体液若是多血质（红色血液），则将导致乐观且勇敢的性格；若是黏液质，则将导致迟钝且冷漠的性格；若是胆汁质（黄色胆汁），则将导致坏脾气；若是忧郁质（黑色胆汁），则将导致抑郁、沮丧、易怒和失眠。因此，"抑郁"一词最初指的是忧郁，即黑色胆汁的体液失衡。几个世纪以来，人们不断挖掘引发抑郁的其他原因，从中世纪对恶魔控制的信仰，到弗洛伊德的假设——愤怒转向内心的无意识过程导致抑郁。在整个20世纪中期，人们认为儿童不会患上抑郁障碍。该想法是基于这样一种共识——儿童没有能够促进无意识过程、导致抑郁发展的功能性超我。因此精神病学教科书直到20世纪60年代早期都没有提到儿童抑郁障碍。有人把一些问题行为，如纵火或攻击行为当作儿童阶段的"抑郁等价物"，但并没有用明确的标准将它们与简单问题行为进行区分。

20世纪中期之后，人们越来越清楚地认识到，抑郁障碍有着强大的生物学基础，有大量的遗传和生物学证据支持这一理论。遗传学研究表明，抑郁障碍具有显著的遗传性。父母患有这种障碍的人，其患抑郁障碍的几率是一般人的2～4倍。人们在患有严重抑郁障碍的个体中已经发现了生物学异常，包括开始睡眠的潜伏期延长、睡眠时快速眼动潜伏期缩短，以及在结构成像研究中脑容量和比率的异常。与一般人相比，抑郁障碍患者对类固醇刺激试验（地塞米松抑制试验）通常有异常反应。研究还表明，抑郁障碍的主要症状在所有文化中都有所发现，这些症状包括睡眠紊乱、食欲下降、能量水平和活动水平异常，以及注意力难以集中、缺乏享受、感到自卑或悲伤、经常想到死亡。对儿童和青少年的研究表明，该人群也有着类似的抑郁症状，但也有一些例外（如可能仅有易怒情绪而没有悲伤情绪）。随着时间的推移，人们逐渐清楚地发现，患有重性抑郁障碍的孩子，其家长往往也患有这种疾病（且通常未被治疗）。儿童和青少年抑郁障碍是一种严重的心理健康障碍，该障碍对他们生活的多个方面（如学校活动、家庭生活、社会交往）造成了严重伤害。儿童和青少年的抑郁障碍往往比始于成年的抑郁障碍发展得更缓慢，并通常对日常生活造成严重干扰。

令人惊讶的是，悲伤的感受并不是抑郁障碍临床诊断的必要条件。有些患者在被诊断为抑郁障碍时会感到惊讶，他们认为自己没有患抑郁障碍，因为他们并不感到悲伤。然而，这些人可能根本感受不到任何情绪。不像那些因经历生活事件而产生情绪起伏变化的人，患有抑郁障碍的儿童和青少年对通常会引起他人情绪改变的环境线索没有反应。抑郁障碍与严重的功能损害息息相关，抑郁症状往往会干扰儿童和青少年在参与社交、家庭生活和学校活动方面的能力。在抑郁障碍谱系中，重性抑郁障碍是最严重的表现形式。较温和的表现形式包括伴有抑郁情绪的适应障碍，这往往与生活事件有关，并能在相对较短的时间内得到解决。持续性抑郁障碍（以前称心境恶劣）是一种不具有所有严重抑郁症状的慢性疾病，该障碍在儿童和青少年身上可以至少持续一年，在成年人身上可以至少持续两年。

儿童和青少年确诊重性抑郁障碍需要他们存在普遍的悲伤或易怒情绪，以及快感缺乏（无法从通常被认为是愉快的活动中体验到快乐）。这两种症状可能都存在，但至少需要存在其中一种才可以进行诊断。此外，还需要至少存在其他7种症状，包括超出正常水平或未能达到预期水平的体重增加；失眠或嗜睡（睡眠过少或睡眠过多）；精神活动迟滞或激越（精神活动太迟缓或表现得过于活跃）；感到疲劳或精力丧失；毫无价值感或感到过度或不恰当的负罪感；注意力不集中；反复出现死亡或自杀的想法。以上抑郁症状需要持续至少两周，而且几乎每天都出现，并且表现出不同于个体先前功能水平的变化。如果一个个体的抑郁障碍严重到一定程度，那么该个体可能出现妄想或幻觉的精神病性症状。

抑郁障碍通常伴随其他心理健康障碍出现。常见的共病包括物质使用障碍、品行障碍、ADHD和焦虑障碍。患有心境障碍的男女比例高达1:3。心境障碍在青春期前的儿童中并不常见（患病率为1%~2%），但其患病率会随年龄增长而显著提高。大约20%的青少年会患上抑郁障碍。

除了遗传风险因素，家庭环境也存在着风险因素。这些风险因素包括家长的物质使用障碍、亲子冲突、家庭凝聚力缺乏、虐待儿童和家长犯罪。抑郁障碍的遗传易感性加上生活压力会使个体面临患上这种疾病的巨大风险。

重性抑郁障碍的发作往往持续数月时间，但约20%的青少年，其抑郁障碍发作时间会持续两年以上。抑郁障碍还有很高的复发风险——5年内复发率高达70%。有些人的首次心境障碍发作表现就是重度抑郁，随后还会经历躁狂发作，最后被诊断为双相情感障碍。

抑郁障碍是自杀的主要原因。在5~24岁的人群中，自杀是第三大死亡原因（仅次于意外事故和他杀），该年龄段每年有4600人死于自杀。抑郁障碍还是造成12~17岁的儿童和青少年死亡的第二大原因。在5~17岁的人群中，自杀是导致死亡的第六大原因。在10~14岁的儿童中，自杀率为0.9/100000；在15~19岁的青少年中，自杀率为6.9/100000；在20~24岁的青少年中，这个数字为12.7/100000。

一项面向九至十二年级学生的全国性研究表明，16%的学生曾认真考虑过自杀，13%的学生曾制订过自杀计划，8%的学生曾在过去12个月内有试图自杀的行为。其中，男孩更有可能自杀，而女孩更有可能做出不成功的自杀尝试。

导致自杀的风险因素包括抑郁障碍病史和其他心理健康障碍病史、既往自杀未遂史、家庭成员自杀史、酒精及药物滥用、生活压力事件或信念丧失、易获得的自杀方法、接触他人的自杀行为以及被监禁的经历。在美国，青少年最常用的3种自杀方式包括枪击（45%）、窒息式死亡（40%）和服毒（8%），儿童最常使用的自杀方式是窒息式死亡。显然，自杀是儿童和青少年公共健康领域的一个主要问题，抑郁障碍作为其主要原因，需要被治疗和干预。

（一）抑郁障碍在学校中的表现

患有重性抑郁障碍的学生其症状表现可能非常明显，也可能完全隐蔽于课堂环境中而不易被发现。抑郁是一种倾向于内部化的情绪，因为其通常指向内部，所以不易被观察。然而，抑郁障碍的表现有很大不同。患有抑郁障碍的儿童和青少年可能会有强烈的悲伤情绪。他们可能看起来闷闷不乐、目光低垂、容易哭泣，并经常表达他们的悲伤。还有一部分儿童和青少年不会表现出悲伤情绪，反而会有严重的易怒情绪。这种易怒情绪可能表现为愤怒情绪爆发、对抗性行为甚至攻击性行为。

能量降低是抑郁障碍的常见表现，患有抑郁障碍的学生在大部分时间里会显得很疲惫。他们还可能出现精神运动迟滞，表现为动作明显变得缓慢。注意力不集中也是抑郁障碍的常见症状，可能表现为困惑、难以坚持完成任务、记忆困难、难以掌控并完成作业。患有抑郁障碍的学生还可能有睡眠缺乏或嗜睡的症状，他们可能会在课堂上睡觉，并说自己在家里睡不好。食欲异常是可被观察的一个现象，一些患有抑郁障碍的学生会食欲不振，不在学校吃午餐，体重出现明显下降；一些学生则会进食过多，体重显著增加。抑郁障碍会导致人们对以前喜爱的活动缺乏兴趣，也无法从这些活动中获得乐趣。一名患有抑郁障碍的学生可能不想和同伴在操场上玩耍，可能会觉得原来玩的那些游戏很无聊，也可能变得更孤僻。他们也可能有低自尊的问题，诸如说"我不够好""我很笨""我什么都做不好"。自我价值感较低的学生不愿意尝试新的事物，因为他们认为自己不会成功，尝试只是在浪费时间。

当然，最让人担心的课堂抑郁表现是经常想到死亡，尤其是想到自杀。有自杀倾向的学生可能会向教师报告其自杀想法，也可能会告诉同伴他的这些想法。对于该生的同伴来说，重要的是意识到这些想法应该被严肃对待，并将情况报告给教师、学校管理人员、心理咨询师、心理专家、护士或社工。一名患有抑郁障碍的学生可能会在笔记上写下有关自杀的想法或计划，或者画一些有自杀内容的画。这时，教师需要跟他的家长进行联系，在紧急情况下，该生可能需要被立即转移到精神医院接受进一步评估。对于那些正在经历重性抑郁障碍的学生来说，特别是当他们有明显的自杀想法、意图或计划时，教师必须与学生家长、其他教育工作者（如社工、心理咨询师、心理专家、护士、校长）以及医疗和心理健康专业人士进行合作，以应对这种可能危及生命的状况。

（二）抑郁障碍的治疗

重性抑郁障碍的治疗包括心理治疗、药物治疗或两者兼而有之。研究表明，心理治疗和药物治疗的结合对于重性抑郁障碍患者的成功率最高。

1. 认知行为疗法和人际关系疗法

认知行为疗法和人际关系疗法已被证明对儿童和青少年抑郁障碍的治疗很有帮助。认知行为疗法侧重于帮助个体认识到他们思维上的扭曲，这种扭曲导致他们对生活中的事件产生过度消极的看法，同时，他们可以通过学习认知技巧和行为技巧的结合，来打断这种消极循环。行为的改变遵循"做了就行"的原则——即使个体不想做，也要鼓励他参加奖励活动，以体验结果对情绪的积极影响。针对青少年的人际关系疗法关注青少年与同伴之间以及家庭成员之间的关系，以达到改善人际关系、减少人际冲突，以及缓解抑郁症状的目的。

2. 药物治疗

在儿童和青少年严重抑郁的病例中，抗抑郁药物对治疗具有显著优势，特别是当结合心理治疗时，这个优势便更加明显。虽然抗抑郁药物最初是用来治疗临床抑郁障碍的，但现在它们被广泛应用于各种各样的心理健康障碍治疗中，包括强迫症、惊恐障碍、PTSD 和广泛性焦虑障碍。

美国食品和药品监督管理局（Food and Drug Administration，FDA）已经批准氟西汀（百忧解）用于 8 岁及以上儿童的重性抑郁障碍治疗，艾司西酞普兰（来士普）也被批准用于 12 岁及以上儿童的抑郁治疗。抗抑郁药物氟西汀、舍曲林（左洛复）、氟伏沙明（兰释）和氯丙咪嗪已被批准用于儿童强迫症的治疗。FDA 会在抗抑郁药物信息资料上贴上"黑匣子"警告，这是因为有研究表明，服用抗抑郁药物的儿童和青少年（4%）比服用安慰剂的儿童和青少年（2%）更容易产生自杀的想法或行为。以上研究表明，我们需要对服用这些药物的儿童和青少年的自杀风险进行密切监控。在有效治疗重性抑郁障碍、降低自杀风险的背景下，需要了解他们潜在的产生自杀想法或行为的风险。统计表明，自杀率随着这些药物使用的增加而下降，而在 FDA 的警告后，自杀率随着药物使用的减少而上升，这表明这些药物对预防自杀有着显著的积极影响。尽管如此，药物效果和潜在的副作用仍需要临床医生密切监控。

医生可能给学生开各种类型的抗抑郁药物。选择性五羟色胺再摄取抑制剂通过抑制神经递质五羟色胺在神经元突触前裂处的返回发挥作用。抗抑郁药物如氟西汀、艾司西酞普兰、西酞普兰（塞来昔）、氟伏沙明和舍曲林都属于此类。选择性五羟色胺再摄取抑制剂是儿童和青少年最常用的抗抑郁药物，通常一天服用一次，且一般耐受性良好。在引入氟西汀之前，三环类药物和单胺氧化酶抑制剂都可用于治疗重性抑郁障碍，但两者都有显著的副作用（例如，三环类药物引起的口干、便秘和嗜睡，三环类药物和单胺氧化酶抑制剂引发的高血压）和过量的毒性，并且在治疗抑郁障碍方面都不比安慰剂有效。其中一种三环类药物氯丙咪嗪（氯米帕明）已被证明能有效治疗强迫症，但由于其具有副作用（口干、恶心、胃不适、食欲不振、便秘等）而被归类于二线治疗药物。

安非他酮也是一种抗抑郁药物，对去甲肾上腺素和多巴胺神经递质系统都能产生影响，它已被证明能有效治疗 ADHD，但药效不如刺激类药物。文拉法辛（怡诺思）是一种抗抑郁药物，可抑制神经突触上五羟色胺和去甲肾上腺素的再吸收，它尚未被批准用于儿童和青少年抑郁障碍治疗，但可以用于标签外的目的（用于 FDA 批准的用途以外的目的）。

米氮平（瑞美隆）是一种四环类抗抑郁药物，用于治疗成年人的抑郁障碍，一些学生可能会在标签外使用这种药。它在一些焦虑障碍的治疗中起到了作用，但它的副作用包括镇静、食欲增加、口干、关节和肌肉疼痛、头晕和视力模糊。抗抑郁药物可能有明显的副作用，包括焦虑、恶心、睡眠中断、肠胃不适、头痛、瘀伤风险加大和烦躁。

抗抑郁药物需要长达 8 周的时间才能表现出显著的临床效果。通常先从低剂量开始（一般是标准剂量的一半），然后在一周内增加到标准剂量。（有些人对药物非常敏感，使用低剂量就可能产生积极效果，而使用标准剂量时可能产生显著副作用。）在接下来的一个月里，剂量应该保持不变，以便有时间让它发挥作用。如果剂量无效，可再增加一些。如果还不起作用，可以考虑使用另一种药物。在药物无效的情况下，对其他因素的评估就很重要了，如物质使用障碍、严重的环境压力、疾病影响或药物治疗，或者其他合并的精神状况因素。

3. 替代疗法

一些学生可能正在接受抑郁障碍或其他心境障碍的替代疗法，包括摄入欧米伽-3 脂肪酸，它们是在富含脂肪的鱼类（鲑鱼、金枪鱼、鲱鱼、沙丁鱼）、核桃和亚麻籽中发现的人体必需脂肪酸。它们被发现有助于治疗成年人的抑郁障碍和双相情感障碍，于是通常作为辅助治疗药物。这些脂肪酸主要是二十碳五烯酸和二十二碳六烯酸。一般情况下，鱼油胶囊及二十碳五烯酸的使用剂量为每天 1000mg 及以上，针对儿童和青少年的研究也显示了该药物的积极影响。鉴于欧米伽-3 脂肪酸对健康至关重要，因此应谨慎确保所有儿童和青少年（及成年人）在饮食中摄入足量的欧米伽-3 脂肪酸，学生也可服用相关营养品来治疗 ADHD 或 ASD。

S-腺苷蛋氨酸已[①]在美国作为非处方膳食补充剂出售，但在意大利、西班牙和德国仍是处方药，对照研究已经证明了它在治疗成年人抑郁障碍方面的有效性。S-腺苷蛋氨酸是一种存在于人体内的天然化合物，能够帮助物质在生化反应中形成代谢途径，如转甲基化、转硫和氨丙基化，胃肠道功能紊乱是其最常见的副作用。

圣约翰草[②]是一种草药，已被证明其在成年人轻、中度抑郁障碍治疗中的好处。它的主要潜在副作用是头晕、胃肠道不适、疲劳、镇静和影响感光接收灵敏度。

二、双相情感障碍

双相情感障碍及其相关病型（双相 II 型障碍、环性心境障碍、物质/药物诱发的双相情感障碍，以及由其他躯体疾病引起的双相及相关障碍）以显著的情绪不稳定为特征。古希腊人最早认识到这种障碍。正如抑郁障碍被认为是由过量的黑胆汁（忧郁症）

[①] S-腺苷蛋氨酸在中国为处方药，可用于治疗对其他抗抑郁药物耐受性差的患者、老年患者、患有严重肝脏疾病者以及存在酒中毒性肝脏损害的抑郁障碍患者等。

[②] 例如，路优泰为圣约翰草提取物，可用于治疗抑郁障碍，12 岁以下儿童禁用。

导致的，躁狂症被认为是由过量的黄胆汁，或者黑胆汁和黄胆汁的混合导致的。在19世纪中期，朱勒·巴勒杰向法国帝国医学院描述了一种心理健康障碍，其特征是在抑郁和躁狂之间反复摇摆。德国精神病学家埃米尔·克雷佩林指出，患有这种障碍的患者在抑郁和躁狂发作之间往往无其他症状，他将这种障碍命名为躁郁症。1952年，《精神障碍诊断与统计手册Ⅰ》称其为躁郁症反应。1957年，引入"单相"（仅用于抑郁障碍）和"双相"（用于躁狂症患者）概念。

从某些方面来说，躁狂症可以是抑郁障碍的另一面。尽管许多人在躁狂发作时会感到快乐或兴奋，但也有一些人会感到烦躁和易怒。让这种情况变得复杂的是，一些人会同时经历混合症状，即同时表现出躁狂和抑郁症状。双相情感障碍在过去12个月的患病率为0.6%。大部分符合双相情感障碍诊断标准的人都会经历多次发作，平均每年0.4~0.7次，持续3~6个月（昂斯特和塞拉罗，2000）。该障碍在儿童中并不常见。因此，对儿童和青少年双相情感障碍的过度诊断引起了有关人士的注意。

双相情感障碍的特征是躁狂的全面发作。虽然可能有人在反复的躁狂发作中没有任何抑郁症状，但这其实很少见。双相Ⅱ型障碍的特征是轻躁狂（没达到躁狂的严重程度或强度）与临床抑郁障碍的交替出现。环性心境障碍的特征是情绪的摆动，一方面在低处时没有达到重性抑郁障碍的严重程度，另一方面，在高处时也达不到躁狂的程度。对于正常人来说，没有心境障碍的正常情绪波动是从快乐到悲伤、从满足到愤怒、从平静到烦躁、从爱到生气的波动。正常的情绪变化是对日常生活事件的反应，例如，由幸运事件而感到的积极情绪（如加薪、遇到一个有吸引力的人），以及由压力事件感到的消极情绪（如失业、婚姻冲突）。双相情感障碍和正常情绪波动的区别在于它们不同的严重程度、强度和持续时间。虽然心境障碍的情绪波动发生在个体内部，与生活事件无关，但生活压力因素往往会引起患有双相情感障碍的个体产生情绪波动。此外，抑郁或躁狂症状会导致问题行为（例如，难以完成工作、与配偶的关系出现问题），从而进一步导致不幸的后果（失业、离婚）。可见，由心境障碍导致的生活压力因素，进一步加剧了个体的心境障碍，由此形成一个恶性循环，并日益恶化。我们可以通过想象不同类型的过山车来对这些障碍形成概念化理解：双相情感障碍就像一辆既有高峰又有低谷的过山车；双相Ⅱ型障碍就像一辆高度中等但是底部极其低的过山车；环性心境障碍就像一辆高度和低度都中等的过山车；持续性抑郁障碍过山车只有极其低的底部；抑郁障碍过山车会有低谷，但更多的是和正常高度交替出现。

躁狂发作是双相情感障碍的诊断特征。该特征指在一段时间里，个体有明显异常的、持续性的扩张、易怒、情绪高涨，或者异常的、持续性的精力旺盛或活动增多。该症状在至少持续一周的时间内，几乎每天的大部分时间都存在（如果导致患者住进精神病院，还可能再持续一段时间）。在情绪紊乱期间，个体至少存在3项以下躁狂症状：自尊心膨胀或夸大、睡眠需求减少、比平时更健谈或有持续讲话的压力、思维奔逸、严重的注意力分散、有目标的活动增多（如社交、工作、学习、性活动）或精神运动性激越，以及过度参与那些更可能导致痛苦结果的活动（如无节制的购物、轻率的性行为）。如果该患者只有易怒情绪，没有情绪扩张或高涨，那么至少以上述躁狂症状中的 4 项才符合诊断标准。

双相情感障碍和双相 II 型障碍最大的危险因素是障碍的家族史。患有这些障碍的人其成年亲属的患病风险平均增加 10 倍，关系密切的亲属风险更高。虽然该障碍有明显的遗传特征，但双相情感障碍患者的同卵双胞胎只有 40% 的患病风险。双相情感障碍的平均发病年龄为 18 岁，虽然该障碍在青春期，甚至童年时期都可能发生，但对于诊断医生来说，重要的是不要将儿童和青少年在发育过程中的正常行为（例如，对权威人士的愤怒、激情的关系、糟糕的判断力）当作严重心境障碍的迹象，除非它们代表着严重的病理问题。同样重要的是不要错过真正的躁狂症状，即使假设这些症状对个人来说是正常的。对于诊断医生来说，为了和评估时看到的症状进行比较，重要的是清楚地了解儿童和青少年的基本行为、个性特征、能量水平、社会化模式等，在这方面，家庭成员和教师提供的确切信息会有所帮助。双相情感障碍越早得到治疗，预后便会越成功。

对于临床医生来说，重要的是要认识到至少 60% 的双相情感障碍患者也有物质使用障碍。除非物质使用障碍也得到治疗，否则对心境障碍的治疗就不太可能有效。虽然大多数有毒品或酒精问题的青少年没有心境障碍，但那些确实有心境障碍的青少年就需要接受全面的评估，以确保他们在这两种情况下都能得到治疗。然而遗憾的是，有躁狂症状的人通常不知道他们有问题，即使他们以前有过导致严重消极后果的症状发作，他们也会坚决拒绝治疗。因此，我还是建议患者持续接受治疗。

大约 90% 的患者，其躁狂症状会反复发作，一般持续 3~6 个月。通常来说，躁狂症状发作（主要症状为抑郁、躁狂、轻躁狂或混合症状）的频率为一年不到一次。如果一名患者每年至少有 4 次发作，我们就把这称为"快速循环"。甚至存在这样的病例，患者日复一日地出现快速循环（超高速），甚至一天内发作多次（超高速循环）。一些研究人员认为，患有双相情感障碍的儿童和青少年不具有典型的成年人模式，相反，他们倾向于有混合症状表现（同时具有抑郁和躁狂症状），情绪的快速变化甚至能持续一整天。对于儿童和青少年的双相情感障碍的本质，临床医生之间仍存在着重大分歧。

双相情感障碍是一种残疾性的状态，它影响着患者的生活、工作、学习以及与同伴和其他重要的人之间的关系。对于成年人来说，接受自己患有一种致残性疾病并终生需要接受治疗已经够难了，对于那些从儿童和青少年时期就患病的人来说，更是难上加难。心理治疗干预措施应该具有支持性和教育性，帮助患者，以及他的家人理解这种障碍的性质及影响。该问题应该被置于公共卫生背景下，因为双相情感障碍应被

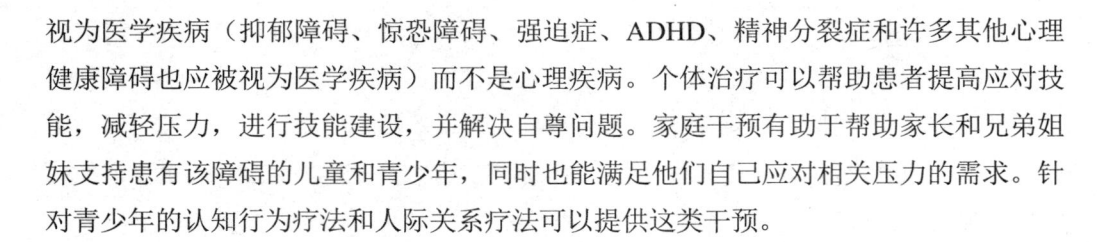

视为医学疾病（抑郁障碍、惊恐障碍、强迫症、ADHD、精神分裂症和许多其他心理健康障碍也应被视为医学疾病）而不是心理疾病。个体治疗可以帮助患者提高应对技能，减轻压力，进行技能建设，并解决自尊问题。家庭干预有助于帮助家长和兄弟姐妹支持患有该障碍的儿童和青少年，同时也能满足他们自己应对相关压力的需求。针对青少年的认知行为疗法和人际关系疗法可以提供这类干预。

（一）双相情感障碍在学校中的表现

患有双相情感障碍的学生会表现出情绪波动，这种波动可能不会在感到非常快乐和非常悲伤之间交替出现。患者可能变得情绪激动，可能变得非常易怒，也可能同时经历情绪高潮和低谷。他们可能有快速的情绪波动，甚至在一天内经历多次。他们可能在这一刻看起来很兴奋，下一刻就变得很沮丧。他们的不稳定情绪（从一种情绪到另一种情绪的转换）可能表现得充满戏剧化，他们可能疏远他们的同学。如果抑郁和躁狂症状的发作持续数周或数月，他们的情绪波动也会随之变化。

课堂上的躁狂症状有着戏剧化的表现。患病学生可能会夸大其词地说他有巨大的能力、力量或潜力。患病学生也可能有可被观察到的演讲压力、说话过多、打断他人说话，以及语速加快。他们的行为可能表现得非常冲动，没有考虑行为后果，可能说出和性有关的言论或者有性挑衅行为。他们也可能表现得非常激动、焦虑不安、行动迅速、很难安静下来。虽然这些症状与ADHD症状有重叠，但对于患有双相情感障碍而不是ADHD的个体来说，这些症状通常是暂时发作，不具有持久性。由于这两种障碍间存在很大程度的共病，许多双相情感障碍患者同时也患有ADHD。在这种情况下，ADHD患者的冲动、易分心、注意力不集中等基本症状将保持不变，而情绪症状（如易怒、浮夸、扩张）将随着学生情绪的变化而波动。由于许多双相情感障碍患者也有物质使用障碍，这些学生也可能表现出中毒的症状（如在上学前吸食大麻以"缓解紧张情绪"）或出现戒断症状。

（二）双相情感障碍的治疗

心理治疗对患病学生和他们的家人来说都有助于减轻压力。生活压力是已知的引发心境障碍的风险因素，因此压力管理可以成为一种有帮助的干预措施。然而遗憾的是，目前还没有一种心理治疗能够有效地预防未来所有的躁狂或抑郁发作。双相情感障碍的治疗是心理治疗和药物治疗的结合。对学生双相情感障碍的药物治疗具有挑战性，很多药物有着明显的副作用，因此有些药物需要进行实验室监管。还有很多患病学生需要使用不仅一种药物才可以有显著效果。通常来讲，对于没有精神病性症状的双相情感障碍或混合型双相情感障碍的患者来说，建议选择单药疗法（使用一种药物）

作为初始治疗方法。治疗的药物可以选择锂，这是一种能使情绪稳定的抗痉挛（抗癫痫）药物，或者选择一种非典型抗精神病药物。

锂已经被证明可以用于躁狂症的治疗，以及可以作为治疗和预防抑郁障碍的药物。锂实际上是一种元素，就像钠元素一样，不是人造药物。在人们认识它的毒性之前，锂曾被当作食盐的替代品。碳酸饮料中也含有少量的锂，包括七喜（它最初的名字是"Bib-Label 锂化柠檬味苏打水"，广告标语是"从牢骚中解脱出来"）。锂在治疗躁狂症方面的现代应用始于 1949 年，人们发现它在实验室的老鼠身上起到了镇静的作用，进一步的研究表明它对治疗双相情感障碍有效。

遗憾的是，锂的治疗指数非常低，这意味着它的毒性剂量与治疗剂量差不多。如果患者摄入过多的锂，就会限制钠的摄入，或者如果患者患有导致液体和电解质流失的疾病，那么锂便会表现出显著的毒性。因此，需要确定患者的常规基线和后续血液水平，以确保锂的剂量处于治疗范围而非毒性范围。当患者开始用药时，需要更频繁地检查其血液水平，当病症稳定时则需要降低用药频率。锂中毒的症状包括恶心、呕吐、腹泻、神志不清、精神不稳、嗜睡、癫痫发作和昏迷。除了进行锂含量的实验室检测，还需要进行电解质水平、肾脏和甲状腺功能的检测。此外，也可以使用心电图检查心脏传导是否异常。

锂有很多副作用，包括体重增加、轻微震颤、恶心、头痛、尿频、口干和胃肠道功能紊乱。锂已经被批准用于治疗儿童和青少年的双相情感障碍，但是仍然需要更全面的研究以澄清理想的剂量，以及它在抑制急性躁狂症发作和长期维持治疗中的有效性。锂有短效型（碳酸锂、柠檬酸锂）和长效型（如碳酸锂缓释片）两种。尽管锂有潜在的毒性和副作用，但它的有效性保证了其在双相情感障碍治疗一线中的地位，FDA 批准 12～17 岁的儿童和青少年使用锂来治疗双相情感障碍。

抗惊厥药物最初用于治疗癫痫等癫痫发作性疾病，后来人们才认识到它们在双相情感障碍治疗中有稳定情绪的效果，其作用机制尚不完全清楚，可能是由于细胞膜的稳定性和兴奋性降低而产生作用。已有几种不同的抗惊厥药物被用于成年人双相情感障碍的治疗。令人遗憾的是，与针对成年人的治疗研究相比，针对儿童和青少年治疗的文献很少。抗惊厥药物丙戊酸钠、拉莫三嗪（利必通）和卡马西平缓释片已被批准用于成年人双相情感障碍的治疗。许多患有双相情感障碍的青少年都在标签外使用抗惊厥药物进行治疗。

丙戊酸钠比其他抗惊厥药物使用得更广泛，它在 1994 年首次被批准用于成年人双相情感障碍的治疗。它还有许多潜在副作用（恶心、腹部不适、震颤、头痛、镇静、血液、肝脏损伤和内分泌失调），并可能导致出生缺陷。丙戊酸钠可能使十几岁女孩的睾酮水平提高，并可能导致多囊性卵巢综合征。因此在开始用药前，必须对患者进行彻底的体检。丙戊酸钠是肠溶形式，可以降低产生胃肠道副作用的风险。其他可被使用但研究有限的药物有卡马西平、拉莫三嗪、托吡酯和奥卡西平，拉莫三嗪可导致严重甚至危及生命的皮疹，而皮疹在儿童中比在成年人中更常见。

抗精神病药物最初是为治疗精神分裂症的精神病性症状而研发的。新一代抗精神病药物，被称为非典型抗精神病药物，现在经常用于双相情感障碍的治疗中。第一种抗精神病药物盐酸氯丙嗪（冬眠灵）研发于20世纪50年代，其他药物如硫利达嗪、氟奋乃静、三氟拉嗪和氟哌啶醇紧随其后被研发。这些第一代抗精神病药物有明显的副作用，包括诱发类似帕金森综合征症状、口干、头晕、便秘、镇静以及以迟发性运动障碍（一种慢性运动障碍）形式出现的永久性神经损伤。

直到20世纪90年代，第二代抗精神病药物（非典型抗精神病药物）开始在很大程度上取代第一代抗精神病药物，人们认为它们缓解了副作用。阿立哌唑、奥氮平（再普乐）、喹硫平（思瑞康）、利培酮（维思通）、鲁拉西酮和齐拉西酮等，均被FDA批准可用于儿童、青少年和成年人的双相情感障碍治疗。非典型抗精神病药物已被证明具有使情绪稳定的特性，可以单独或与其他药物结合，用于双相情感障碍的治疗中。

阿立哌唑被FDA批准用于10～17岁躁狂症和双相情感障碍混合发作的患者的维持治疗，但它仍有许多潜在的副作用，包括恶心、呕吐、头痛、镇静和体重增加。奥氮平（再普乐）被批准用于治疗13～17岁患者的躁狂症或混合发作，但不幸的是，它的潜在副作用可能导致体重增加和内分泌功能障碍（葡萄糖不耐症）。喹硫平被批准用于治疗10～17岁患者双相情感障碍的急性躁狂症发作，但它有潜在的对心血管（血压升高）、中枢神经系统（镇静）和视觉（白内障）的副作用，还可能导致体重显著增加。利培酮被批准用于10-～17岁患者的急性躁狂症或混合发作，但它的副作用可能导致镇静、头痛、葡萄糖耐受不良、催乳素水平升高和体重增加。齐拉西酮可能导致镇静、不自主动作、心率升高和心电图异常等副作用。

研究表明，过量的多巴胺释放与精神病症状有关。抗精神病药物通常会阻断大脑中的多巴胺受体。有些药物，如利培酮，可以阻断血清素受体。抗精神病药物的确切运作机制尚不清楚，目前的研究仍集中在开发更有效同时副作用更少的药物上。非典型抗精神病药物的发展，部分原因是早期抗精神病药物会产生明显的副作用，包括导致以迟发性运动障碍的形式出现的永久性神经损伤。这种疾病的特征是不正常的、重复的身体运动，最常出现在面部，也可能出现在四肢、躯干和手指。虽然在使用非典型抗精神病药物时，迟发性运动障碍不太可能出现，但它仍有发生的可能。

正如在抑郁障碍部分中提到的，欧米伽-3脂肪酸是成年人双相情感障碍的替代治疗药物，在使用时通常与常规治疗结合使用，一些患者通常以鱼油胶囊的形式服用这些补充剂。显然，双相情感障碍是一种严重致残的心理健康障碍，对患者生活的各个方面都有非常消极的影响。同样，该障碍的治疗也有很大风险，开始进行药物治疗的决定需要基于彻底的、全面的诊断评估，以确保诊断的正确性，然后仔细分析治疗的潜在风险和好处。人们希望，未来的治疗方法有更好的疗效和更少的副作用，并找到治愈这种障碍的有效方法。

三、破坏性心境失调障碍

破坏性心境失调障碍（Disruptive Mood Dysregulation Dis-order，DMDD）是《精神障碍诊断与统计手册Ⅴ》引入的一种新障碍。该障碍适用于7～18岁的儿童和青少年，患者有慢性易怒和严重且反复的情绪爆发，与正常情况极不相称（无论是持续时间还是强度）。引入该障碍，部分是为了回应对儿童和青少年双相情感障碍过度诊断的担忧。2007年的一项研究发现，青少年双相情感障碍的诊断数量在过去十年中增加了40倍（《普通精神病学档案》，2007）。破坏性心境失调障碍具有双相情感障碍的一些特征，但缺乏双相情感障碍的偶发性，没有情绪高涨或浮夸的症状，并且有更好的长期预后。

一部分有这一系列症状的儿童和青少年先前被诊断为双相情感障碍，一部分被诊断为没有特别说明的心境障碍，还有一部分被诊断为没有特别说明的抑郁障碍。患有严重抑郁障碍或双相情感障碍的儿童和青少年，随着他们年龄的增长，往往会有其他问题出现，而被诊断为破坏性心境失调障碍的儿童和青少年随着时间的推移则倾向于表现出好转和改善。这就是为什么人们对于这个诊断是否恰当还存在争议，一些人质疑它是否给那些脾气暴躁、情绪反复爆发的儿童和青少年贴上了不恰当的标签，认为他们患有心理健康障碍而不是单纯有不恰当的行为表现。

破坏性心境失调障碍的诊断要求患者在10岁前就出现这些症状，且首次诊断不能在6岁前或18岁后。儿童和青少年需要表现出严重的、经常性的（平均每周两三次）语言或情绪爆发，并与正常情况极不相称，这个爆发可能包括语言上的愤怒和对人/物的攻击行为。在爆发间歇，患者一天中的大部分时间里都有着易怒或愤怒的情绪。情绪爆发与患者的发育水平并不相称，这些情绪爆发行为需要持续至少12个月，并且从未有过在3个月或更长时间内全部诊断标准都不符合的情况。情绪爆发、愤怒或生气至少在3种场景（学校、家庭、与同龄人相处时）里的两种中存在，且至少在其中一种场景中是严重的。据估计，在儿童和青少年中，该障碍在过去6个月到1年的患病率为2%～5%，并在男性和青春期开始前的儿童中患病率更高。患有破坏性心境失调障碍的儿童和青少年对挫折的容忍度较低，在学校中往往难以取得成功，在活动中难以与同伴互动，并与家庭成员长期有冲突。由于易怒和情绪爆发，他们的功能障碍程度估计与患有双相情感障碍的儿童和青少年相当。

（一）破坏性心境失调障碍在学校中的表现

患有破坏性心境失调障碍的学生可能会在课堂、操场和餐厅里爆发严重的破坏性情绪。他们可能口出恶言，或者对人/物表现出攻击行为。这些情绪爆发经常发生（平均每周3次或更多），很可能在家庭中也会发生。在间歇期的大部分时间里，患者通常会显得易怒，他们情绪爆发的持续时间或强度与导致其爆发的情况极不相称。

被诊断出患有这种障碍的学生往往在与同龄人以及学校里的成年人交往时有明显的困难。因为他们极低的挫折容忍度和普遍的易怒情绪，同龄人倾向于回避他们。这些学生在参加学校体育活动或其他社会活动时可能也会面临很大的困难。家长可能也会与教师分享他们在家中处理问题时遇到的困难。虽然患有这种障碍的学生可能表现出对立行为，但这是由心境障碍而非对立模式本身驱动的。

教师通常可以很容易地识别患有这种障碍的学生。破坏性心境失调障碍因为具有普遍易怒的主要特征，而不同于行为障碍学生的行为爆发，因为其行为源于心境障碍，所以往往典型的行为干预效果不佳。

（二）破坏性心境失调障碍的治疗

目前还不清楚哪种类型的治疗方法对这些患者最有效。行为干预、家庭疗法、个体认知疗法，以及针对幼儿的游戏疗法，可能会成为主要的心理治疗选择方案。药物治疗可参考双相情感障碍或抑郁障碍的治疗，使用情绪稳定药物，如锂、抗癫痫药物和非典型抗精神病药物进行治疗。

讨论

案例1：凯特的故事

16岁的凯特之前在学校中表现很好。在过去的6个月里，她的成绩却直线下降，她看起来不开心、易怒，并且在社交中表现出退缩。因此我们对凯特进行了精神病学评估，结果凯特被诊断为患有重性抑郁障碍并有自杀倾向。经过治疗，凯特的症状得到了缓解，她在学校中再次取得了优异的成绩。

反思问题

你所在的学区是否有一个程序来识别像凯特这样的学生？是否有一个教育团队定期开会讨论有患病风险的学生的问题？学生家长是如何分享他们的担忧的？学校是否建议家长为他们的孩子寻求心理健康综合评估？教育工作者在鉴定和转介的过程中发挥着什么作用？是否存在使这一过程变得困难的阻碍？这种情况与怀疑学生患有身体疾病（如糖尿病或哮喘）的情况有何不同？

第 4 章

ADHD

患有 ADHD 的儿童主要表现为注意力不集中、多动、冲动或以上症状的合并症状。在过去的几十年里，这种障碍有过很多名字：最小脑损伤、最小脑功能障碍、儿童多动反应、伴或不伴多动的注意力缺陷障碍，以及自 1987 年以来的 ADHD。这种混乱并不是现代文明的表现。1775 年，德国内科医生梅尔希奥·亚当·魏卡德出版了一本医学教科书，书中介绍并描述了什么是注意力缺陷障碍（巴克利和彼得斯，2012）：

一个注意力不集中的人……对自己的任务只能做肤浅的研究。他往往会做出错误的判断，他还会误解事物的价值，因为他根本没有花费足够的时间和耐心，或者以适当的准确性对事物进行单独探索。这样的人对任何事都只听一半，他们只记得住或只能告知他们一半的内容，他们做起事情来杂乱无章……他们中的大多数是鲁莽的，并经常有一些轻率的举动，执行起来也是最反复无常的。

同时，魏卡德还推荐了相对应的治疗方法："将注意力不集中的人与噪声或其他事物分开；如果他太活跃，就把他单独关在黑暗中"。200 多年后，这些症状继续在 ADHD 患者身上存在着。ADHD 是在儿童和青少年中最常见的特殊心理健康障碍，并常见于被转介接受特殊教育服务的学生中。ADHD 是一种神经行为障碍，男孩的患病率是女孩的 2~4 倍，全球至少有 3%~5% 的儿童患有该障碍。在童年确诊 ADHD 的人，高达一半会在成年后仍存续这些症状，但许多患有 ADHD 的成年人已经学会帮助自己更好地表现出适当社会功能的方法。《精神障碍诊断与统计手册Ⅴ》中提出，估计在大部分文化环境中，ADHD 在儿童中的患病率约为 5%，在成年人中的患病率约为 2.5%。

对儿童和青少年 ADHD 的过度诊断引起了人们的极大关注。美国疾病控制和预防中心（Centers for Disease Control and Prevention，CDC）2013 年公布的数据显示，在美国，有近 20% 的高中男生和 11% 的学龄儿童被诊断患有 ADHD（佩鲁等，2013），这比 2003—2012 年增加了 41%，其中，大约 67% 的被诊断者接受了兴奋剂治疗。据估计，过去有 3%~7% 的儿童和青少年患有 ADHD。CDC 的数据显示，15% 的学龄男孩和 7%的学龄女孩被诊断患有 ADHD。在高中生中，这一比例分别为男生 19%和女生 10%。

大约 10%的高中男生正在服用治疗 ADHD 的药物。ADHD 的确诊率从阿肯色州、肯塔基州和田纳西州等南部州的 23%到科罗拉多州和内华达州的不到 10%不等。根据医疗市场信息研究公司艾美仕的数据显示，用于治疗 ADHD 的兴奋剂类药物销售额从 2007 年的 40 亿美元增加到 2012 年的 90 亿美元，增长了一倍多。基于以上信息，对 ADHD 过度诊断的担忧是有必要的。但是，更重要的是要认识到，很多儿童（希望不是大多数）并没有接受全面的心理健康评估，他们只接受了由初级护理人员通过短暂观察进行的评估。

一、ADHD 的诊断

有助于诊断 ADHD 的症状标准被分为注意力缺陷障碍和多动冲动两类。如果一个人在两类中同时有 6 种以上的症状符合标准，他就会被诊断患有 ADHD。如果一个人在一类中有 6 种或 6 种以上的症状符合标准，在另一类中没有症状表现，那么他会被认为患有由注意力缺陷障碍主导的 ADHD，或者由多动冲动主导的 ADHD。

ADHD 的注意力缺陷障碍症状包括：不能密切关注细节；难以维持注意力；当别人对其讲话时，其看起来似乎没在听；无法完成任务；难以组织任务或活动；回避那些需要精神上持续努力的任务；经常丢三落四；容易分神及健忘。ADHD 的多动冲动症状包括：经常动个不停、坐立不安；过多地跑来跑去或爬上爬下（对于青少年或成年人，可以表现为坐立不安）；无法安静地玩耍；经常忙个不停；讲话过多；经常在提问说完之前就把答案脱口而出；难以等待轮到他以及打断或侵扰他人。这些症状需要出现至少 6 个月，且与发育水平并不相称，并对患者的社会功能、学业表现和职业活动有着显著的负面影响。其中一些症状必须在 12 岁前出现，且出现在两种或两种以上的环境中（如在家里、学校里、工作中、与同龄人相处时）。

《精神障碍诊断与统计手册Ⅴ》的大多数标准与《精神障碍诊断与统计手册Ⅳ》相同，但发病年龄的临界值已从 7 岁提高到 12 岁，注意力障碍型、多动冲动型，以及混合型的亚型已被表现指标所取代。此外，成年人的诊断阈值被调整为任一领域的 5 种症状，以响应有关成年人持续损伤的循证研究。

二、ADHD 在学校中的表现

ADHD 是一种常见的心理健康障碍，许多学生深受其困。过度活跃和冲动的儿童和青少年很容易被教师认为在课堂上存在问题。他们往往是男孩（多动症组的男女比例为 3∶1，而非多动症组的男女比例为 2∶1 或者更低），他们可能会变得不耐烦、沮丧和具有破坏性。表现出多动、冲动和注意力分散等综合症状的学生，往往在要求他们长时间静坐、专注于一项特定任务的情况下症状最为明显。这些学生很容易引起教师的注意，因为他们表现得坐立不安、注意力不集中，有时还会捣乱。他们经常不经思考就采取行动，他们的冲动可能导致他们在学业上犯重大错误，他们在行为控制上也有重大困难。他们在教室里很难保持安静，也很容易感到无聊。

ADHD 学生患者可能表现为做作业匆忙潦草，在课堂上不能关注细节，并且似乎没有认真听教师讲课。他们经常完不成任务，因为这些学生的组织管理能力也很差，并且健忘。这些学生的课桌经常是乱七八糟的，这导致他们很难及时找到课堂作业。对于患有 ADHD 的学生来说，按时完成任务、结合考试调整学习的节奏、完成作业、合理安排各科的学习时间都是非常困难的。

一些患有 ADHD（混合型或多动冲动型）的儿童，他们的多动症状会随着年龄的增长而减轻，但他们仍有注意力分散、组织混乱和其他注意力不集中的症状。因此，患有 ADHD 的高中生可能表现出逃避任务和抗拒完成作业的倾向，事实上，他可能是因为在完成作业、组织书面作业等方面面临着很大困难才这么做的。

以注意力缺陷障碍为主的学生很容易被忽视。虽然他们不具有破坏性，但他们也存在着学习技能落后、课堂注意力不集中、组织混乱的问题，而且，他们取得的成绩往往低于他们本身的潜力。他们通常被当作懒惰的、缺乏功课完成动力的、甚至仅仅是贫穷的学生。对于女孩和年轻女性来说尤其如此，她们的同伴可能会将她们形容为注意力涣散、大脑放空、古怪、笨手笨脚，或者不爱学习、无聊的交际花。与此同时，她们在保持专注以及专注于任务方面的潜在困难却没有被看到。这些学生通常没有被诊断患有 ADHD，他们自己、他们的家人和他们的教师通常也没有意识到他们患有一种可被治疗的疾病。过度活跃及冲动的儿童和青少年占据了心理健康专家所诊断的 ADHD 患者中的大部分，但也可能有同样多的不怎么活跃的 ADHD 患者没有被注意到。

三、ADHD 的治疗

行为干预和集中的认知行为干预对 ADHD 的治疗是非常有效的。事实上，在不使用药物的情况下，强化行为干预对 75% 的儿童和青少年有效。相比于仅接受药物治疗的患者，将药物治疗与行为干预一起使用的患者只用低剂量的药物就可以有效改善症状。

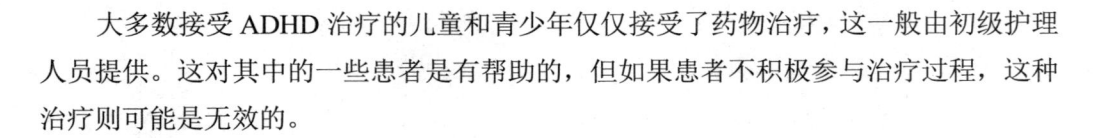

大多数接受 ADHD 治疗的儿童和青少年仅仅接受了药物治疗，这一般由初级护理人员提供。这对其中的一些患者是有帮助的，但如果患者不积极参与治疗过程，这种治疗则可能是无效的。

（一）心理治疗

使 ADHD 的心理治疗干预最有效的方法是提供实用的、以技能为中心的干预措施，这可以帮助患病学生理解他的障碍本质，并学习有效缓解其障碍表现的方法。儿童和青少年通常很难理解 ADHD 如何影响他们自己和他们周围的一切，他们往往能意识到自己在学业上存在困难，但通常错误地把这些问题归咎于自己的"愚蠢"。他们常常惊讶地发现，很多聪明且成功的成年人也患有 ADHD。起初，治疗聚焦于教育儿童和青少年了解他的障碍到底是什么，包括了解这样一个事实：ADHD 是一种基于神经学的障碍，而不是由懒惰、智力缺陷或不良态度引起的问题。治疗中还将讨论识别 ADHD 更严重症状的方法，并教会儿童和青少年如何避免或适应这些情况。对青少年来说，他们需要开始思考自己成年后如何良好地应对生活中的挑战。把这种思考作为治疗过程的一部分，而不是每天让患者被动地服药，这样会对治疗效果有显著的积极影响。

专注于强化功能性行为的行为干预措施，包括使用星星图片奖励恰当的行为，以及明确定义家庭和学校的规则和期望。重要的是要与教师保持沟通，以便在患病学生失控之前确定其学业或行为问题，如总是完不成任务或存在破坏性行为，并确保家庭和学校干预的一致性。将家长纳入到治疗中是十分重要的，当权力斗争妨碍治疗进展时更是如此。

有些学生的家长也患有 ADHD，他们是在对孩子进行诊断评估的过程中第一次意识到自己原来也有问题。家长也可选择接受治疗，如果发生了这种情况，那么在家庭中的治疗得到持续强化的可能性会增大。针对儿童和青少年发展阶段的认知行为干预可以帮助我们把握这个过程。注重社会化、组织能力、冲动控制和行为管理的技能训练是很有帮助的干预措施，可以在临床或学校中实施这些措施。

（二）药物治疗

药物治疗通常包括兴奋剂类药物的使用。兴奋剂能促进神经递质多巴胺的释放，并阻止多巴胺在突触前转运位点返回，它们还会影响去甲肾上腺素系统。治疗者需要意识到患者对药物反应的显著差异，以免开的剂量过高或过低。长效药物更可取，因为学生不需要在午餐时间去护士办公室服药，而且全天提供的药物剂量会更均匀。

最常用的处方兴奋剂类药物是右哌甲酯、DL-哌甲酯（甘油甲醚、哌甲酯 ER、盐酸哌甲酯 SR、哌甲酯缓释制剂、盐酸哌甲酯 LA 等液体药剂或缓释皮肤贴片），ER 代表延释，SR 代表缓释，CD 代表延释胶囊，LA 代表长效。其他兴奋剂类药物有右苯丙胺的短效和长效（胶囊剂）形式、苯丙胺混合盐（阿德拉、阿德拉 XR 延释、二甲磺酸赖右苯丙胺）。

在过去的 40 年里，数以百计的随机的、安慰剂对照的兴奋剂研究已证明了它们在治疗 ADHD 方面的有效性，至少在短期内是这样。研究表明，为了取得最好的疗效，教师和治疗者之间保持沟通很重要。兴奋剂处方应按照最低且有效的剂量开具，通常，短效哌甲酯的起始剂量为 0.3mg/kg。也就是说，对于一名小学生来说，每剂药物的剂量大约是 5mg。必要时可增加剂量，每次增加的剂量一般不超过 0.8mg/kg。

治疗 ADHD 的药物常见的副作用包括食欲下降、腹痛、失眠、头痛和抽搐。由于患有抽动症（如多发性抽动症）的人也经常患有 ADHD，所以不清楚抽动症是由兴奋剂类药物引起的，还是无论医生是否开药，抽动症都会发作。绝大多数兴奋剂处方都是可以治疗 ADHD 的，它们可能对治疗嗜睡症（突然的、无法控制的短暂深度睡眠），以及一些青少年的 ASD 也有用。由于兴奋剂很可能被滥用，因此它们也受到了监控。由此引出了一个明显的问题：给儿童和青少年开这些药物是否会导致他们上瘾？

研究表明，患有 ADHD 的儿童和青少年无论是否使用这些药物进行治疗，都有较高的化学依赖风险，但是，如果使用药物治疗，他们的化学依赖风险则不会增加。然而，还有研究表明，使用这些处方药物治疗的学生比例很高（佩鲁等，2013），因此人们有理由担心学生被过度诊断以及这些药物被用于非法用途。

虽然兴奋剂类药物一般对治疗 ADHD 有显著效果，但由于各种原因（兴奋剂的副作用史、对兴奋剂的不良反应和家长的偏好），非兴奋剂类药物也被用于治疗 ADHD。其他可能使用的药物包括托莫西汀、可乐定和胍法辛。托莫西汀是一种选择性去甲肾上腺素再摄取抑制剂，它最初是作为一种抗抑郁剂被研发的，但目前被用于治疗 ADHD。托莫西汀每天需服用一次，晚上服用不会引起失眠，大约 5%～10%服用这种药物的个体会出现代谢缓慢的现象，他们的副作用风险更高。托莫西汀的副作用包括恶心、疲劳、食欲下降和罕见的肝损伤。正如在抗抑郁药物使用中所注意到的那样，这些副作用也可能与产生自杀想法有关。

安非他酮是一种影响去甲肾上腺素系统的抗抑郁药物。一些研究指出了它的有效性，但总体来说，它的有效性不如兴奋剂类药物。可乐定是一种用于治疗高血压的 α-2 突触前受体激动剂。对一些儿童和青少年来说，可乐定可以减少多动行为并降低攻击性，但它也有潜在的副作用，比如引起血压的变化。胍法辛是另一种 α-2 突触前受体激动剂，有时也作为二线药物使用，或者在单独使用兴奋剂治疗 ADHD 无效时与兴奋剂类药物联合使用。

讨论

案例1：珍妮的故事

珍妮是一名14岁的九年级学生，她在学业方面感到越来越困难。她是一个聪明的学生，在过去学校要求不那么严格时也能取得很好的成绩。但她在安排自己的任务、完成论文、准备考试和迎合学校要求方面遇到了困难。珍妮变得越来越沮丧，她的学校辅导员也怀疑她是否患了抑郁障碍。于是，珍妮接受了心理咨询。她的家长指出，珍妮从没有过破坏性行为或过度活跃的问题，但有长期难以集中注意力、易分心和组织混乱的历史。珍妮被诊断为患有ADHD，随后对结合了药物治疗与学习技能和组织技能训练的治疗方案反应良好。

反思问题

虽然在男性中ADHD的混合型（注意力障碍加多动冲动）是临床上最常见的类型，但女性的注意力障碍、非多动类型经常不被识别。在注意力障碍主导的ADHD中，有哪些危险信号是教育工作者可以在有这种问题的学生身上注意到的？回顾一下，在你教过的学生中，是否有明显的注意力障碍主导的ADHD的迹象？你现在教这类学生时，会采取什么不同的行动吗？

第 5 章

焦虑障碍、强迫症和 PTSD

一、焦虑障碍

焦虑是一种正常的人类情感，其本身具有进化优势。如果洞穴居民对可能潜伏在洞穴外的捕食者没有焦虑的话，那么他们很可能早就灭亡了，那些焦虑而谨慎的人更有可能存活下来并繁衍后代。在现代社会，一定程度的焦虑是有益的，例如，焦虑促使我们更好地为即将到来的考试或演讲做准备。然而，有些人经历的焦虑是病态的。焦虑妨碍了他们在社交场合、在家庭、工作场所或学校中有效发挥自己的能力。当焦虑严重到如此程度时，它便被认为是一种障碍。

焦虑障碍无论对儿童、青少年还是成年人都有影响，在儿童中更是如此，因为它会干扰儿童正常的发育过程。患有社交焦虑障碍的青少年可能无法参与正常的发展活动，如约会和其他社交。患有严重特定恐怖症的儿童可能会避免参加正常情况下有助于健康发展的活动。总体来说，焦虑障碍是儿童和青少年最常见的心理健康障碍，但它们经常被医学甚至心理健康专业人士所忽视。它们常常被误认为发育中的正常现象，而事实上，它们会造成严重的影响，有时甚至会使人衰弱或致残。

据估计，焦虑障碍的患病率在青少年中为 10%～20%。他们通常与其他心理问题有关，如重性抑郁障碍和物质使用障碍。一些有严重行为问题的孩子有潜在的焦虑问题，这导致了他们的行为问题，许多患有焦虑障碍的青少年在成年后仍会有这些问题。焦虑障碍在学校中也有严重的影响，比如增加学业失败风险。在《精神障碍诊断与统计手册Ⅳ-TR》中，分离焦虑障碍和选择性缄默症通常始于童年或青春期，其他焦虑障碍（社交焦虑障碍、强迫症、广泛性焦虑障碍、PTSD、惊恐障碍和特定恐怖症）可能始于童年，也可能始于青春期或成年之后。《精神障碍诊断与统计手册Ⅴ》将强迫症和 PTSD 进行了单独分类。

焦虑障碍、强迫症和 PTSD 一般是内化障碍，因此它们往往不容易被识别。然而，一名对学生的思想、情绪和行为保持敏感的教育工作者可能会识别学生的焦虑障碍表现。焦虑障碍的表现取决于学生的年龄，例如，当学生抱怨身体上的问题（如胃痛、头痛），要求回家或去校医办公室时，这名学生可能是为了逃避课堂上的压力而假装身体有问题，也可能是他的焦虑导致了身心反应，从而表现为现实中的躯体症状。

虽然由焦虑引起的身体不适在低龄儿童中更为常见，但这种不适在青少年中也可能存在，并由此反映出各种焦虑障碍。以焦虑为共同特征的众多障碍包含了各种各样的心理问题，因此往往在不同的条件下以不同的方式表现出来。重要的是要认识到并对此进行及时的干预，就像如果咖啡因会加重焦虑症状，就应该减少或停止咖啡因的摄入。

焦虑障碍、强迫症和 PTSD 有多种治疗方法。通常来说，如果心理治疗不成功，那么药物治疗便是其后备治疗方法。许多儿童和青少年没有接受过心理治疗，而是直接由初级护理人员治疗，因此药物治疗就成为首要的治疗方法。如果使用药物治疗焦虑障碍，抗抑郁药物往往是首选，通常会优先考虑 SSRI 类。

（一）广泛性焦虑障碍

广泛性焦虑障碍的特征是在多种场景中持续出现焦虑症状，并以担忧为主要特征。这种焦虑情绪在大部分时间都存在，而且会涉及多个问题。患有广泛性焦虑障碍的人会感到焦躁不安、容易疲倦、睡眠困难、肌肉紧张、注意力不集中或易怒。（成年人需要符合 3 种或 3 种以上的标准才能确诊，而儿童只需要符合 1 种标准就能确诊。）这些症状应存在至少 6 个月的时间，并对个体造成明显的痛苦或损害。该障碍在青少年中的患病率约为 1%，在成年人中的患病率约为 3%。患有这种障碍的女性和男性比例为 2 : 1。

患有广泛性焦虑障碍的儿童和青少年会担心他们在学业或运动方面的表现。他们可能出现身体上的症状，包括胃痛和头痛，并表现出紧张的习惯。诊断医生要对他们进行彻底的评估，以确保他们没有其他常见的焦虑障碍，如强迫症、惊恐障碍或特定恐怖症。

1. 广泛性焦虑障碍在学校中的表现

患有广泛性焦虑障碍的学生会表现得很紧张，"整个人是绷着的"，无法放松。因为担心考试成绩不好，或者在课堂上得不到好成绩，他们会问很多关于作业的问题。他们可能有表现紧张的习惯，比如咬指甲或敲指关节。他们还可能在课堂讨论中不断地表达自己的担忧，也可能表现出从对个人安全到对失败的恐惧，或者对环境的担忧等各种各样的焦虑。因此，患者的课堂表现和成绩可能会由于持续关注引发焦虑的话题而受到影响。

2. 广泛性焦虑障碍的治疗

包括认知行为干预的心理治疗将很有帮助，这种治疗将检查儿童和青少年的过度恐惧、灾难化和过度一般化的非理性基础。放松技术也很有帮助，瑜伽和正念练习可以缓解焦虑症状，建立自我控制，有助于身体健康。如果要使用药物，一般用 SSRI 类药物，也可能使用地西泮和丁螺环酮。

20 世纪 60 年代以来，苯二氮卓类药物就被用于治疗成年人的焦虑障碍。它们会激活抑制性神经递质氨基丁酸，从而导致大脑中的神经活动减缓，帮助镇静并减轻焦虑。虽然这些药物可能在短期内有好处，但由于潜在的依赖和滥用风险，长期使用将带来重大隐患。苯二氮卓类药物包括阿普唑仑、氯硝西泮、劳拉西泮、三唑仑和安定。镇静是苯二氮卓类药物最常见的副作用。

丁螺环酮是一种被批准用于治疗成年人广泛性焦虑障碍的药物，其作为血清素突触前激动剂与血清素受体部分激动剂共同发挥作用。由于担心苯二氮䓬类药物可能会被滥用和导致依赖，因此它被作为替代品引入。丁螺环酮会导致嗜睡、恶心、头痛、口干、疲劳和失眠。虽然它没有被批准用于儿童治疗，但学生可以使用它作为标签外处方进行治疗。

（二）社交焦虑障碍

社交焦虑障碍也被称为社交恐怖症，通常始于童年或青春期，平均发病年龄在 10~13 岁（纳尔逊等，2000），其特点是患者在社交环境中产生强烈的恐惧。在面对不熟悉的人或处于被他人审视的社交或表现场合中时，患者会感到持续的恐惧。患者害怕由于他的外表或行为引起的公众尴尬或被羞辱。在这种情况下，他会变得非常焦虑，并倾向于尽可能地回避。其回避行为会对他们的事业、学业或人际关系造成严重干扰。患有这种障碍的成年人能够认识到这种焦虑是不合理的，但儿童可能不会有这种认识。在社交场合中的焦虑可能会引发躯体上的症状，如震颤、脸红、恶心、出汗，甚至全面的惊恐发作。

很久以前，人们就认识了这种障碍。公元前 400 年左右，希波克拉底描述过这样一个人："他既不愿见他人，也不愿被他人所见。他不敢走进人群，生怕被人利用、丢了面子，他的手势或讲话时的举动过分夸张，就像生病了一样，他以为每个人都在观察着他"。

社交焦虑障碍是害羞者的极端表现。一般来说，害羞不会导致个体在人际交往、工作或学业上的重大问题。害羞反映的是一个人的气质，这在大众群体中非常常见。但当害羞症状具有致病性时，就需要对其进行心理健康诊断。社交焦虑障碍的终生患病率约为 12%，被认为是最常见的焦虑障碍。它与重性抑郁障碍有明显的合并症状，并且由于个体使用药物或酒精对焦虑障碍进行治疗，造成的物质滥用也成为一个高风险问题。

1. 社交焦虑障碍在学校中的表现

患有社交焦虑障碍的学生由于担心尴尬和被羞辱，倾向于避免接触有他不熟悉的人的场合。这种障碍会这样表现出来，例如，在遇到许多新同学的开学第一天，或者在外出实践活动中、在操场上以及其他会引发严重焦虑的社交场合中，患者的焦虑会使他们出现逃避行为。拒绝上学是其中一个非常重要的表现，社交焦虑障碍是导致拒绝上学的主要心理问题。

2. 社交焦虑障碍的治疗

以认知行为疗法为主的心理治疗对治疗社交焦虑障碍很有效。认知治疗部分帮助患者检查他对不断被他人观察和判断的看法，以及在社会情境中所感受的多重担忧和恐惧的准确性。行为治疗部分利用逐渐暴露在社会情境中的方法，类似于用于治疗特定恐怖症的系统脱敏技术。放松技巧可以帮助患者应对社交场合中遇到恐惧刺激的情况。人际关系疗法也很有助益。药物治疗，特别是 SSRI 类抗抑郁药物的使用，可以帮助一些社交焦虑障碍患者。但是 FDA 没有批准任何用于治疗儿童和青少年这种障碍的药物，因此该治疗处方属于标签外处方。

（三）特定恐怖症

特定恐怖症（源自希腊语 phobos，意为"恐惧"），是一种非常常见的焦虑障碍。它是对情景或物体的持续恐惧，这些情景或物体是特定恐怖症患者极力试图回避的，即使这种回避需要耗费大量的时间和精力。如果这些情景或物体无法回避，特定恐怖症患者便会经历严重的痛苦。回避行为、与预期相关的焦虑以及遭遇恐怖情境所引起的焦虑情绪都会对他们的社交和工作产生干扰。人们在成年后会逐渐意识到这种恐惧是非理性的或过度的，但儿童和青少年可能不会有这种认识。特定恐怖症有很多种，包括对高度的恐惧（恐高症）、对水的恐惧（恐水症）、对封闭场所的恐惧（幽闭恐怖症）、对飞行的恐惧（飞行恐怖症）、对蜘蛛的恐惧（蜘蛛恐怖症），以及对拥挤场所的恐惧（广场恐怖症）。甚至还有对数字 13 的恐惧（恐 13 症），这种情况肯定很普遍，因为大多数美国酒店都没有 13 层。有些恐怖症源于个体创伤性的生活经历（例如，在童年早期被狗咬过，随后便对所有的狗都产生了病态的恐惧）。有些似乎是天生的本能反应（如恐高），有些似乎无法用逻辑解释（如小丑恐怖症）。

拒绝上学的学生被认为患有"学校恐怖症"。事实上，他们中很少有人对学校有特别的恐惧。他们往往患有其他心理健康障碍，最常见的是重性抑郁障碍或焦虑障碍，如分离焦虑障碍或社交焦虑障碍。

1. 恐怖症在学校中的表现

恐怖症在儿童和青少年中非常常见,在某些情况下,这会成为课堂上的一个问题。例如,一个有恐高症的学生可能很难坐在教学楼高层靠近窗户的地方。一个有幽闭恐怖症的学生如果被要求待在一个封闭的空间里,比如去一个洞穴进行实地考察,可能会变得非常焦虑和激动。对蛇有恐怖症的学生,如果教室里有蜥蜴或蛇的饲养箱,可能会惊恐发作。学生常常因为自己的恐惧而感到尴尬,教育工作者需要成为敏锐的观察者,这样才能在这些问题发生时发现它们。

2. 恐怖症的治疗

系统脱敏是一种有助于治疗恐怖症的心理治疗技术。这种技术是使患者逐渐暴露在其害怕的物体前或情景中。运用系统脱敏技术要先建立恐惧等级。举例来说,如果一个人害怕蛇,那么首先产生焦虑的情景至少是看到一张蛇的照片,接下来是在窗户的另一边发现一条活的蛇,再接下来是和蛇共处一室,最后是触摸蛇。患者要先在平静的环境中学会自我放松技术,然后运用学到的自我放松技术去应对恐惧刺激。一般从最小的压力情景开始,在掌控这个情景后,逐渐进入到更严重的压力情景中,直到最后,恐怖症患者最终学会如何应对恐惧。

心理治疗可以非常有效地治疗恐怖症。如果心理治疗不成功,就可以考虑进行药物治疗。一般来说,治疗恐惧症和其他焦虑障碍时,SSRI 类抗抑郁药物是使用频率最高的药物。

(四)分离焦虑障碍

分离焦虑障碍的特征是当个体与其依恋对象离别时,产生过度害怕和焦虑。该障碍是很多学生拒绝上学的主要原因,患有这种障碍的学生,因他们对可能发生在自己或其家人身上的可怕事情有着持续的担忧,而在上学期间有严重的患病表现。

分离焦虑障碍的症状包括分离时感到身体不适,担心依恋对象受到伤害,当预感或经历分开时产生明显的痛苦,不愿或拒绝在家以外的地方睡觉,重复做与分离主题有关的噩梦,独自一人时感到害怕,以及因害怕离别而不愿或拒绝去学校、工作场所等地方。以上标准至少符合 3 项才能做出诊断。在儿童和青少年中,这些症状需要至少持续 4 周,并且有明显的致残风险。在婴儿期,分离焦虑是符合发育特征的(如 1 岁的婴儿害怕陌生人)。当这些症状不符合发育特征时,就应做出诊断。

在 2019 年,儿童的分离焦虑障碍患病率约为 4%,青少年的患病率约为 1.6%。这种疾病也可能出现在成年人身上,但随着个体年龄的增长,患病率会趋于下降。对一些儿童来说,这是一个非常严重的问题,分离焦虑障碍也是在 12 岁以下的儿童中最普遍的一种焦虑障碍。

1. 分离焦虑障碍在学校中的表现

分离焦虑障碍在年龄较小的学生中尤其引人注意，他们在与家长分离和上学方面遇到很大困难。虽然有些分离焦虑障碍是发育过程中的正常现象，但患有这种障碍的学生可能会拒绝上学，当他们被带到学校时会产生严重的焦虑，或者他们来到学校后可能出现明显的焦虑和沉默寡言的现象。他们可能会非常依赖家长，或者其他他们所依恋的人。他们会用语言表达自己对在分离期间可能发生在他们身上或家长身上的可怕事情的恐惧。在一些情况下，患者的一方家长可能也有分离焦虑的问题，因此学生的症状可能是家长分离焦虑的反映。

2. 分离焦虑障碍的治疗

采用何种心理治疗方法取决于个体的年龄。游戏疗法对那些无法用语言表达自己的想法和感受的儿童很有帮助。家庭治疗可以帮助家长在孩子拒绝上学等问题上设置适当的限制。如果家长也有同样的问题，那么只有在家长消除了他自己的分离焦虑以及由此引发的行为问题之后，孩子的分离焦虑问题才会有所改善。

药物治疗倾向于使用 SSRI 类抗抑郁药物，如苯二氮卓类药物（安定、氯硝西泮等），但长期使用该类药物将产生很高的耐药性和依赖性风险。丁螺环酮可以作为处方药，但很少有研究支持将其用于对儿童和青少年的治疗。

（五）惊恐障碍

惊恐障碍的发作是突然的、无法预期的，发作时间一般持续 15～30 分钟，然后逐渐消退。惊恐发作时患者会有强烈的不适感，在发作结束后，患者会震颤、感到疲惫，或者非常担心再次发作。惊恐发作期间患者会出现以下症状：头晕、震颤、害怕失去控制、心悸、出汗、现实解体或人格解体、麻木或针刺感、气短、胸部不适、窒息感、害怕死亡、恶心、发冷或发热。以上症状中需出现 4 种及以上才符合诊断标准，患有惊恐障碍的人会持续担心再次发作，因此他们会改变自己的行为方式，以回避惊恐的再次发作。

惊恐发作也可能发生在其他焦虑障碍患者身上，但在这些情况下，它是在暴露于引发焦虑的情景后发生的。例如，有恐高症的人在爬梯子时可能会惊恐发作。那些患有惊恐障碍的人，他们的惊恐发作是不可预期的、突如其来的。然而，他们倾向于将发作原因与发作时所处的情景联系起来，并且往往会尽最大努力避免未来再次遇到类似的情景。

惊恐障碍在童年并不常见（14 岁以下儿童的患病率不足 0.4%），但在青春期患病率却有所增长，对于女性来说更是如此，在年龄较大的青少年和成年人中，2019 年的患病率为 2%～3%。

1. 惊恐障碍在学校中的表现

患有惊恐障碍的学生在课堂上可能会出现各种各样的问题。如果他们在课堂上惊恐发作，那么他们可能会迫切想要离开教室，到一个安全、隐蔽的环境中去。如果他们继续待在课堂上，就会显得非常焦虑，并因此分散他们的注意力，因而难以完成任务。在惊恐发作后，他们会表现出震惊、迷惑和对下一次发作的担心。

有过几次惊恐发作经历的患病学生，以及出现广场恐怖症症状的学生，可能会在拥挤的环境中表现得非常焦虑。他们会觉得自己需要坐在一排椅子的末尾，以便在必要时快速离开。他们对上学可能表现得非常焦虑，以至于出现拒绝上学的情况。如果他们在学校中有过多次惊恐发作的经历，那么这种情况更可能发生。

2. 惊恐障碍的治疗

心理治疗首先需要关注的是教患者了解这种障碍的本质。许多患有惊恐障碍的患者都觉得自己当时经历了威胁生命的情况，在急救室里接受评估时却被告知这"都是他们自己想出来的东西"。有大量证据表明，惊恐障碍有其生物学基础，经历惊恐发作的人需要明白，惊恐障碍不仅仅存在于他们的大脑中。一些患者可以通过练习放松技术来帮助他们安全度过惊恐发作，这些技术非常有用。尽管有自我放松技术的练习，惊恐发作仍然会经常发生。惊恐发作可分为轻度、中度或重度，并可能经常发作，也可能在长期平稳后仍然发作，或者两者兼而有之。

惊恐障碍患者通常会出现继发性症状，包括广场恐怖症，他们害怕去拥挤的地方，或者当他们惊恐发作时无法逃离的地方。他们经常回避那些与之前经历惊恐发作时相似的情景。这是典型的操作性条件反射，如果惊恐发作持续不断，即使惊恐障碍得到有效治疗，其继发症状也会有致残性。

有些患者的问题非常严重，以至于他们变得闭门不出，无法离开他们的房子到公共场合去。其他患者在大部分时间内都保持着高度的焦虑，因为他们一直认为自己会经历下一次发作。SSRI类抗抑郁药物已被证明对治疗惊恐障碍非常有帮助，它们有助于完全解决惊恐发作问题。同时，对惊恐障碍的早期干预可以降低这种障碍的致残性风险，因此早期干预也是非常重要的。

二、强迫症

具有强迫思维或强迫行为的个体被称为强迫症患者。强迫症曾经被看作一种焦虑障碍，但在《精神障碍诊断与统计手册Ⅴ》中，它被列在"强迫症及相关障碍"章节中："强迫症是指个体感受到反复的、侵入性的、持续性的想法、冲动或意向，并引起显著的痛苦或焦虑"。强迫症不仅是对个人实际问题的过度担忧。强迫思维是不愉快的，遭受强迫思维折磨的个体有时会通过采取特定的行为试图消除或抑制强迫性想法，试着抑制强迫性想法反而会让这些想法更加突显。有强迫症的成年人能够认识到，强迫症是他们思维的产物，但儿童可能不会有这种认知。

强迫行为指的是重复的行为或精神活动，有强迫行为的人会感到自己是被迫去做这些事的。他们可能遵循强迫性想法，或者认为自己是严格适用的规则框架的一部分。强迫思维的例子包括计数或做除法等数学活动，或者在大脑中重复某些单词。强迫行为的例子包括过度洗手、重复检查（如门是否锁上了，或者炉子是否关了）、触摸物品（如强制触摸在一个房间内的所有开关），或者把物品按特定顺序摆放（如字母、颜色、形状或大小）。

大多数患者都有强迫症临床亚型的典型症状。（我们中有多少人会在发完邮件后去检查邮箱，以确保邮件发对了？我们中有多少人曾在脑海中反复萦绕一首歌，无法忘却？）当强迫症达到临床障碍水平时，就会有严重的致残性。患者可能每天要花一个多小时在这上面，它会严重干扰一个人的社交、学业或工作。

由于许多强迫症患者对自己的症状感到羞耻，因此强迫症多年来都被看作一种罕见的障碍。我们明显地看到，一旦有了有效的治疗方法，它至少能作用于1%的患者。至少 30%～50%患有这种障碍的成年人报告说，该障碍始于他们的童年或青春期。每 5 个患有强迫症的孩子中就有 1 个其家庭成员也患有强迫症。强迫症的男女患病比例为 2∶1。强迫症可能早在学龄前就已经发生，虽然某些强迫行为在青春期前是正常的（如避免踩到人行道上的裂缝），但强迫症的症状明显更严重，并会有致残性。

（一）强迫症在学校中的表现

学生的强迫症对于教师来说可能完全是隐蔽的，或者以强迫行为的方式表现出来。例如，患病学生在进教入室时会强迫性地摸一下电灯开关。对污染的恐惧可能导致他避免和他人握手，或者频繁而剧烈地洗手，从而导致皮炎。患病学生可能会重复地挠自己的皮肤，或强迫性地揪自己的头发。他们可能表现出对秩序感的强烈追求，他们会整理图片、摆放桌子等。患病学生也可能表现出完美主义的倾向，比如因为一个小小的书写错误就把整张作业纸揉成一团扔掉。

尽管强迫思维是想法而不是行为，但它可能会间接地表现为难以完成学习任务。尽管这种困扰往往不为人知，但它会占据学生的思维，从而对学业产生负面影响。隐蔽的强迫行为也会影响学业。如果患病学生觉得有必要数一数教室的天花板上有多少块瓷砖，那么他就很难集中注意力在课堂任务上。

（二）强迫症的治疗

强迫症的治疗包括认知行为疗法和药物治疗。一种叫做暴露与反应预防（Exposure

and Response Prevention，ERP）的认知行为疗法包括让患者不执行强迫行为（如离开家时反复检查门是否锁好，或者在触摸门把手后反复洗手），然后学会忍受由于不执行强迫行为而产生的焦虑情绪。由于有相当多的证据证明强迫症有其生物学基础，因此药物对治疗强迫症非常有帮助。抗抑郁药物氟伏沙明（兰释）、舍曲林（左洛复）和氯丙咪嗪（氯米帕明）已被批准用于治疗儿童和青少年的强迫症。药物治疗并不能消除强迫症的所有症状，但可以显著降低其严重程度。

三、PTSD

PTSD 源于经历创伤性事件。创伤性事件可以发生在童年、青春期或成年以后，也可以发生在没有心理问题病史的人身上。PTSD 会引起严重的焦虑，并有严重的致残症状，对人际交往、学习和工作都产生干扰。在《精神障碍诊断与统计手册Ⅳ-TR》中，PTSD 被归类为焦虑障碍，但在《精神障碍诊断与统计手册Ⅴ》中，PTSD 被归类为与创伤和压力相关的障碍。之所以会出现这种变化，是因为一些人在经历创伤性事件后，会产生愤怒、冷漠、烦躁或分裂的感觉，而不是焦虑症状。

6 岁以上被诊断患有 PTSD 的人，必须经历意外或威胁到生命的事件、严重伤害或性暴力。他们可能直接经历创伤性事件，或者亲眼看见发生在他人身上的创伤性事件，或者获悉亲密的家庭成员或朋友身上发生了创伤性事件，或者反复经历或极端接触创伤性事件的细节。PTSD 患者会经历一次或多次侵入性伤害，如创伤性事件的反复和侵入性记忆、反复做与创伤性事件相关的噩梦、个体感觉事件重复出现的分离性反应（如闪回）、暴露于与创伤性事件相似的情景中时产生强烈或持久的痛苦，以及当接触相关事件时产生生理反应。他们也会持续地回避与创伤性事件有关的刺激，并具有以下两种或更多症状：回避关于创伤性事件的痛苦记忆、思想或感受；或者回避能够唤起创伤性事件的外部提示。他们会经历有关认知和心境方面的负面改变，包括无法记住创伤性事件的某个重要方面，对自己有持续性的消极感受，由于对创伤性事件的歪曲认知导致个体对自己的责备、持续性的消极情绪状态、显著降低对活动的兴趣或参与度、与他人脱离或疏远，以及持续地不能感受到如幸福、满足、爱等积极情绪。

此外，他们的警觉和反应水平有显著的改变，具有两种或两种以上的如下症状：激惹的行为或愤怒的爆发、不计后果或自我毁灭的行为、过度警觉、过分的惊跳反应、难以集中注意力、睡眠障碍。这些症状的持续时间需要超过 1 个月，并造成明显的痛苦或损伤。

一些患有 PTSD 的人还会经历人格解体（感觉脱离躯体或精神的过程）或现实解体（感觉他们所处的环境是不真实的）。如果直到事件发生后 6 个月才出现症状，那么这个人就可以被诊断为患有伴延迟性表达的 PTSD。6 岁及 6 岁以下的儿童也会有类似症状，但其中一些症状有不同的表现形式。例如，侵入性记忆可能不会让人感到痛苦，而且儿童患者可能在游戏中进行情景重演。他们的噩梦可能不能明确地指向与创伤应激源有关的内容。

并不是所有经历创伤性事件的儿童都会患上 PTSD。一般来说，压力越大，越有可能发展成 PTSD。其他危险因素包括缺乏家长支持、先前经历过创伤、由护理人员造成的创伤，以及先前就存在的其他心理健康障碍。PTSD 与儿童和青少年的其他心理健康障碍也有关，包括品行障碍、重性抑郁障碍和物质使用障碍。

（一）PTSD 在学校中的表现

因家庭环境中反复的身体或性虐待而患上 PTSD 的学生，可能会由于在课堂上讨论关于"保护自己远离虐待"的话题而引发严重的焦虑症状。如果教师或其他工作人员与虐待患病学生的人有相似之处，那么患病学生在接近这个人时会产生严重的焦虑感。患病学生对创伤性事件（如车祸、目睹家庭或社区的暴力事件）的反应，也会对其他在校学生产生影响。PTSD 会导致患病学生对环境产生严重的麻木感，以至于显得过于安静、孤僻、在课堂活动中不合群。年幼的患病学生可能会在游戏活动、绘画和对话中重复他们的创伤主题。

（二）PTSD 的治疗

PTSD 治疗的重点是帮助儿童和青少年获得对创伤记忆的掌控感，并获得安全感。放松训练可以帮助儿童更好地应对创伤记忆。儿童和青少年需要知道，他的体验是对创伤性事件的典型反应，而不是软弱或受到不可弥补的伤害的表现。认知行为疗法可以帮助患病学生更好地应对这个过程。如果要进行药物治疗，一般首先使用 SSRI 类抗抑郁药，它们有助于缓解患者的焦虑和抑郁症状、减少侵入性回忆和回避性行为。其他可能使用的药物包括 α-肾上腺素受体激动药，如可乐定或胍法辛，它们有助于调整过度兴奋的状态。情绪稳定剂可用于缓解不稳定的情绪，抗精神病药物可用于非常严重的情况。

> **讨论**
>
> **案例：罗恩的故事**
>
> 罗恩是一名 14 岁的学生，尽管他的智商很高，但有很长一段学业落后的经历。他在功课上花费了过多的时间，每天课堂上都要离开他的座位去削铅笔，并且很少上交完成的作业。在教育工作者看来，他这样做似乎是在逃避功课。罗恩被要求进行精神病学评估，并被诊断为患有严重的强迫症。这种障碍导致他是个高度完美主义者，以

至于不能完成自己的任务。在接受治疗后，罗恩的症状减轻，高中成绩都是 A。

反思问题

强迫症患者往往不愿意向他人透露他们的强迫思维和强迫行为。罗恩的行为被误解为一种对立行为，而不是严重心理健康障碍的表现。有时会有明显的迹象表明某学生患有强迫症，比如过度洗手导致手发红。在与可能患有强迫症的学生相处时，你还会寻找其他哪些线索呢？你会如何向可能患有这种障碍的学生提出这个话题呢？

第 6 章

物质使用障碍

人类吸毒和酗酒的历史可以追溯到几千年前。最初，通过对植物和天然发酵物质的尝试，我们远古的祖先体验到了这些物质的致幻效果，西班牙古代洞穴的壁画就描绘了可以引起幻觉的蘑菇。千百年来，人们出于宗教和娱乐目的使用致幻物质。这些物质的使用在一定程度上与文化差异有关，即在不同文化背景下，一些物质是可以接受的，一些物质是不可以接受的。

例如，今天的西方文化允许饮酒，把大麻（大麻类毒品）当作非法物质，而在一些国家，饮酒是被禁止的。中国和新加坡是禁毒非常严格的国家。

社会认为合法的"好毒品"与非法的"坏毒品"之间的区别，并不一定基于物质成瘾性或其危险程度的数据。事实上，尼古丁被认为是最容易上瘾的物质，而吸烟导致美国每年有约 44 万人死亡，也就是每 5 个人中就有 1 个人死于吸烟。吸烟造成的死亡人数超过了由艾滋病、饮酒、车祸、非法吸毒、自杀和谋杀造成的死亡人数的总和。

许多成年人会在其社会规范内负责任地使用一些物质。例如，在美国，适度饮用酒和咖啡是一种正常的社会行为。然而不幸的是，大约 10%的人在使用物质方面存在着严重问题。

很明显，儿童和青少年特别容易受到物质使用问题的影响。这些物质的使用会对他们正常的成长发展，以及有效应对生活压力的能力产生干扰。同样明显的是，在美国，吸毒和酗酒现象在青少年群体中十分普遍。美国国家药物滥用研究所一直在追踪青少年的非法药物使用情况。到目前为止，在美国最受青少年欢迎的毒品是大麻。虽然它的使用量已经有所下降，但在近几年中有反弹趋势。在 2012 年的调查中，7%的八年级学生、17%的十年级学生和 23%的十二年级学生都在过去的一个月里吸食过大麻。吸烟的青少年数量少于吸食大麻的青少年，17%的高中生报告说他们目前有吸烟行为，而近 7%的十二年级学生每天都吸食大麻。合成大麻是一个新的严重问题。一些青少年错误地认为合成大麻是大麻的安全替代品。报告显示，在高中生群体中，2018 年吸食大麻的比例为 36%，合成大麻占其中的 11%。而其他所有物质，包括非法药物或药剂，在 2018 年的使用率均不到 8%。非法物质包括致幻剂、鼠尾草、摇头丸、吸入剂和可卡因。酗酒的比例虽然已降到了历史最低水平，但仍然是一个非常严重的问题，4%的八年级学生、15%的十年级学生和 28%的十二年级学生都报告他们在过去的一个月里有过醉酒经历。此外，2.5%的十二年级学生每天饮酒，24%的十二年级学生在过去两周内饮过酒。

非医疗处方药和非处方类药品的使用是青少年吸毒问题的重要一环。最常被滥用的药物是兴奋剂苯丙胺和哌甲酯、阿片类药物维可丁和奥施康定、止咳药、镇静剂。[①] 考虑到苯丙胺和哌甲酯都是用于治疗 ADHD 的药物，它们的非法使用可能是由不恰当的开处方行为造成的。

在《精神障碍诊断与统计手册Ⅴ》之前，药物和酒精问题被归类为使用、滥用和依赖问题。这些术语在《精神障碍诊断与统计手册Ⅴ》中被替换为物质使用障碍，根据符合的诊断标准的数量，其严重程度被定义为轻度、中度或重度。由于定义的不准确性和潜在的负面含义，"成瘾"这个词不再被使用，每种物质的中毒标准也被列出。当然，不是所有物质使用都会导致中毒。许多成年人会在参加派对时出于社交礼仪喝上一杯，而且没有表现出醉酒的迹象。然而，有些物质往往被许多青少年滥用来达到醉酒的效果，致幻剂 LSD[②]（麦角酸二乙酰氨）就是个很好的例子。而且，由于大麻的效力和通常的使用方法，大麻使用者往往会出现中毒症状。青少年吸毒一般是因为一时的沉迷，而这往往是物质使用出问题的第一步。

尽管每种物质都有其独特的中毒特征，但不同物质使用障碍的症状却非常相似。患有物质使用障碍的个体有着与一种或多种物质使用相关的病理行为模式。尽管患者存在行为、认知和生理方面的症状，但他们仍会继续使用这些物质。对于那些有严重物质使用障碍的人来说，即使在没有使用药物的情况下，他们的大脑回路也会发生潜在的变化。当接触到与毒品相关的刺激时，他们会产生更强烈的渴望。

一、物质使用障碍的症状和诊断

物质使用障碍的诊断标准有 4 组：控制能力受损、社会能力受损、使用风险和药理学标准。控制能力受损的症状包括：比最初预期使用更大的剂量，使用的时间更长；试图减少或停止使用物质但并未成功；耗费大量时间获得物质、使用物质或从该物质的影响中恢复；对物质的渴望。社会能力受损的症状包括：在家庭、工作场所或学校

---

① 其中，苯丙胺在中国属于毒品。
② LSD 在中国属于毒品。

中未能履行角色义务；尽管出现社交或人际问题，患者仍不能停止物质使用；由于物质使用而放弃社交、职业或娱乐活动。使用风险的症状包括在明知对身体有害的情况下仍然使用该物质（如酒后驾驶），以及尽管已经存在与物质有关的心理或身体问题，但仍继续使用该物质。药理学标准包括出现耐药性，即需要增加药物剂量才能达到预期的效果，以及停药后出现不适的戒断症状。有些物质（如致幻剂和吸入剂）不会产生耐药性或戒断症状。如果患者出现以上至少2种或3种症状，就可以被诊断为患有物质使用障碍。有2种或3种症状可诊断为轻度物质使用障碍，有4种或5种症状可诊断为中度物质使用障碍，有6种或更多症状可诊断为重度物质使用障碍。

物质使用障碍的诊断标准在应用于青少年群体时存在着一些问题。由于物质使用障碍症状与其他心理健康障碍症状相似，包括心境障碍（如重性抑郁障碍和双相情感障碍）、焦虑障碍甚至精神病性障碍，容易导致诊断的不正确，也使教育工作者错误地认为患病学生达到了严重情绪障碍或其他健康损害类别下的特殊教育标准。这种错误判断会带来严重的后果，因为无论是物质中毒造成的不良情绪影响，还是戒断症状的影响，都无法从不匹配的特殊教育项目或相关服务中得到改善。事实上，针对学生物质使用障碍采取的特殊教育项目和相关服务，将使该问题更加复杂，甚至可能对他们造成伤害。因为这些服务忽视了真正的问题，可能会在无形中使学生长时间隐瞒自己使用这些物质的事实（瓦尔德施普格和迪克尔，2010）。

然而，有物质使用障碍的青少年往往会表现出其他问题的迹象。可以认为，任何使用非法药物、以获得快感为目的而使用处方药或酒精的青少年，其本质都是有问题的。《精神障碍诊断与统计手册》在诊断物质使用障碍方面没有对青少年和成年人进行区分，它对两组人群使用相同的标准。然而很明显，在童年或青少年早期就开始使用物质是导致物质使用障碍的主要风险因素。此外，许多有物质使用障碍的青少年并没有尝试减少物质的使用量，他们不仅在获取物质方面没有什么困难，还有一个由同样滥用物质的同龄人组成的社交圈，伴随着无处不在的危险驾驶行为，这都让他们更加轻视物质使用障碍。

二、滥用物质的种类

以下是可能导致使用问题的各种物质以及可能在学校中出现的明显中毒症状和戒断症状。

（一）大麻

《精神障碍诊断与统计手册Ⅴ》将所有大麻制品都称为大麻。近年来，大麻的使用量一直在稳步提高。大麻一般被点燃吸食，能快速产生快感，它也可以口嚼，口嚼的效力产生得比较缓慢，但可以产生更强烈或较强烈的中毒感，这个感觉的强烈程度取决于大麻的吸食量。2018年，在12~17岁的青少年中，大麻使用障碍患病率为3.4%，在18岁及以上的成年人中，大麻使用障碍患病率为1.5%。在性别上，男性患病率要高于女性。吸食大麻的现象在有行为问题的青少年中更为普遍，因此15岁之前是否吸食大麻，对青少年后期和成年后是否会患上物质使用障碍和其他心理健康障碍有着预测作用。

在吸食大麻的2小时内出现以下2种或2种以上症状为大麻中毒：食欲增加、口干、心跳加快和结膜充血（红眼）。吸食者也会有明显的心理或行为变化，如产生性快感、协调能力受损、判断力受损、感觉时间变慢或社交退缩。在停止大量和长时间吸食后会出现戒断症状，包括食欲下降或体重减轻、情绪低落、烦躁不安、睡眠困难、紧张、焦虑、易怒、愤怒或有攻击性、腹痛、身体不稳或震颤、头痛、发烧、发冷和出汗。停止吸食后的1~3天内会出现戒断症状，并持续1~2周。睡眠障碍可能会持续一个多月。

大麻使用障碍的诊断可以通过多种方式，包括直接观察（如衣服上是否有大麻气味、是否口干或红眼），以及对个体进行访谈和确证来源。通常情况下，青少年并不认为吸食大麻是一个问题，也不认为大麻像可卡因或海洛因那样是一种危险的毒品。动机性访谈是一种关注个体目标和动机的访谈技术，它比判断性、冲突性或对抗性的访谈方法更有可能问出准确的使用历史。

（二）酒精

如前所述，许多青少年都会喝酒，而酗酒行为在高中生中非常常见。2018年，在12~17岁的青少年中，酒精使用障碍患病率约为5%，在18岁及以上的成年人中，酒精使用障碍患病率约为9%。成年男性与女性的患病比高于2∶1。大多数患者在十几岁的时候就出现了第一次酒精中毒症状，并且在他们十几岁到二十几岁的时候就达到了酒精中毒的标准，其中大多数人在30多岁的时候逐渐发展为酒精使用障碍。在学龄期儿童中，这种障碍往往发生在那些有行为问题和较早出现酒精中毒症状的人身上。在临床患者中，9岁或10岁就出现酒精中毒症状的儿童并不少见。许多患者尝试过停止使用酒精一段时间，然而当再次喝酒时，酒精使用障碍的相关问题也会很快复发。这种障碍还有一个重要的遗传问题，即患者的孩子即使在出生时就被收养，这些孩子的患病风险也会比其他人高出3~4倍。

酒精中毒是指在摄入酒精后不久出现的严重心理或行为变化，如情绪波动、判断力受损、攻击性行为或不恰当的性行为。此外，患者还会出现说话含糊、身体不协调、步态不稳、眼球震颤（不自觉地快速来回移动眼球）、注意力和记忆力受损，或者恍惚和昏迷的情况。酒精戒断症状往往发生在患酒精使用障碍的几年后，因此戒断症状很少在 30 岁以下的人身上出现。酒精戒断症状往往在停止或减少长期大量饮酒后出现，其特征包括焦虑、烦躁、短暂出现幻觉、自主神经亢进（出汗或脉搏超过每分钟 100 次）、手抖、失眠、恶心、呕吐或全身性癫痫发作。酒精戒断症状的诊断必须至少符合以上 2 种症状。对于有酒精使用障碍的成年人来说，在功能性良好的中产阶级成年人中，有 50%出现过戒断症状，这一比例在住院或无家可归的人中为 80%。

死亡是青少年饮酒的最严重后果。在所有交通死亡事故中，近一半（45.1%）事故与酒精有关，据估计，16～20 岁的司机中有 18%（约 250 万名青少年）曾在饮酒后开车。根据疾病控制中心的数据显示，包括机动车事故的意外伤害，是青少年死亡的主要原因，由这种原因导致的死亡人数占所有死亡人数的 29%。据估计，这些机动车事故中有 50%与酒精使用有关。

（三）苯环利定类药物

苯环利定类药物包括苯环利定（Phencyclidine，PCP，又称天使粉）以及效力较弱的药物，如氯胺酮、环己胺和地佐环平。①这些药物会导致个体产生身心分离的感觉，因此最初被作为"解离性麻醉剂"研发。虽然这些药物的药效只有几个小时，但药物本身会在体内停留几天。在一些个体中，药物的致幻效果可能持续数天，并可能导致类似精神分裂症的精神病性症状。有 0.3%的 12～17 岁青少年使用过苯环利定，近 2%的高中生报告说使用过它。

苯环利定类药物使用障碍的患病率尚不清楚。苯环利定中毒会导致严重的行为变化，包括判断力变差、躁动、冲动、好斗、更具攻击性和不可预测性。躯体症状包括眼球震颤、高血压、心跳加快、肌肉僵硬、对声音的敏感性增强、对疼痛的反应减弱、身体运动失去控制、说话不清以及癫痫或昏迷。苯环利定中毒还可能导致暴力行为。除了由于好斗而造成的身体损伤，慢性患者还可能有持续数月的记忆、认知和语言问题。苯环利定使用障碍没有戒断综合征。

（四）其他致幻剂

致幻剂包括对使用者产生类似效果的各种物质，有天然物质，如致幻蘑菇、佩奥特掌、迷幻鼠尾草和某种牵牛花的种子，以及合成物质如 LSD 和摇头丸。几千年来，在土著文化的宗教仪式上一直使用如佩奥特掌和致幻蘑菇这样的致幻剂。在《精神障

---

① 其中，苯环利定在中国属于毒品。

碍诊断与统计手册Ⅴ》中，苯环利定以外的致幻剂被称为"其他致幻剂"。2018年，在12~17岁的青少年中，其他致幻剂中毒的患病率约为3%，这一几率在18~25岁的人群中约为7%。在25岁以上的人群中，这一几率降至1%以下。在12~17岁的青少年中，患病率没有显著的性别差异，但是在年龄较大的群体中，男性患病率高于女性。其他致幻剂障碍的患病率相对较低。

虽然有些人报告说致幻剂的使用给他们带来了积极的情绪体验，但致幻剂中毒也会导致明显的消极心理或行为变化，包括焦虑或抑郁、妄想、偏执、判断力受损以及对理智丧失的担忧。知觉变化包括人格解体（认为自己是不真实的）、现实感丧失（认为周围的环境是不真实的）、幻觉、错觉和联觉（感觉混淆，如"听到颜色""看到音乐"）。此外，致幻剂中毒还会引发视觉模糊、心跳加快、出汗、瞳孔放大、动作不协调、震颤和心悸等生理症状。

致幻剂的使用会带来严重的危害，包括可能导致重大伤害或死亡的知觉扭曲，以及导致易受影响的个体罹患严重的心理健康障碍。摇头丸具有兴奋和致幻特性，并已被发现具有长期的神经毒性作用，会导致记忆障碍、睡眠障碍和神经内分泌功能障碍。与其他致幻剂不同的是，已有证据表明摇头丸会导致戒断综合征。

（五）吸入剂

吸入剂为挥发性碳氢化合物，如来自油漆、胶水和燃料（如汽油）等的有毒气体。使用吸入剂的物理症状（如果有的话）包括使用者衣服上存留的气味和口鼻周围出现皮疹（"胶嗅皮疹"）。其中毒表现为行为问题和心理变化，包括判断力受损、好斗、攻击性和淡漠。可观察到的中毒症状包括反射抑制、视力模糊或复视、头晕、眼球震颤、欣快感、肌肉无力、共济失调、步态不稳、语言含糊、昏睡、身体运动减缓、震颤、木僵或昏迷。大约10%的青少年报告自己至少使用过一次吸入剂。12~17岁的儿童和青少年的吸入剂使用障碍患病率接近4%，在该年龄组中，女性的比例略高于男性。使用吸入剂还可能具有致命性，不仅因为使用塑料袋有导致窒息的可能，也因为这些化合物有导致心脏骤停的潜在危险。吸入剂的使用还可导致肺部、神经系统、心血管和胃肠道疾病。

（六）阿片类物质

使用鸦片止痛的历史可以追溯到几千年前。阿片类物质的使用以天然植物为基础，有时可以对其部分或全部进行合成。它们通过降低对疼痛的反应程度、提高对疼痛的耐受性，以及减少疼痛感知力来达到镇痛效果。阿片类物质可以与神经系统和胃肠道中的阿片受体结合。有趣的是，人类会产生一种叫做内啡肽的类阿片化合物，它可以产生止痛效果并带来幸福感。跑步者在长跑中感受到的良好体验就是由于这些内啡肽的作用。

即使我们正当地使用阿片类物质去止痛，也会产生耐药性，这就导致需要更高的剂量才能达到相同的效果。即使是出于治疗目的使用这类物质，停止用药也会产生戒断症状。如果对这些物质使用恰当却产生了耐药性和戒断症状，则不会被认为是阿片类物质使用障碍。使用阿片类物质可以产生欣快感，这可能导致这些物质的使用问题。在12~17岁的儿童和青少年中，阿片类物质使用障碍在2018年的患病率约为1%。虽然成年人中阿片类物质使用障碍的男女比例为1.5:1，但青少年女性患该障碍的可能性更高。阿片类物质使用导致的相关问题通常始于青少年晚期和20岁出头的年纪。其中毒症状包括行为问题和心理变化，表现为判断力受损、精神运动性迟滞或激越、冷漠和烦躁（与欣快感相反，包括不安感）。躯体症状包括瞳孔收缩、嗜睡、语言含糊不清、注意力或记忆力受损。

长期服用阿片类物质后产生的戒断症状包括烦躁、瞳孔扩大、出汗、竖毛（起鸡皮疙瘩）、恶心、呕吐、肌肉疼痛、流涕、流泪（眼泪过多）、失眠、发烧、腹泻和打哈欠。

2017年10月，美国前总统特朗普宣布阿片类物质危机为突发公共卫生事件。因为在2016年，有超过4.2万人死于阿片类物质使用。在2016年7月至2017年9月，阿片类物质的使用量增加了30%。

据估计，在美国有500万人出于娱乐性目的尝试过阿片类物质。现在，每年死于处方阿片类物质的人数比死于海洛因和可卡因的人数加起来还要多。2016年，12~17岁的儿童和青少年中有3.6%的人报告他们在2015年有过阿片类物质滥用的经历，年龄较大的青少年和18~25岁的成年人滥用阿片类物质的比例是儿童和青少年的两倍。这些人中绝大多数滥用的是处方阿片类物质，而不是海洛因。

幸运的是，青少年对阿片类物质的滥用正在减少。在2017年，高中生的海洛因使用率降至25年来的最低水平，而维柯丁的使用率则从2003年的10.5%降至2017年2%的历史最低水平。奥施康定的使用率从2005年的峰值5.5%下降到2017年的2.7%。

然而，由于患有阿片类物质使用障碍的青少年正在滥用越来越危险的药物，包括有毒的芬太尼①，使得过量用药的死亡率继续上升。在2015年，共有4235名15~24岁的青少年死于与毒品有关的过量服用，其中一半以上是阿片类物质。

美国疾病控制与预防中心估计，每一名因服用过量药物而死亡的青少年，其背后就有119人到急诊室就诊，22人接受治疗。有高阿片类物质滥用风险的青少年包括，

---

① 芬太尼在中国属于毒品。

有急性和慢性疼痛的人、有身体健康问题的人，还有患有抑郁障碍、其他物质使用障碍等心理健康障碍的人（美国卫生和公众服务部，2019）。

（七）兴奋剂

自古以来人们就把从古柯叶、咖啡豆和阿拉伯茶中提取的物质用作天然兴奋剂。从植物中提取精神活性化学物质（例如，从古柯植物中提取可卡因）或合成兴奋剂，如苯丙胺，这些可以产生更强效的刺激性化合物。

兴奋剂可用于医学领域的 ADHD 和嗜睡症治疗。兴奋剂的非医学用途包括用来提高警觉性和减少睡眠需求（例如，大学生为考试而通宵复习、卡车司机需要长途驾驶）。兴奋剂还可以抑制食欲，从而用来减肥。兴奋剂还能令人产生欣快感，而欣快感会导致人们更加滥用这些物质。

有意思的是，使用兴奋剂治疗 ADHD 的儿童和青少年不太会体验到欣快的感觉。而且在许多情况下正好相反，患者会抱怨因使用这些药物引起的烦躁症状。有研究表明，使用兴奋剂治疗 ADHD 并不会增加罹患物质使用障碍的风险。

对于青少年和成年人来说，出于非医学用途使用兴奋剂将引发问题。使用苯丙胺类药物或可卡因的人在短短一周内就会出现兴奋剂使用障碍。大部分有这种障碍的人会进一步发展出耐药性和戒断症状。使用苯丙胺类兴奋剂和可卡因的 12~17 岁儿童和青少年，在 2019 年的患病率为 0.2%。兴奋剂中毒会导致明显的行为问题或心理变化，包括情绪高涨、过度警觉（通过感知环境中的威胁提高感觉敏锐度）、社交能力变化、人际关系敏感、紧张、焦虑、愤怒、刻板行为（独特的重复动作）及判断力受损。躯体症状包括瞳孔扩大、血压升高或降低、心跳过速或过缓、恶心或呕吐、思维混乱、痉挛、肌力减弱、胸痛、心律失常、精神运动性激越或迟滞、出汗、打寒战和体重减轻。兴奋剂戒断症状包括精神运动性迟滞或激越、食欲增加、疲乏、频繁的噩梦、失眠或嗜睡。

（八）烟草

烟草原产于美洲热带地区，美洲印第安人种植烟草的历史已有 3000 多年。它们经常被用在神圣的仪式上、交易中，以及生活中发生重大事件时。烟草被看作来自造物主的礼物，呼出的烟可以把人的思想和祈祷带到天堂。欧洲殖民者将烟草引入他们的国家，使烟草成为一种非常受欢迎的商品。如今，发达国家的烟草使用量在减少，发展中国家却在增加。全世界每年种植的烟草近 700 万吨，使用者超过 10 亿人。美国的烟草使用率自 20 世纪 60 年代中期以来大幅下降，从约 42% 的成年人使用率降至现在的约 20%。然而，自从电子烟被发明后，烟草的使用量又开始增加了。

最常见的烟草使用途径包括吸烟、咀嚼和作为鼻烟吸入。在美国，吸烟占烟草使用途径的 90% 以上，80% 的吸烟者每天都会吸烟。在 2019 年，成年人的烟草使用障碍患病率为 13%。60% 的吸烟者在 13 岁之前就开始吸烟，90% 的吸烟者在 20 岁之前开始吸烟。在 18 岁时开始吸烟的人中，约 20% 的人至少每月吸一次烟，大多数吸烟者每天都会吸烟。21 岁以后才开始吸烟的情况是很罕见的。80% 以上患有烟草使用障碍的人尝试过戒烟，但 60% 的人会在一周内复吸。

虽然青少年的烟草使用量有所下降，但电子烟的使用极大地改变了这一趋势。电子烟的装置将含有尼古丁和香料的液体加热成气雾剂，供使用者吸入。讽刺的是，最初人们认为电子烟是烟草的替代品，有益于试图戒烟的成年吸烟者的健康。但是如今，电子烟已经成为对青少年影响巨大的公共健康危害。2007 年，电子烟进入美国市场，到 2014 年，电子烟已成为美国青少年最常用的烟草产品。高中生使用电子烟的比例高于成年人。

2018 年，高中生和初中生使用烟草制品的比例分别为 27.1%（404 万名）和 7.2%（84 万名）。同样在 2018 年，共有 360 万名初、高中学生定期吸电子烟。电子烟使用者数量的增加充满了戏剧性。从 2017 年到 2018 年，初中生使用电子烟的人数增加了 48%，高中生使用电子烟的人数增加了 78%。

考虑到青少年电子烟的使用对公共健康的危害，以及电子烟在青少年中日益流行的趋势，关于是否应该禁止电子烟的公共辩论也相当激烈。

烟草中毒不属于《精神障碍诊断与统计手册Ⅴ》中的障碍，烟草的戒断症状却属于。烟草的戒断症状包括易激惹、挫败感、愤怒、失眠、坐立不安、心境抑郁、焦虑、食欲增加和注意力难以集中。戒断症状是导致个人戒烟困难的主要原因。戒断症状通常在减少或停止使用烟草的 24 小时内开始出现，可持续 2～3 周。

（九）咖啡因

咖啡因的使用在美国非常普遍。超过 85% 的儿童和成年人会定期摄入咖啡因。除了咖啡和含咖啡因的饮料，咖啡因还被添加到食品、止痛药、维生素、减肥辅助药和感冒药中。关于咖啡因使用障碍的临床意义，目前还没有足够的研究证据来证明。然而，显而易见的是，咖啡因中毒和戒断症状是与咖啡因使用有关的常见特征。

咖啡因中毒症状包括紧张、不安、精神运动性激越、兴奋、在一段时间内不知疲倦、失眠、脸红、心跳加速或心律失常、尿频、思维或语言散漫、胃肠功能紊乱和肌肉抽搐。停止或减少咖啡因摄入后的 24 小时内会出现戒断症状，包括头痛（可能会很严重）、感冒样症状、疲劳或困倦、注意力难以集中、烦躁、心境抑郁或易激惹。超过 70% 的人停止咖啡因摄入后会出现戒断症状，其中近一半的人会感到头痛。咖啡因的戒断症状可以使人丧失行为能力，在学校或工作环境中难以正常表现。

三、物质使用障碍的表现

上文概述了青少年（在某些情况下也包括儿童）容易产生使用障碍的典型物质，这些物质的大多数使用者在上学期间不会表现出中毒迹象，但那些有中毒迹象的学生则面临物质使用障碍的最高风险。对于教师来说，熟悉这些中毒迹象有助于识别那些高风险个体。虽然本章还描述了各种物质的中毒症状，但教师更有可能注意到的，是使用物质的后遗症和相关戒断症状。例如，由于学生在周末大量饮酒，因此到了周一早晨，他们会出现宿醉的症状。还有那些整周都在使用某些物质的人，在第二天会有残留反应。此外，大麻作为脂溶性物质可以在人体内停留几天，因此我们可以看到使用大麻的后遗症，如认知困难和缺乏动力。

对于那些吸烟的学生来说，烟草戒断症状在学校里是个大问题。在美国，学生不像教师，不能在上学期间合法地使用烟草，而且很少有学生使用含尼古丁的口香糖作为烟草替代品。他们表现出的不安、易激惹和注意力难以集中的问题，可能都直接源于戒断症状。

咖啡因的使用在儿童和青少年中也非常普遍，以至于教师可能没有意识到，一些表现出异常行为的学生可能正在经历咖啡因中毒或戒断。在学校里，汽水售卖机会在白天提供含有咖啡因的饮料，因此学生在上学期间可以经常摄入大量的咖啡因。

四、物质使用障碍的治疗

物质使用障碍患者若想得到成功治疗，首先需要认识到该障碍会影响个体的大脑功能，这可能导致在最初成功治疗后的数周、数月甚至数年中，都有着高复发风险。物质使用障碍的治疗需要足够的时间才有效果，而匿名戒酒会之类的长期预防复发项目，可以极大地提高治疗成功的几率。由于很多人都有高复发风险，因此治疗形式需要多样化，治疗方案也需要个性化，需要解决物质使用障碍之外的多个问题，包括家庭、职业发展、社交活动、医疗、心理和法律问题。

行为疗法、家庭疗法、团体疗法和同伴支持计划是最常见的干预手段。这些疗法强调改善人际关系，培养抵制物质使用的能力，找到使用物质的替代品，并鼓励抵制诱惑。药物治疗是一种有用的辅助治疗，包括对阿片类药物使用障碍采用美沙酮或丁丙诺啡，对酒精使用障碍采用双硫仑（安塔布司），采用尼古丁替代品（如尼古丁口香糖）或其他口服药物（如安非他酮）治疗烟草使用障碍。考虑到物质使用障碍和其他心理健康障碍（如 ADHD 和双相情感障碍）会共病，因此在治疗物质使用障碍的过程中，治疗同时存在的心理健康障碍也至关重要。理想情况下，这应该在一个综合的、双重诊疗的方案中进行。

物质使用障碍在学生中非常常见，大麻、酒精、烟草和咖啡因是他们最常用的物质。通常，有物质使用障碍的学生也有心理问题。如果存在这种情况，两个问题都需要临床医生帮助解决，否则这些问题还会继续持续下去。教育工作者在帮助解决学生有关物质使用障碍中发挥着重要作用，他们可以发现学生物质使用障碍的迹象，并将他们的担忧同家长和临床医生进行沟通。

五、物质使用障碍的干预措施

物质使用障碍非常普遍，以至于处于高物质使用障碍风险中的学生往往没有意识到使用这些物质的潜在危险。他们可能会想："每个人都这样做——这没什么大不了的"。然而，对于那些容易出现严重物质使用障碍的人来说，这显然是一件大事。

但令人遗憾的是，在美国开展的许多预防吸毒和酗酒的学校项目并没有取得成功。"说不"的方法并不能显著减少青少年对毒品和酒精的使用。研究表明，侧重于传播有关物质危险信息的做法往往是无效的，更有效的做法是教学生如何抵御同龄人的影响，为他们提供与学校和社区其他人一起参与积极的、非吸毒的体验的机会，并让学生的家庭也参与进来，提高他们的生活技能。青少年将受益于沟通技能的培养、获得自信、增加自我效能感以及抵御物质诱惑的能力。在小学阶段，有效的干预措施是解决情绪问题、提高沟通技巧、提升自我控制和问题解决的能力等。更重要的是，干预项目需要保持长期性，并通过加强会议的形式来防止干预项目的影响力下降。学校可以与社区预防项目开展合作以减少毒品和酒精供应等危险因素，并促进青少年养成远离这些物质的行为习惯。

一些学校有专门的化学物品滥用咨询师，他们会与有此风险的学生会面，来解决他们的物质使用问题。学生可能会放心地透露自己正在使用这些物质，并认为咨询师可以为他们保密。因此咨询师需要了解相关法律规定，将学生陈述的严重危及其健康的行为与其家长进行沟通。因此，他们一方面需要被信任，另一方面又不能保守会造成危险的秘密。对于学校管理者来说，重要的是了解这个问题，并为这些在学校工作的咨询师提供适当的监督。

根据 IDEA 的规定，物质使用障碍不被视为残疾。因此，在该法律框架下，一名学生不会仅仅因为滥用物质或被诊断为有物质依赖而被认为有残疾。同样，在该法律框架下，一名学生使用相关物质，并不意味着我们就有义务对他进行评估。

物质使用障碍与一些心理健康障碍症状相似，包括情绪障碍（如重性抑郁障碍和双相情感障碍）、焦虑障碍甚至精神病性障碍。因此，物质使用障碍会导致教育工作者认为学生符合特殊教育的资格标准，包括情绪障碍或其他健康障碍。但一些州规定，由于物质使用障碍而导致患有情绪或行为障碍的学生不适合情绪障碍类服务项目。将一名问题主要由物质使用障碍造成的学生安置于情绪障碍服务中，可能会给该生带来严重的后果，因为通过特殊教育和相关服务，无论是受物质中毒导致的不良情绪影响的学生，还是受戒断症状影响的学生，他们的问题都不会得到改善。事实的确如此，针对学生物质使用障碍而引入特殊教育和相关服务将使问题复杂化，甚至可能带来负面的影响，因为这些服务都忽略了真正的问题，并可能使学生在较长一段时间内隐瞒其物质使用情况。

讨论

案例：汤姆的故事

一位六年级的教师无意中听到她的学生汤姆向朋友夸耀自己第一次吸食大麻的经历。当天晚些时候，她私下向汤姆表达了自己的担忧。但汤姆说："这没什么大不了的，每个人都这么做，不是吗？"

反思问题

针对汤姆的观点，最好的回应应该是什么？这位教师是否应该让学校其他工作人员参与到这件事中？是否应该同汤姆的家长交流此事？这位教师是否有理由担心汤姆有严重的物质使用障碍？

第 7 章

ODD 和品行障碍

一、ODD

从很久以前起，就有反对和蔑视权威人物、破坏社会规则与法律的儿童和青少年。他们被冠以各种各样的名字，包括"小流氓""社会不适应者""青少年罪犯"。按照 ODD 和品行障碍诊断标准，《精神障碍诊断与统计手册》已经将许多这类人诊断为精神病性障碍。然而，我并不认为有这些行为就表明这些儿童和青少年患有心理健康障碍，就像不能把所有障碍归咎于重性抑郁障碍和精神分裂症一样。但是这些儿童和青少年，经常在课堂上表现出严重的挑战性行为，因此本章试着将他们的行为置于第 2 章所讲过的临床-行为谱系中，讲讲在谱系不同点上最有效的干预类型。

符合 ODD 诊断标准的患者，必须有愤怒或易激惹的心境模式、争辩或对抗行为，或者报复模式，并至少持续 6 个月，且至少符合以上标准中的 4 项。愤怒或易激惹心境模式下的诊断标准包括经常发脾气、经常是敏感的或易被惹恼的、经常是愤怒的和怨恨的。争辩或对抗行为下的诊断标准包括经常与权威人士辩论，或者儿童和青少年与成年人争辩，经常主动地对抗或拒绝遵守权威人士或规则的要求，经常故意惹恼他人，自己有错误或不当行为却指责他人。报复模式下的诊断标准是，在过去 6 个月内至少有两次带有恨意或报复性的行为。

这些行为需要超出儿童和青少年正常的发育范围，而且这些行为不仅仅出现在精神病性障碍、物质使用障碍、抑郁障碍或双相情感障碍的病程中。如果青少年患有破坏性心境失调障碍，也不能被诊断为 ODD。

据估计，ODD 的患病率为 1%~11%，平均占儿童和青少年总人口的 3.3%。ODD 一般出现在学龄前，之后可能发展成品行障碍，但是很多患有 ODD 的儿童和青少年并没有发展成品行障碍。患有 ODD 的儿童和青少年面临着成年后反社会行为、冲动控制问题、物质使用障碍、焦虑和抑郁增加的风险。正如本书其他地方提到的，《精神障碍诊断与统计手册Ⅲ》首先将 ODD 纳入，并称之为儿童对立障碍。随后的研究表明，有相当高比例的儿童和青少年符合儿童对立障碍的诊断标准，这也让诊断变得毫无意义。因此，对儿童对立障碍补充了更严格的标准，成为后来的对立违抗障碍。

ODD 本质上是一种行为模式，在这种模式中，儿童和青少年持续试探极限。试探极限的行为可能是由于他们没有从家长或其他权威人士那里得到明确且一致的行为要求。通常来讲，对立行为是儿童和青少年不能良好适应生活压力，或者患有另一种心理健康障碍的征兆，其背后也可能有其他因素。这会给他们带来无力感和挫败感，进而导致权力斗争和对立行为。重要的是要认识到，这种行为通常存在潜在的原因，我们应该发现这些原因并关注它们，而不是卷入与儿童和青少年的权力斗争。

（一）ODD 在学校中的表现

被诊断患有 ODD 的学生往往与权威人士（包括教师）有矛盾，并在课堂上表现出这种障碍的特征。他们可能公然挑衅教师、校长或其他管理人员的权威，可能拒绝遵守规则和要求，他们也可能与教师争论不休。ODD 的诊断标准不一定需要在与权威人士相处时存在问题，还需要在其他方面也满足诊断条件。没有表现出与权威人士冲突的患病学生，也可能表现出很容易被惹恼、生气、讨厌、责备、恶意或报复行为。

一些被诊断为 ODD 的学生不会在学校中表现出这些问题，他们可能只在家庭环境中才表现出来，反之亦然。这有助于澄清这些行为表现是否与环境影响有关，如规章制度是否缺乏一致性、结构性和稳定性，或者是否太过严格。

（二）ODD 的治疗

家长管理训练是一种能有效干预 ODD 和品行障碍的措施，它基于社会学习理论原则，并使用行为干预技术。家长通过训练，学习有效的管教策略，学会关注正向强化，避免卷入权力斗争。当心理治疗干预关注正面而不是负面的行为时，效果最好。认知行为疗法帮助对立的儿童和青少年学会认识他们的对抗行为，帮助他们学会从权力斗争中脱离，并学会用恰当的方式处理人际冲突。

如果 ODD 症状是由其他心理健康障碍引起的，就要先对这种障碍进行治疗。在某种程度上，如果对立行为是由其他障碍引起的，那么它应该随着该障碍的改善而改善。药物治疗通常不是 ODD 的首选治疗方式，只有当存在共病的障碍时才会使用，如 ADHD。然而，如果一些儿童和青少年的行为具有明显的激越和破坏性，并可能危及自己和他人的安全，那么他们就要接受抗精神病或稳定情绪的药物治疗。

二、品行障碍

品行障碍的诊断基于儿童和青少年在相当长的一段时间内，表现出足够多的问题行为。《精神障碍诊断与统计手册》并没有说明这些问题行为的潜在原因，也并没有完全排除儿童和青少年在患有心理健康障碍的背景下表现出这些问题的诊断。

如果品行障碍症状与其他心理健康障碍一起出现，并且反映了这个障碍的症状（如双相情感障碍的易激惹），那么品行障碍就不应作为单独的心理健康障碍被诊断。然而，许多障碍的发展是慢性的，因此通常很难区别这些症状是否由另一种障碍引起。因此，虽然诊断结果反映了一系列问题，但并不能明确反映出环境、医疗、社会、家庭或心理因素对这些问题的影响。一名患有严重心理健康障碍的青少年（如精神分裂症或诸如双相情感障碍的严重心境障碍），他的行为问题可能部分源于心理健康障碍，但是他可能得到与患有品行障碍的青少年一样的诊断，而后者并没有潜在的心理问题，他们的不良行为和犯罪行为都是有意的、有计划性的。

试图确定一个问题行为是否由另一种心理健康障碍导致，其基本问题在于，一种行为很少是完全由临床问题，或者完全由有明确原因和功能性的行为问题引起的。对于大部分有行为问题和心理健康障碍的儿童和青少年来说，这些因素共同影响了他们的行为。这个问题在第 2 章中已经做了详细讨论。

被诊断患有品行障碍的儿童和青少年，需要表现出违反社会规范或其他基本规则的、反复的、持续的行为。这些行为分为攻击性行为、破坏财产行为、欺诈或盗窃行为，以及严重违反规则行为。攻击性行为的标准包括霸凌或威胁他人、寻衅滋事、使用武器、残忍地伤害他人或动物、当着受害者的面夺取财物、强迫他人与自己发生性行为。破坏财产行为的标准包括故意纵火意图造成严重的损失、蓄意破坏他人财产。欺诈或盗窃行为的标准包括破门闯入他人领地、说谎以获得物品或好处、规避责任，以及没有当着受害者的面盗窃值钱物品（如入店行窃）。严重违反规则行为的标准包括违背家长意愿的夜不归宿（在 13 岁前开始）以及在 13 岁前开始逃学。被诊断为患有品行障碍的个体，其行为需要在过去 12 个月内至少符合以上 15 项标准中的 3 项，在过去 6 个月内至少符合 1 项，且这些行为对其社交、学业或职业功能方面产生了显著的危害。

《精神障碍诊断与统计手册Ⅴ》增加了指示语"伴有限的亲社会情感"，来识别持续表现出以下至少 2 种症状，且至少持续 12 个月的个体：缺乏悔意或内疚，冷酷、缺乏共情能力，不关心在学校、工作或其他重要活动中的表现，以及情感表浅或缺失。品行障碍一年中的患病率估计为 2%～10%，中位数为 4%，男性患病率更高。患病表现通常始于童年中期到青春期中期，但最早可从学龄前开始。对于大部分患者来说，这种障碍到成年后会慢慢消失。如果患者患病早（如 10 岁之前），那么该个体会有较大的终身犯罪行为几率和较大的物质滥用问题几率。通常来讲，患有品行障碍的人在成年后，有较高风险会发展为焦虑障碍、心境障碍、冲动控制障碍、PTSD、躯体症状障碍、物质使用障碍，以及精神病性障碍。

我并不同意品行障碍本身是一种像精神分裂症或重性抑郁障碍那样的临床诊断。在美国社保局改变伤残金规定之前，这个概念到底有多荒谬已经很明显了，当时的家庭可以因为他们的孩子有偷窃、撒谎、攻击他人、纵火等行为而每个月收到一笔钱，就因为这个孩子有了品行障碍的诊断。我承认，如果一个儿童和青少年有品行障碍的行为，是有必要更密切地关注其心理健康障碍的。有心理健康障碍并不意味着就是这个障碍导致了行为问题，对障碍的本质以及它对品行问题的影响进行评估可以澄清这个问题。品行障碍的标签是一种明显的污名化，常常会让人觉得患有这个障碍的儿童和青少年天生就是个反社会的人。事实上，至少有一半被诊断为患有品行障碍的儿童和青少年在他们成年后，就不再被诊断为反社会人格障碍了。

（一）品行障碍在学校中的表现

品行障碍的诊断基于重复和持续的问题行为模式，被确诊的儿童和青少年通常在多种场合表现出这种行为，包括在学校。他们可能变得很有攻击性，可能会霸凌和恐吓同伴。他们可能会在完成作业和考试时作弊，可能会谎报未完成的作业。他们可能破坏学校公共财物，可能偷同伴甚至教师的东西。他们可能会逃学，不来上课。

有些学生在社区中表现得非常糟糕，但在学校中却没有行为问题。事实上，一些因患有品行障碍而被关在青少年司法机构的青少年（这类机构提供了高度的结构化），他们是人生中第一次表现良好。许多患有品行障碍的学生也有其他心理健康障碍的诊断。如果其他心理健康障碍（如 ADHD、双相情感障碍）是导致问题行为的主要因素，那么这些障碍可以在课堂上被识别出来。比如，一名有品行问题的学生也可能表现出非常冲动、非常容易分心和多动的行为，或者也可以看到他有明显的心境波动。

对于那些问题行为主要由临床障碍引起的学生来说，更重要的是教育工作者就这些障碍症状表达他们的担忧，这样患病学生就有希望得到有效的治疗。通常来讲，经过有效的治疗，学生在学校的问题行为会减少甚至消失。

（二）品行障碍的治疗

在某种程度上，品行障碍行为不应归因于另一种心理健康障碍，针对品行障碍的干预措施需要更具体、更明确的定义，并集中于提供针对问题行为的自然结果[①]。有些

---

① 译者注：指正面管教的一种。

儿童和青少年只是没有学会恰当的社交方式，以及与他人保持积极互动的生活技巧。目前，还没有研究支持那些声称把青少年送去训练营、行为矫正学校或野外训练项目可以治疗品行障碍的说法。对有明显的、持续的、严重品行障碍的儿童和青少年进行干预的最有效措施是多系统治疗，这涉及整个家庭系统（详见第13章）。

认知行为疗法可以帮助青少年识别行为问题并采取更符合社会规范的行为。许多有品行障碍的青少年缺乏必要的社交技能，而社交技能训练可以帮助他们学习更合适的社交行为，愤怒管理技能训练和正念技术也对他们有所帮助。在某种程度上，品行障碍的行为至少部分源于其他心理健康障碍，如ADHD，对这些障碍的治疗有可能减少问题行为。

有品行障碍的青少年可服用多种药物。对于有高攻击性的青少年，可以使用情绪稳定剂或非典型抗精神病药物。彻底的诊断评估对于明确儿童和青少年是否存在潜在的心理健康障碍（如引起攻击行为的重度心境障碍）至关重要，这样有利于针对潜在问题进行适当的药物干预。

（三）青少年暴力、品行障碍和心理健康障碍之间的关系

大众媒体倾向于关注具有戏剧性的、罕见的青少年暴力事件，如大规模校园枪击案。事实上，大多数青少年杀人案都发生在中心城区和学校外面，它们最常涉及人际纠纷和单个受害者。

在个体发展的过程中，多种因素都会促成并塑造反社会行为，其中很多因素是在社会环境中形成的。同伴、家庭、学校、社区和邻里关系，均会塑造、促成和维持反社会、攻击以及相关的问题行为。

家庭环境中的风险因素包括与父母联结薄弱、无效养育（糟糕的看护、不一致的管教、监督不足）、家庭暴力以及支持攻击和暴力的家庭环境。儿童和青少年自身的风险因素包括早期品行问题、ADHD和相关冲动行为、判断力受损、抑郁障碍、焦虑障碍、认知水平和语言能力低下。外部风险因素包括同伴排斥、竞争以获得地位和关注、与学业失败的反社会同伴来往，以及参与同龄人的暴力活动。

反社会行为发生的年龄越早，往往越严重，而且越有可能持续到成年。生命历程中的持续性行为与神经缺陷、语言缺陷和认知缺陷有关，并且会因家庭压力而加剧。与只有行为问题的青少年相比，有行为问题并伴有心理健康障碍（如ADHD、抑郁障碍或焦虑障碍）的青少年更有可能具有攻击性。研究表明，把有暴力倾向的青少年一起置于独立的特殊教育项目中（例如，将有情绪障碍的犯罪学生安置在四类安置所）会增加他们实施暴力行为的风险。虽然具有上述特征的学生往往有更高的暴力风险，但有一些学生并非有行为问题，而是有心理问题。

其中一些学生曾是严重霸凌的受害者，他们脆弱的心理健康状况和严重的心理健康障碍症状可能将他们推向实施暴力行为的边缘。适应性强的父母养育、良好的语言能力，以及在学校获得成就感，是防止出现反社会行为的保护性因素。

显然，校园暴力是真实存在的风险，而能否准确预测暴力行为是重要的问题。心理健康障碍通常不是暴力行为的预测因素，但当它们发生在有其他行为问题和重大压力的背景下时，可以导致暴力行为。我们可以通过努力合作，主动地解决学生的心理问题，也可以改善他们的不良行为，降低暴力风险，并且达到降低教育成本的目的。

讨论

案例：特洛伊的故事

特洛伊是一名16岁的学生，从小就有不良行为。他曾多次被发现欺负弱势学生，其中包括一名坐轮椅的学生。他对自己的行为轻描淡写，说自己"只是在开玩笑"，并对自己的行为毫无悔意。他曾多次因盗窃汽车、入室行窃和攻击他人而被关进少年拘留所。特洛伊被诊断出患有品行障碍，且没有任何患有其他心理健康障碍的迹象。因为他在正常情况下存在教育表现受损和行为不恰当的情况，所以符合特殊教育中的情绪紊乱类别。特洛伊的不恰当行为包括攻击教师——因为对自己的分数感到愤怒而殴打教师。特洛伊已经接受了两年的特殊教育服务。最近，他又迁怒于数学教师，一拳打在了她的脸上。学区要开除特洛伊，并召开了听证会议。（在特定时间，对于学生违反行为准则的行为，IDEA的纪律程序要求学校系统进行所谓的"表现确定审查"，以确定导致学生违反纪律的行为是否与他的障碍有关。）

特洛伊的情况属于情绪紊乱类别，部分原因是他攻击了教师，所以特洛伊家长的律师辩称，特洛伊的攻击行为源于他的品行障碍，因此他不能被开除。

反思问题

你认为特洛伊有心理健康障碍吗？他有学习障碍吗？他是否应该受到保护，使他免受因品行障碍而造成不良后果的影响？当一个人唯一的问题是不良行为时，情绪紊乱意味着什么？

第 8 章

ASD

一、ASD

《精神障碍诊断与统计手册Ⅴ》将发育障碍的不同诊断类别合并为一种障碍——ASD。在《精神障碍诊断与统计手册Ⅳ-TR》中，这些发育障碍分别是自闭症（孤独症）、未特定的广泛性发育障碍、阿斯伯格综合征、儿童崩解症和雷特综合征。根据《精神障碍诊断与统计手册Ⅳ-TR》的定义，阿斯伯格综合征指的是具有完整语言能力的高功能自闭症，广泛性发育障碍的"未特定"指的是没有达到自闭症的全部诊断标准。《精神障碍诊断与统计手册Ⅴ》将以上所有诊断类别均纳入 ASD。

1938 年，汉斯·阿斯伯格首次将"自闭症"一词应用于现代临床方面，他描述了有 ASD 症状的高功能个体。1943 年，利奥·肯纳描述了 11 个在"孤独"和坚持相同行为方面有着惊人相似度的孩子，并将他们的障碍命名为"早期婴儿孤独症"（坎纳，1943）。心理健康诊断术语下"发育"一词的定义与我们一般理解的有所不同，发育迟缓指的是某一项技能（如走路或说话）发展较晚，一旦开始发展，其活动质量就在正常范围内的情况。发育性障碍是用来描述认知限制的术语，以前被称为"智力迟钝"（《精神障碍诊断与统计手册Ⅴ》将这一问题复杂化，称之为"智力障碍""智力发育障碍"）。发育障碍是指发育阶段出现的不正常现象，如非语言交流的缺失、僵化地遵守规则，以及对感官刺激的不正常反应。ASD 是一种发育障碍，患有 ASD 的人也可能有发育迟缓或其他发育问题，该障碍在《精神障碍诊断与统计手册Ⅴ》中被列入一个新设立的类别——"神经发育障碍"。

ASD 的症状类型和严重程度差别很大，从"轻微和不明显"到"严重"不等。（你不能形容一个人"有点怀孕"，但可以说一个人"有点自闭"。）最具挑战性的学生是那些 ASD 严重程度处于中等范围，还患有多种其他心理健康障碍的学生，如抑郁障碍、双相情感障碍、ADHD、强迫症、惊恐障碍等。如果这些学生被分在特殊教育项目下，他们就可能会被归为情绪障碍而不是 ASD。考虑到其他障碍的显著症状，这些学生的 ASD 症状可能并不明显。然而，重要的是要认识到，这种障碍有其独特的特点，它会从多方面损害学生的受教育进展和社会情感功能，其他心理健康障碍则不会这样。

被诊断为患有 ASD 的人在社会交流和社交互动方面有着持续缺陷。他们有社会情绪互动性缺损，存在难以维持谈话、缺乏情感分享以及无法发起或回应社交互动等问题。他们还有非语言交流的缺陷，比如缺乏眼神交流、难以理解非语言交流的意思，也不会用手势交流。他们在发展、维持和理解人际关系方面存在重大问题，比如难以完成想象力分享的游戏、对同伴缺乏兴趣、难以调整自己的行为以适应社会环境。

此外，他们还有受限的、重复的行为、兴趣或活动模式，该障碍的诊断标准是至少有以下两组特征中的两个。第一组特征包括刻板的或重复的躯体运动、物体使用或语言内容。第二组特征包括坚持一致性、缺乏弹性地坚持常规；高度受限的、固定的兴趣，其强度和专注度都不正常；对感觉输入（视觉、声音、气味、触觉）的过度反应或反应不足，或者在对环境的感受方面存在不寻常的兴趣。这些症状必须出现在早期发育阶段，并造成严重的功能损伤。

ASD 的患病率在儿童和成年人中大约为 1%。这比以前的预估数字有了明显提高，可能反映了诊断敏感性的提高和/或该障碍的患者在人口中比例的提高。ASD 是一种高度遗传的障碍，在不同的研究中，双胞胎的一致患病率最低为 37%，最高超过 90%。男性的 ASD 确诊率是女性的 4 倍。

（一）ASD 在学校中的表现

严重的 ASD 症状在课堂环境中很容易被识别，因为有这种障碍的学生往往在语言使用、人际关系、异常行为（如反复摇晃）方面有着严重问题，通常他们还存在严重的认知问题。这种障碍存在范围广泛，许多学生症状较轻，不能明显地看出来，事实上，他们通常根本没有被医生或心理专家诊断出来。这些学生往往在社交方面存在着困难，很难结交朋友和维持朋友关系。如果他们不善于眼神交流和肢体交流，同龄人就会认为他们与众不同、奇怪甚至怪异。他们通常不适应社会群体，可能更喜欢单独活动，这导致他们被取笑、被欺负或被同龄人孤立。他们在理解非语言交流方面（如手势或面部表情）存在着困难，也可能不能理解或误解他人的情绪。

通常情况下，患有 ASD 的学生在处理日常生活中的变化方面面临着很大的困难。这可能会被他们在课堂上以焦虑的形式表现出来，患病学生对先前确定好的日程安排的改变会有近乎恐慌的反应。这些学生需要提前为重大变化做好准备，通常需要提前几天甚至几周，他们对渐进的而非突然的变化反应良好。

患病学生常见的问题是不寻常的动作或举止，可能是踮起脚尖走路、拍手或前后摇晃。患有 ASD 的学生可能对触摸、声音或光线有明显的过度敏感反应。对触摸敏感被称为触觉防御，即当有人试图与他握手、拍他的后背时，患病学生会表现出可被觉察到的畏缩或烦躁。其他学生几乎察觉不到的声音（如学校大楼里机器的嗡嗡声）也可能使这些学生分散注意力。巨大的噪声可能引发他们严重的焦虑情绪。许多患有 ASD 的学生对荧光灯非常敏感，尤其是那些有磁性镇流器而不是电子镇流器的宽灯泡。磁镇流器荧光灯会有闪烁现象，没有障碍的人一般觉察不到，但这非常干扰患有 ASD 的学生。因此把荧光灯换成白炽灯，当然更好的是使用日光，能够显著降低患病学生的焦虑水平，也能缓解他们的行为问题。

患病学生的思维非常具象，难以理解抽象概念。他们的发言显得很生硬，而且他们在开始和维持一段对话方面存在着明显的困难，这可能导致他们无法参与课堂讨论。在鼓励讲故事和虚构游戏的课堂上，年龄较小的学生可能很难参与想象类活动。ASD 患者的一个共同特征是在课堂上表现出对感兴趣的话题的过度专注，患病学生会不断提及某个话题，并且很难转到新的话题上面。这个话题可以是患病学生感兴趣的任何东西，比如电子游戏、卡通人物、天气模式、飞机等，他们可能已经收集了关于这个话题的大量信息，非常想和教师或同学展开讨论，而且并没有意识到其他人对此缺乏兴趣。这往往会导致他们疏远其他人，并遭到他人排斥。然而，许多高功能自闭症患者从事着他们非常感兴趣的职业（如计算机科学），并因此获得了相当的成功。对于课堂教师来说，一方面要鼓励学生探索话题，另一方面也要鼓励学生更广泛地关注学习的其他方面，因为这些学生可能不愿抛开这个他高度关注的话题。

（二）ASD 的治疗

1. 心理治疗

选择何种 ASD 心理治疗的干预措施取决于障碍的严重程度，以及儿童和青少年的智力和语言功能水平。对于高功能的患者来说，认知行为疗法有助于他们理解障碍的本质并实现自己的明确目标。社交技能小组对学习社交技能和进行适当的社交互动练习非常有益。

行为干预措施非常具体。例如，应用行为分析侧重于培养参与、模仿、接受理解和语言表达、学前教育、行为自理等方面的技能。它使用 ABC 方法（A 指对学生的指令，B 指学生的反应，C 指治疗师的反应），这种方法需要密集的一对一行为干预。ABC 方法强调视觉学习模式，并使用功能语境的教学概念。另一个例子是自闭症教学项目，该项目让家长成为合作治疗师。其课程是根据个人需要量身定制的，侧重于改善患者的适应能力，提高功能性技能，并鼓励他们将这些技能应用到其他环境中。

在学校中的技能训练可以帮助儿童和青少年在社交、学业、交流沟通和适当的行为技能方面有所改进。行为矫正技术关注消除不恰当的行为，促进对个体各个功能水平都有益的恰当行为，该技术需要在频率和强度上进行调整，以更好地匹配儿童和青少年的需求。对 ASD 的早期干预也非常重要，而且干预服务通常需要在整个学年进行强化和持续进行。家长参与治疗过程的各个方面是非常重要的，家庭成员经常让儿童和青少年感受着高度压力，因此家庭疗法会有相当大的帮助。

2. 药物治疗

许多药物已经被用于 ASD 的治疗。但令人遗憾的是，对于这种障碍的核心症状，如缺乏社交和情感互动能力，药物治疗往往不起作用。药物治疗一般侧重于与 ASD 相关的心理健康障碍症状，特别当其他障碍（如双相情感障碍、重性抑郁障碍、ADHD、强迫症）也共存时。可以使用的药物包括抗抑郁药物，如 SSRI 类药物、双羟色胺和去甲肾上腺素再摄取抑制剂文拉法辛，血清素和去甲肾上腺素药物米氮平在缓解易怒、多动、抑郁、失眠、强迫症症状和重复行为方面表现良好。丁螺环酮可用于治疗焦虑症症状，而可乐定、胍法辛、托莫西汀和兴奋剂类药物可用于治疗 ADHD 症状。情绪稳定剂和非典型抗精神病药物也经常被使用。

患有 ASD 的儿童和青少年通常有多种精神病性症状，因此有必要监测会加剧共存症状的药物的副作用（如用于治疗 ADHD 症状的兴奋剂可能会加剧强迫症状）。许多患有 ASD 的学生都在服用多种精神病类药物，教育工作者可以在反馈这些药物的作用和副作用方面提供很多帮助。

> **讨论**
>
> **案例：苏珊的故事**
>
> 苏珊是一名 6 岁的学生，从幼儿园时开始表现出社交困难。苏珊回避眼神的接触，在与他人维持对话以及理解同伴的非语言信息（如手势、面部表情）方面存在着困难。她对噪声、光线（特别是日光灯光线）和衣服的质地表现出高度敏感性。她还有一些不正常的举动，包括在兴奋时剧烈拍手、踮着脚走路。苏珊的成绩很好，她的教师却对她的社交困难表示担心，因为苏珊有被同龄人取笑和嘲笑的风险。一项特殊教育评估显示苏珊患有 ASD，但是她的问题并不是很严重。
>
> **反思问题**
>
> 你认为下一步该怎么做才能解决苏珊的问题？谁应该参与讨论？哪些干预措施可以帮助苏珊改善她的问题？在这个过程中，苏珊的教师将发挥什么作用？

第 9 章

精神病性障碍

精神病是描述个体的思想和情感与现实脱节的心理状态的术语。精神病性障碍的症状包括幻觉和妄想。

一、精神病性障碍的症状

幻觉一般是指视觉幻觉或听觉幻觉。触觉、嗅觉和味觉方面也可能出现幻觉，但它们主要与潜在的医学或神经问题、药物作用相关。幻觉是被感知为真实的景象、声音、气味、味道或触觉。例如，当有人出现幻听时，就好像别人在房间里跟他说话。还应注意的是，一些儿童和青少年会在压力下出现短暂的幻觉，但这并不会导致精神病性障碍。例如，他们可能表现为听到别人叫他们的名字。

妄想是指尽管有与之相反的理性证据，人们还是坚定持有的信念。它们可能是关系妄想，在这种妄想中，个体将来自环境中的线索（如电视广告）解释为具有特定的个人意义。被害妄想是指个体认为自己被跟踪、被监视或被密谋反对等的一种固有信念。夸大妄想指个体相信自己有特殊的能力，有神一般的品质等。其他类型妄想包括个体相信自己的想法可以被读取，自己也可以读懂他人的想法，自己的思想被控制，自己的身体被严重地改变了，等等。对于患有妄想症的人，他人无法通过提供证据以及合理解释来说服他们放弃自己相信的东西。

有精神病性症状的典型障碍是精神分裂症。这种障碍通常发病于青少年晚期或20岁出头，在童年并不常见。在美国，该障碍的患病率约为1%。只有4%的精神分裂症患者发病于15岁或以下，不到1%的患者发病于10岁之前（雷姆沙伊德、舒尔茨、马丁、沃恩克、特罗特，1994）。若精神分裂症发病于童年或青春期，它的病程往往比那些发病于成年后的患者更严重。在发病之前，患有精神分裂症的儿童就已经在社交、运动和语言功能方面出现问题，并在学习障碍和品行障碍上有更高的患病风险。患有精神分裂症的儿童和青少年通常难以进行日常活动。

精神分裂症的症状包括妄想、幻觉、言语紊乱、严重的行为紊乱，以及其他阴性症状（缺少情绪表达、语言贫乏，以及缺乏动力）。在精神病性症状出现之前，精神分裂症患者通常在自我照顾、人际关系、工作或学习方面都存在问题。

精神分裂症和其他有明显精神病性症状的精神病性障碍会使患者处于严重衰弱的状态，对患者各个层面的功能都有明显的不利影响，包括在学校的学习成绩。

二、精神病性障碍在学校中的表现

通常来讲，精神病性障碍的致残程度非常高，其他人能明显地感觉到有这些症状的人存在某种心理问题。在出现全面的精神病性症状之前，患有精神分裂症的学生在课堂上可能会表现出混乱、社会退缩、不讲卫生以及怪异行为。

患者一旦出现精神病性症状，就会发生更严重的功能恶化。一名有强烈幻觉的学生可能看起来在听某个声音，可能对幻觉做出语言反应，看起来似乎在自言自语。患者的思维过程也会发生显著的改变，比如说话语无伦次，也可能因为思维阻塞说话只说一半。一名正在经历妄想的学生，可能会描述他的被害恐惧，如他正被密谋反对、被监视、思想被控制等。

有精神病性症状的儿童也许不能通过语言来描述他们的内心经历，但可以通过怪异或不恰当的行为把症状表现出来，这些行为与他们之前的精神状态有很大不同。如果精神病性症状是由于患病学生经历了极端的心境障碍（如精神病性躁狂症或抑郁障碍）而引起的，那么可以在心境障碍的症状中观察到精神病性症状。例如，一个患有躁狂症的人可能会有夸大妄想，重性抑郁障碍也会导致精神病性妄想，如认为他正在遭受一种可怕的疾病（而实际上这并不存在）。

由物质滥用引起的精神病性症状也可能导致幻觉，如由致幻剂 LSD 引起的幻觉。苯丙胺和大麻等物质会导致严重的妄想症状。苯丙胺和可卡因会引起一种叫做"蚁走感"（这个词源于蚂蚁产生的蚁酸）的触觉幻觉，在这种幻觉中，患者会感到有虫子在他的皮肤下面爬行。苯环利定可导致幻觉、偏执和暴力行为。物质滥用引起的精神病性症状与精神病性障碍（如精神分裂症）引起的症状可能难以进行区分。

三、精神病性障碍的治疗

精神病性障碍的治疗首先需经过细致的诊断评估，以澄清症状的潜在原因。如果症状是由于物质滥用（如吸食大麻）造成的，那么干预的重点应该是停止使用该物质。在很多情况下，暂停使用物质会使精神病性症状减轻。在某些情况下，物质滥用会引发慢性精神病性障碍，因此需要进行持续治疗。同样，如果这些症状的罪魁祸首是导致精神病类副作用的药物，那么应尽快改用另一种药物。如果精神病性症状是由心境障碍引起的，那么应根据心境障碍的类型，使用抗抑郁药物、情绪稳定剂和可使用的抗精神病药物来治疗。

儿童和青少年若患有精神分裂症，抗精神病药物是治疗的首选。对患者和家庭成员的支持性心理治疗也会有所帮助，但是单独的心理治疗并不能有效消除精神分裂症的严重精神病性症状。

讨论

案例：迈克尔的故事

迈克尔是一名17岁的高中生，在过去的一年里他的成绩一直在下滑。他还开始把自己和其他同龄人孤立起来，他的卫生状况也很糟糕，有人还见过他在学校的走廊里自言自语。当迈克尔遇到学校社工时，迈克尔告诉她，他认为自己正在被跟踪，有人在读取并控制着他的思想，还有人在密谋杀死他。迈克尔说他并不担心自己的安全，因为他有一把爷爷给的枪，他否认自己有任何伤害自己或他人的直接计划。学校社工将这些信息反馈给迈克尔的家长，他们的回答却是——迈克尔只是个"古怪的孩子"，长大后这些问题就会消失。他们对给迈克尔进行心理诊断评估的建议不感兴趣，也拒绝让迈克尔接受特殊教育评估。

反思问题

下一步应该做什么？是否应该打电话给儿童保护机构，该机构是否有可能以医疗疏忽为由立案？学校应该建议迈克尔居家学习吗？学校是否应该在心理顾问的帮助下，再一次试着就他们的担心与迈克尔的家长进行沟通？应该考虑哪些选择，哪些工作人员应该参与进来？当迈克尔在学校时，他的教师应该做些什么呢？

第10章

心理健康障碍范围内的暴力行为

学校和社区中的青少年暴力行为是一种真实但不常见的风险，青少年更有可能成为暴力的受害者。据统计，20%严重暴力犯罪行为的受害者年龄在12~17岁之间。12~17岁的儿童和青少年成为一般伤害受害者的几率是成年人的3倍，成为严重攻击犯罪受害者的几率是成年人的2倍。大约每20名高中生中就有1人表示，他们在过去一年中曾被武器打伤过。大约每7人中就有1人报告说，有人在不持有武器的情况下故意伤害他们。

然而，还有一些青少年确实参与了暴力活动。大约11%的谋杀案是由18岁以下的青少年造成的。在美国，平均每天有5名青少年因谋杀罪被逮捕，在被逮捕的暴力犯罪案件中，18岁以下的青少年约占16.7%。30%~40%的男性青少年及16%~32%的女性青少年报告说，他们在17岁之前就曾犯下严重的暴力犯罪。在持枪问题方面，近5%的高中生表示，他们在过去一个月内携带过枪支，每4名青少年中就有约1人报告说他们在家里很容易接触到枪支。

虽然大众媒体对校园暴力事件的报道充满戏剧性，但暴力犯罪行为在大部分学区其实并不普遍，尽管它确实存在。大约7%的学生（超过10%的男生）报告说他们在过去一个月中曾携带枪支到学校。超过7.7%的学生表示，他们在过去一年中曾被如枪支、刀具或棍棒等武器威胁或伤害过。然而，在所有学龄儿童和青少年的暴力死亡案件中，不到1%的案件发生在学校内或学校周围，或者学生上学、放学的路上。

反社会行为发生的年龄越早，往往越严重，也越有可能持续到成年。有意思的是，45%~69%有暴力行为的成年女性在童年就有过暴力行为。在13岁前就有过严重暴力行为的青少年，通常比那些在13岁之后才有严重暴力行为的青少年更容易犯罪，也更容易犯严重的罪，他们也更有可能在成年后继续参与暴力活动。然而，在所有有严重暴力行为的青少年中，只有大约20%的人在成年后继续实施暴力行为。

对于13岁以下的儿童和青少年来说，暴力风险因素包括早期参与过严重犯罪行为、早期有物质使用行为、性别为男性、有对他人进行身体攻击的历史、家长受教育水平低或家境贫寒、家长参与非法活动。13 岁以上青少年的暴力风险因素包括：与反社会或犯罪的同龄人交朋友、加入帮派以及参与其他犯罪活动。总体来说，在儿童和青少年的整个发展过程中，多种因素都会导致并塑造反社会行为，其中许多因素是在社会环境中发生的，同伴、家庭、学校、社区及邻里环境都会塑造、促进、维持反社会行为、攻击性以及相关的行为问题。

一、暴力行为与心理健康障碍之间的关系

一般来说，患有心理健康障碍并不会增加有攻击性的风险。绝大多数有暴力倾向的人并没有心理健康障碍，而绝大多数有心理健康障碍的人也没有暴力倾向。

但有被害妄想和严重躁狂的双相情感障碍的人除外。患有 ADHD 的高冲动品行障碍的青少年，以及滥用酒精和致幻剂等物质的青少年，他们的暴力风险更高。有行为问题和心理健康障碍（如 ADHD、抑郁障碍或焦虑障碍）的青少年比只有行为问题的青少年更有可能参与攻击活动。

二、暴力和攻击行为的治疗

当攻击性成为心理健康障碍慢性发展的组成部分时，治疗往往耗时更久、强度更大，而且结果也更不尽如人意。当临床因素成为问题的根源时（如双相情感障碍的易激惹和精神激越），治疗会选择包括药物治疗的临床干预措施。理想的药物治疗特别关注心理健康障碍的本质问题，通常使用兴奋剂、抗抑郁药物、情绪稳定剂、抗焦虑药物或抗精神病药物来治疗潜在的病理问题。

一些临床障碍（如 ASD 和惊恐障碍）也可以通过行为干预进行治疗，这些干预通常对源于行为因素的暴力行为更有效果。

通过努力合作积极解决青少年的心理问题，可以帮助他们改善行为，降低暴力风险，并节省教育成本。具体来说，将社区心理健康诊所提供的心理服务放在学校可以提高治疗效果。

对于许多有攻击性的青少年来说，他们只是还没有学会如何进行自我管理和自我控制，也没有学会用亲社会的行为来替代攻击性行为。因此，他们可以从技能训练中获益，技能训练包括学习正念技术，比如思维提升项目（迪克尔，2015）等课程中教授的方法。

讨论

案例：托尼的故事

托尼是一名 17 岁的学生，在校期间，他有很长一段时间行为不正常。他独自坐在餐厅里吃饭，从没有人看见过他和同龄人交往。其他人都叫托尼"怪胎"，并且避免同他接触，在班里他极少说话。托尼的成绩一般。一天，他的历史教师看见托尼在课上照着一张有手枪、霰弹猎枪和自动武器的照片画画。后来在学校社工与托尼沟通时，托尼说："有时候我真想朝别人开枪。"但是他并没有明确威胁要伤害任何人。学校将警察联络官请来，托尼变得既生气又激动。他被带到当地医院的急诊室，随后在精神科住院一周。在他出院之前，学校社工联系了托尼的家长，希望得到托尼的诊断信息、治疗计划，并了解他对额外学校服务的潜在需求。托尼的家长拒绝将这些信息分享给学校社工，也拒绝签署一份允许学校和医院工作人员进行沟通的信息发布协议。一些教师和学生表达了他们对托尼潜在危险的担心，一些人给校长打电话，反对托尼回到学校。

反思问题

学校是否有权以缺乏关于托尼的精神状况以及对其他人的潜在危险的信息为由拒绝让托尼返校？是否应该提供居家服务作为替代方案？如果托尼的家长要求送托尼回学校，并且继续拒绝与学校社工分享包括危险性评估在内的信息，学校管理人员应该怎么办？

第三部分

儿童和青少年心理健康障碍的诊断与治疗

第11章

对心理健康障碍进行诊断和治疗的专业人员

许多不同类型的专业人员都可以对儿童和青少年心理健康障碍进行诊断和治疗。了解这些专业人员的学习背景、培训经历和专业知识非常重要，这样他们才能在治疗过程中成为有效的参与者。

然而遗憾的是，高达80%患有心理健康障碍的儿童和青少年没有得到治疗，"没人"是对"谁在治疗大多数患有心理健康障碍的儿童和青少年"这个问题的答案。不过，还是有一些受过专业训练的人确实成功地帮助了有心理健康障碍的儿童和青少年。

一、初级保健专业人员

在接受治疗的儿童和青少年中，约70%的人从未见过在心理健康障碍的诊断和治疗方面接受过培训的专业人员。相反，他们由初级保健专业人员（主要是初级护理人员）和其他类型的初级保健专业人员（如高级执业注册护士、助理医生）进行治疗。

高级执业注册护士受过研究生临床培训，并将专业知识和执业范围扩展到超过注册护士的水平。高级执业注册护士在医疗方面接受过研究生培训（硕士或博士学位），具有诊断和治疗身心健康障碍的专业知识。助理医生是指在诊断和治疗心理健康障碍方面有2~3年的培训经历，并与医生合作提供医学和心理治疗的人士。

虽然初级保健专业人员提供了大多数心理治疗，但他们中的许多人在诊断和治疗方面只接受了最低限度的培训。初级保健专业人员的问诊时间通常都很短，而且没有足够的时间处理复杂的情绪和行为问题，这就使得问题更加复杂。初级保健专业人员应多花时间与家长、学生进行面谈，以及从教师那里收集更确切的信息，以涵盖所有可能的基本诊断。

由于没有实验室测验来确认心理健康障碍的诊断，因此更重要的是在其他方面进行更彻底的评估。对于明确、明显、简单的问题（如生活在功能良好的家庭中且没有其他重大心理问题的 ADHD 儿童），由初级保健专业人员提供简短的诊断评估以及定期药物治疗预约可能就足够了。然而，对于那些有多重问题、复杂障碍、面临重大生活压力、家庭功能失调、社交困难、学业问题或严重行为问题的儿童和青少年来说，这个模式就不够用了。但遗憾的是，在美国的许多学区，可以为初级保健专业人员提供儿童和青少年心理问题转介的资源非常稀缺，甚至根本没有。然而，诊断和治疗儿童和青少年需花费的时间比成年人更多，因为需要从家长和其他专业人员（如教师、社工、狱警）那里收集信息。这些额外的用时并没有反映在报销率上，许多治疗儿童和青少年心理健康障碍的临床医生尽管接受过相关的额外培训，但他们仍处于经济劣势。这个问题是美国儿童和青少年心理健康临床医生缺乏的主要原因。

二、教育工作者

教育工作者在帮助诊断和治疗学生的过程中发挥着重要作用。他们可以与学校的其他工作人员一起记录学生的行为，并在得到家长允许的情况下，将这些信息转达专业医疗人员，以便在诊断过程中使用。

如果一名学生正在接受治疗，但仍有情绪和行为问题的症状，教育工作者就可以帮助传达这部分信息。但遗憾的是，教育工作者无法假设他们的学生总能接受准确的诊断，获得理想的治疗。如果相关护理是由初级保健专业人员提供的，而且除了药物治疗没有其他可供使用的治疗方案，那么教育工作者更需要提高警惕，因为他们可能需要向家长和专业医疗人员传达相关信息。

三、精神病医生

儿童和青少年精神病医生均需要有 4 年的医学学习背景，至少有 3 年的药理学、神经病学和普通精神病学住院医师培训经验，以及 2 年从事与儿童、青少年及其家庭相关的工作经验。他们在医学院和实习中接受了全面的医学训练，然后在儿童、青少年和成年人心理健康障碍的诊断及治疗方面获得全面的培训。他们对心理健康的各个方面都有着广泛的实践知识，包括生物、遗传、发育、心理、社会、教育和家庭构成。他们接受过针对儿童心理健康障碍的强化训练，包括 ASD、ADHD、发育障碍、学习障碍、焦虑障碍、精神病性障碍、心境障碍、物质使用障碍和行为障碍。他们接受的医学训练有助于他们准确评估心理健康障碍的医学因素，并在适当的时机开具处方。儿童和青少年精神病医生经常在各种环境下工作，他们可能会为学校、社会服务机构、管教部门以及医疗和心理健康专业人员提供咨询。

儿童和青少年精神病学服务在美国很稀缺。据统计，在美国只有大约 7000 名执业的儿童和青少年精神病医生，约等于每 10 万名儿童和青少年才配有 9 名执业医生。他们分布不均，农村学区和社会经济地位低下学区的儿童和青少年更难获得这些服务。普通（成年人）精神病医生在医学院学习 4 年，然后接受 4 年精神科住院医师的培训，培训内容包括医学、神经病学和普通精神病学。他们虽然也有一些儿童和青少年精神病学方面的训练，在儿童和青少年问题上却没有接受专门的强化训练。

由于缺乏儿童和青少年精神病医生，一些普通精神病医生开始对儿童和青少年进行治疗，甚至对更小的幼儿进行治疗。他们一般比初级保健专业人员更全面地了解儿童和青少年的心理健康问题。无论是普通精神病医生，还是专门的儿童和青少年精神病医生，他们都接受过各种干预措施的培训，包括药物治疗以及各种个体和家庭疗法。然而，许多精神病医生已经变得越来越专业化，他们对患者进行诊断性评估，以确定是否需要药物治疗，然后主要向可以从这种干预中获益的患者提供精神类药物处方。

四、临床护理专家

临床护理专家是指在特定领域接受过硕士或博士水平培训的高级执业注册护士。精神科临床护理专家接受的培训，重点在为有心理健康障碍的患者提供护理，他们通常与精神病医生互相协作。

五、心理学家

心理学家有许多不同类型，每一种都会接受特定的训练和实践组合，并不是所有的心理学家都可以对有心理健康障碍的来访者进行诊断和治疗。那些可以进行诊断和治疗的心理学家，他们的培训范围与普通心理学家存在很大差异，在儿童和青少年心理健康专业知识方面更是如此。

博士级别的临床心理学家接受的培训包括 4 年的本科学习和 7 年的博士课程培训。博士课程通常包括侧重于研究的课程，以及侧重于临床治疗的心理学课程。他们需要经过培训、临床督导和考试才能获得相关许可证。临床心理学培训包括对发展、行为、文化因素、人格、诊断、心理评估、精神病理学以及心理治疗的学习、了解。

硕士级别的心理学家接受的培训一般包括本科学习，以及获得本科学位后 2～3 年的学习。根据州立法规规定，硕士级别的心理学家可以被发放用于诊断和治疗患者的执照，有些人可以作为执业的专业咨询师、执业的助理医生或婚姻和家庭治疗师。临床心理学家可以提供各种各样的服务，包括心理治疗、心理测试、教学和咨询，他们可能专门研究特定的障碍（如心境障碍、焦虑障碍）或特定的年龄群（如儿童、青少年或老年人）。

咨询心理学是心理学的一个领域，在这个领域中，从业人员促进个体和人际功能的发展，他们重点关注情感、社会化、教育、职业、健康和发展性问题。咨询心理学实践与临床心理学实践相互重叠。一般来说，咨询心理学家向那些未患有临床心理学家所认为的严重功能障碍的来访者提供服务。

学校心理学家通常接受过专门的教育和心理学的训练，在研究生期间完成了至少60门专业学位主修课程。培养的重点是心理健康和教育干预、行为问题、儿童发展、评估、学习理论、教学和课程、咨询和学校法律等问题。他们需要具备国家认证或许可证。他们学习教育过程中的专业知识，包括识别学习障碍、判断教学方法的有效性、教学设计、课堂管理，以及设计教育干预措施，包括课堂调整和修改。由于所在学区和所工作学校的不同，学校心理学家发挥着各种各样的作用。在一些学区，学校心理学家花费大量的时间进行特殊教育评估，而在其他学区，他们的工作可能更具多样性，包括向学生提供咨询、评估学习障碍、与教育团队一起进行咨询、为教师和其他工作人员提供在职讲座、与家长合作、加强家长与教育工作者之间的协调和合作。他们还可以设计行为和学业干预措施、协助监测学生的进步、安排有效的课堂管理、设计预防方案，并与社区服务机构进行协调。

一些学校心理学家接受过临床培训并获得了执照，这使他们可以向儿童和青少年提供诊断和治疗服务。通常来讲，学校心理学家为有心理问题并影响其学业发展的学生提供的是咨询服务，而不是治疗。学校心理学家倾向于在学校内部提供直接的服务，而教育心理学家倾向于进行基础研究，包括教学设计、课程开发、课堂管理、教育技术和组织学习等问题。

神经心理学家专注于分析大脑的功能，因为大脑与特定的行为和心理过程相关。他们的工作对象是有持续神经损伤的患者（如创伤性脑损伤、中风）和有以神经基础问题为主的心理健康障碍患者（如 ADHD）。神经心理学家提供深入的神经心理学测试，以更具体的方式评估患者大脑功能，这与由学校心理学家进行典型的智力和成就测试不同。一些神经心理学家也获准从事临床工作。

其他类型的心理学家在学术界工作，在各个领域进行研究，或者为政府、私人企业等组织提供咨询服务。这些心理学家包括发展心理学家、实验心理学家、工业与组织心理学家和社会心理学家。

六、社工

正如心理学家有多种类型一样，社会工作领域也包含了各种各样的专业人员，他们有着不同类型的专业知识和实践经历。拥有社会工作学学士学位的临床医生（文学学士、理学学士、社会工作学学士、社会工作专业学士）通常在拥有硕士学位的持照社工（社会工作学硕士）的监督下提供服务。社工可提供个案管理服务，从事咨询、心理治疗、教学或行政活动。

社工的硕士学位培训一般需要 2 年的研究生学习和 2 年的实习经验。之后，大多数社工会进入临床实践培训阶段，重点对来访者进行直接工作，还有一些人会进入宏观实践阶段，专注于政策分析和人力资源管理等系统工作，有些项目的工作内容进行了合并。临床培训的重点是人的发展、多样化、诊断、评估、心理治疗、临床实践、沟通、治疗关系、职业道德、咨询等问题。

社会工作实践许可证有不同的等级。不同的州有不同的类型，包括有执照的学士社工、有执照的社工、有执照的硕士社工、有执照的高级社工、有执照的研究生社工、有执照的独立社工和有执照的独立临床社工。学校社工为学生提供直接服务（如评估、咨询、社区联络、技能训练）和间接服务（如个案管理、咨询、协调护理资源、宣传）。大多数州要求只有获得硕士学位才能获得社会工作执照，也有少数州要求有学士学位就可以获得社会工作执照。

根据美国国家许可证规定，接受过充分培训和监督的社工可以有资格作为心理健康专业人员执业，为来访者提供诊断和治疗服务。一些学区利用社工来提供这些服务，还为一些接受特殊教育学生的个别化教育计划等相关心理健康服务支付医疗账单。出于对数据隐私、医疗事故保险、危机保险和角色定义等问题的担心，其他学区对此种做法并不认可，他们将学校社工的角色定义为提供咨询服务而非治疗服务的人。

第12章

心理健康综合评估

由于心理健康障碍在儿童和青少年中是个很常见的问题，美国K12学校的每个教室里可能都至少有一名学生患有心理健康障碍，他们要么得到了治疗，要么（更有可能）没有得到治疗。当学生被确诊并接受治疗时，教育工作者可参与的范围可能很小（特别当家长不愿意透露孩子的心理问题时），也可能很广泛（包括症状监测、症状记录、与医生和家长沟通，以及提供调整和修改建议）。如果有必要了解这些信息，并且家长签署了允许教育工作者访问这些信息的公开协议，教育工作者就可以接触这些学生的心理诊断记录。他们也可以通过与家长的沟通了解患病学生的心理健康史，这有助于教育工作者更好地了解患病学生的诊断过程。

心理健康综合评估涉及儿童和青少年的病史，且需要记录他们在评估时所经历的症状。美国的大多数心理健康服务是由初级保健专业人员提供的，如前一章所述，他们中的大多数人在诊断方面仅接受过有限的培训。因此，他们的评估可能并不全面，这使得一些儿童和青少年可能得不到正确的诊断。教师和其他教育工作者可以通过在诊断过程中和治疗开始后提供关键信息来帮助临床医生。

如果学校的工作人员担心学生没有得到正确的诊断，那么他们可以与临床医生进行沟通，并签署一份家长信息声明，列出自己在课堂上注意到的患病学生的行为——这些行为并没有反映出诊断结果应该有的行为表现标准。例如，如果一名教师从来没有观察到某学生有过注意力分散、注意力持续时间短或冲动问题，并且在诊断过程中没有人联系过这名教师，那么，这名教师可以就该生缺乏相关症状与临床医生进行沟通交流，这可以给近期为该生进行ADHD诊断的临床医生提供有价值的信息。教师可以提供有关该生受教育过程中的相关信息，这对澄清诊断问题非常有帮助。此外，一旦治疗开始，教师对临床医生提供的关于治疗效果的反馈将是非常重要的信息。

由于缺乏可以诊断心理健康障碍的医学测试，心理健康领域的发展受到了阻碍。虽然有令人信服的研究证明，许多心理健康障碍有其生物学基础，但这些研究还没有完善到可以作为诊断工具的地步。美国国家心理健康研究所标准项目正在探索抑郁障碍和其他心理健康障碍之间潜在的共同根源，试图确定在症状出现之前的大脑疾病是如何以及从哪里开始的。在理想情况下，这项研究会发现心理健康障碍的生物学标志物，就像其他医学问题的生物学基础一样。然而，由于目前还没有实验室测试可以确认心理健康障碍诊断，因此必须对心理健康障碍进行彻底和全面的评估，以确保做出的诊断是准确的，否则治疗将无效。

因此，做出正确诊断的过程离不开全面的评估。心理健康综合评估可以由专业人员进行，如临床社工、心理学家或精神病学家。医疗专业人员（医生、助理医生、执业护士和临床护理专家）也可以进行诊断评估，而且他们有能力进行全面评估，因为以上这些职业的教学和培训都被建议采用相同的基本范式。然而遗憾的是，事实并不总是如此。

心理健康综合评估包括心理测试，但心理测试应作为本章所述评估方案的补充，且不得单独用作心理健康诊断的基础。心理测试包括认知评估，即通过韦氏儿童智力量表（Wechsler Intelligence Scale for Children，WISC）和伍德科克-约翰逊成就测试来测查患者的学术能力或成就水平。神经心理学测试可以评估大脑功能更具体的方面，如记忆能力、语言能力、视觉空间能力和执行力功能。其他心理测试（如MMPI[①]、TAT[②]、罗夏墨迹测验）可以评估人格，识别其是否患有心理健康障碍。心理测试结果本身并不能作为诊断结果，不过可以为诊断结果提供可能的假设。然而，许多障碍并没有有效或可靠的心理测试来进行诊断（如ADHD）。用计算机进行的测试有很高的假阳性和假阴性误报率，因此不建议在临床评估过程中使用。像MMPI这样的测试往往可能出现假阳性和假阴性的结果，它可能在进行诊断时给出并不恰当的"正常"结论，或者在没有问题时做出患病诊断。一些投射性人格测试（如罗夏墨迹测试）结果的解释主观性可能非常强，并且信度和效度都较差。因此，单靠心理测试无法做出全面的心理健康诊断。但遗憾的是，将心理测试作为心理评估唯一报告依据的情况并不少见。

精神病学评估是由精神病学家进行的评估。精神科医生接受过医学培训，具有处理医学、神经系统和药物问题的专业技能。精神病学评估也需要处理以下框架内的所有问题，这涉及导致个人精神病性症状的医学因素，并侧重于目前所开具的药物，它也可以为患者的药物干预计划制定大概框架。

考虑到心理健康障碍存在共病（多重诊断常见于抑郁障碍或ADHD患者），因此只进行"ADHD评估"或"抑郁障碍评估"是不合适的。但如果只着重涵盖或排除某一种障碍，其他障碍就可能被忽略，治疗也将没有效果。因此，所有评估都应该是综合全面的。有多重诊断的儿童和青少年并不罕见，如果只做出了一种疾病的诊断，那么治疗可能不仅不充

[①] 明尼苏达多项人格测试，Minnesota Multiphasic Personality Inventory，简称MMPI。
[②] 主题统觉测试，Thematic Apperception Test，简称TAT。

分，实际上还可能有害。例如，一名同时患有 ADHD 和强迫症的学生，如果只服用了治疗 ADHD 的兴奋剂类药物，那么药物的副作用可能会使强迫症和强迫行为更加恶化。可见，有效的心理健康治疗的基石是全面和彻底的诊断评估。如果不这样做，就可能导致误诊、诊断不到位和过度诊断，从而导致治疗不足、昂贵而不恰当的治疗方案和无效治疗。

保证有效而可靠的心理健康诊断的唯一方法是明确诊断标准，既要对个体的诊断做出判断，也要排除不存在的诊断。如果诊断评估报告没有证明个体符合某种心理健康障碍的诊断标准，也没有证据表明存在或不存在可建议为其他心理健康障碍的诊断标准，就应该对这份报告存疑。儿童和青少年的诊断标准最好通过与他们的临床面谈以及从教师、家长和其他看护者那里收集到的确证信息来确定。大量研究表明，仅涉及儿童和青少年的评估可能会遗漏大量数据，当可能引发或影响行为问题的其他障碍（如学习障碍、ADHD、抑郁障碍、PTSD）被忽略时，就会导致不准确或不完整的诊断结论(如对立违抗性障碍)。许多儿童和青少年不具备自我监测能力，无法识别 ADHD 的注意力不集中和组织混乱等症状，这时，来自其他来源的确证信息就更重要了。

一、心理健康综合评估的构成

心理健康综合评估应包括以下内容。

（一）社会史

社会史回顾了一个人在过去几年里可能经历的压力类型。这些压力源如果存在的话，可能会引发甚至直接导致患者目前正经历的心理健康障碍症状。例如，一个没有心理健康障碍症状史的人，如果在经历骚扰后不久就出现了焦虑症状，那么这个人很可能患上了 PTSD，另一个同样经历着严重焦虑症发作却没有重大压力源病史的人可能患有惊恐障碍，这其中有很强的内源性生物学因素。

回顾社会史应始于儿童和青少年在母体内受孕的阶段。如果母亲是意外怀孕的，她甚至会不想要这个孩子，那么这一事实可能在家庭中造成持续多年的压力。家庭暴力史对儿童和其他家庭成员都有显著的消极影响。当儿童为受虐待者，以及当儿童目睹过他人遭受家庭暴力（如目睹家长一方攻击另一方）时，家庭暴力会带来有害的影响。性虐待和身体虐待会导致终身的消极影响，并会引发焦虑、抑郁、依恋困难、不恰当的性行为和难以控制愤怒情绪的症状。因此，澄清儿童和青少年是否进入过儿童保护系统，以及在对他们进行评估时是否包含社会服务都是很有必要的。如果可能的话，还有必要澄清家长是否有对孩子产生不良影响的心理健康障碍或药物使用史。寄养经历或寄宿史也是用以识别问题的重要因素。财务问题及破产会增加家庭压力，引

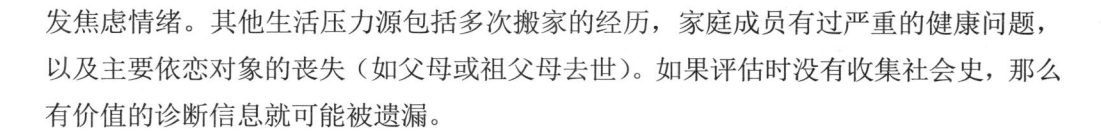

发焦虑情绪。其他生活压力源包括多次搬家的经历，家庭成员有过严重的健康问题，以及主要依恋对象的丧失（如父母或祖父母去世）。如果评估时没有收集社会史，那么有价值的诊断信息就可能被遗漏。

（二）医疗史

医疗问题在引发或导致心理健康障碍症状方面有着重要的影响，回顾儿童和青少年病史对于做出正确的诊断至关重要。始于产前的病史应包括母亲的健康问题（如是否有妊娠期糖尿病、先兆子痫、体重增加不足）及其在妊娠期间的治疗情况。明确母亲在妊娠期间是否使用过毒品、酒精或烟草也是很重要的，因为这些物质可能对发育中的胎儿产生重大影响，并可能导致孩子在儿童和青少年时期出现认知和情绪困难。分娩时出现的问题会导致儿童缺氧并引发随后的神经发育问题。此外，还应了解儿童和青少年的发育史，以明确他们是否在表达、语言发展、精细动作或大运动发育方面有延迟。头部受伤、失去意识或癫痫发作的历史也可导致心理健康障碍症状。还必须澄清个体是否有过重大疾病史或手术史，并询问目前是否有内科或神经系统疾病，以及是否正在服药。无论是疾病还是药物，都可能对心理健康综合评估产生一定影响。

（三）教育史

由于心理健康障碍会导致患者在接受教育方面出现困难，而学习障碍会导致心理健康障碍症状，因此在进行诊断评估的过程中，必须回顾儿童和青少年的教育史。询问现在和过去的学业表现非常有必要，还应弄清楚这些问题是长期慢性的，还是在童年后期才发作的。如果是长期慢性问题，那么意味着患者可能本身就有学习障碍。在近期生活压力下突然出现的教育问题或抑郁障碍等心理健康障碍，则表明患者主要有心理健康方面的问题。此外，还必须询问儿童和青少年是否正在接受特殊教育服务，如果有，应询问接受服务的类型（如学习障碍、表达和语言障碍、情绪障碍）和程度，特殊教育服务级别如下：

表 12.1 特殊教育服务级别

1 级	常规课程以外的特殊教育时间不足一天的 21%
2 级	常规课程以外的特殊教育时间至少占一天时间的 21%，但不超过 60%
3 级	常规课程以外的特殊教育时间占一天的 60% 以上
4 级	在单独的学校场所接受特殊教育服务的时间超过每天的 50%
5 级	在私立、单独的全日制学校接受特殊教育服务的时间超过每天的 50%
6 级	在公立住宿治疗机构接受特殊教育服务
7 级	在私立住宿治疗机构接受特殊教育服务
8 级	在家庭或医院接受特殊教育服务

（四）心理健康服务史

回顾儿童和青少年接受心理健康服务的历史非常有必要，这样可以帮助澄清已有诊断的性质和类型、何时做出的诊断以及由谁做出的诊断。询问患者过去接受过的治疗类型也非常重要，包括个人心理治疗、家庭疗法、药物治疗等。如果患者已经使用药物，那么有必要明确这些药物的类型、剂量、效力以及暂停使用可能导致的副作用。此外，还应记录患者过去接受的心理健康服务强度（如门诊、日间治疗、住院治疗）和各种治疗的效果。如果家长不记得这些治疗的细节，就必须要求医院公开上述信息，以便获得治疗记录，澄清上述问题。

（五）家族病史

诊断医生询问家庭成员（父母、祖父母、叔伯、姨妈和兄弟姐妹）的心理健康障碍病史之所以非常重要，原因有两个。首先，许多心理健康障碍有很强的遗传因素（如ASD、ADHD、双相情感障碍、精神分裂症），如果一个家族有其中一种障碍的家族病史，而且儿童和青少年存在的症状也指向这个诊断的话，那么其患有这种障碍的可能性也非常大。其次，儿童和青少年受亲属心理健康情况的影响，会发展出相关心理健康障碍症状。例如，患有强迫症和细菌恐怖症的家长，其孩子可能被要求每天多次洗手。这种行为是家长的要求造成的，不一定表明孩子也患有强迫症。此外，如果母亲患有严重的产后抑郁障碍，那么她的孩子可能缺乏受养育的经历，从而导致出现依恋困难。如果一个孩子的兄弟姐妹出现了严重的情绪波动和暴力行为，那么这个孩子可能会因为兄弟姐妹的行为而受到创伤，并可能进一步发展成 PTSD。因此，家族心理健康障碍病史的遗传和环境影响都可能导致儿童和青少年患上心理健康障碍。

（六）物质使用史

对于青少年和年龄较大的儿童而言，物质使用问题的筛查也应该是心理健康综合评估的一部分。尽管这听起来令人震惊，但有物质使用障碍的青少年经常报告说，他们从 9 岁或 10 岁起就开始使用药物。无论在中毒还是戒断期间，药物或酒精的使用都可产生指向心理健康障碍的症状。如果不查明是否存在物质使用问题，就会有很高的误诊风险，而且已经开始的治疗不仅是无效的，还可能是有害的。当有证据表明使用药物或酒精的人存在心理健康障碍时，诊断医生需要识别这些问题的各种潜在原因。第一种可能性是，患者患有严重的心理健康障碍，正在通过自我药物治疗来缓解症状。例如，一个患有严重社交恐怖症的人可能会为了参加社交聚会而喝酒。这个问题的核心是焦虑情绪，如果他能得到有效的治疗，就不会再出现不喝酒就不能社交的情况。

第二种可能性是，这个人没有潜在的心理健康障碍，问题的核心是物质使用。使用毒品和酒精会产生许多心理健康障碍症状。例如，酒精是一种抑制剂，长期服用酒精的人看起来可能患有抑郁障碍，但事实上，如果他们停止饮酒，就不会感到抑郁。苯丙胺会引发精神激越和妄想，大麻会导致严重的认知问题、偏执和普遍缺乏动力（缺乏动机综合征）。患者的核心问题是由于物质使用导致了需要治疗的病症，因此随着时间的推移，其心理健康障碍症状通常都会消除。第三种可能是患者有双重诊断，换句话说，心理健康障碍和物质使用障碍同时存在。在这种情况下，只处理一个问题而忽略另一个问题将使治疗失去效果，两种障碍需要同时治疗，并采用统一的、综合的治疗方案。

这个问题的识别在成年人身上要比在儿童和青少年身上更容易。如果一个成年人有未经治疗的抑郁障碍史，还持续了数年，然后该个体用酒精进行自我治疗，那么显而易见，该个体的抑郁症状不仅是由饮酒引起的，还和其本身的抑郁障碍有极大的关系。由于有的儿童和青少年往往在早期就出现了物质使用障碍，所以很难弄清楚其是在之前就存在心理健康障碍，还是由于儿童和青少年有遗传易感性，从而更容易患上由物质使用引发的心理健康障碍（如由于不清楚何时停止大麻滥用而引发的精神病性障碍）。因此，对于需要通过双重诊断结合治疗的复杂问题，宁可错误地选择进行双重诊断，也要好过仅仅对复杂问题的一部分进行单独治疗。使用药物或酒精的儿童和青少年往往不愿意透露他们的使用情况，他们可能否认自己使用过药物或酒精，或者对这个问题轻描淡写。因此，对于诊断医生来说，重要的是同儿童和青少年建立融洽的关系和信任，以便他们能最大限度地进行自我表露。

儿童和青少年可能更愿意回答他们的朋友是否有物质使用的问题。如果得到的答复是肯定的，那么很明显这是个危险的信号，因为这表明他们自己也可能使用这些物质。有各种筛选工具可以帮助识别相关问题，并为更深入的物质使用评估提供基础信息。可以识别的问题包括：这个人是否同他人一起使用过、他是否单独使用过、他以前是否对自己感觉更好、他是否因物质使用而陷入过麻烦以及他是否应该被告知减少物质的使用，这将有助于弄清楚问题的本质和严重程度。心理健康综合评估报告的物质使用部分应说明已询问的筛查问题（由家长和教师提供的确切信息），如果有证据表明确实存在相关问题，那么应进行更深入的调查，这份报告还需要指出物质使用障碍的严重程度（如果存在的话）。

如果诊断时还注意到儿童和青少年有心理健康障碍的症状，那么报告应尽可能澄清这些症状是源于物质的使用，还是这些症状导致了物质的使用，或者这些症状是否与物质使用障碍同时存在。治疗计划需要说明患者是否需要进行药物治疗，以及是否需要对与物质使用问题并存的心理健康障碍进行双重诊断，并提供综合干预措施。

（七）精神状态检查

就像医学评估包括身体检查一样，心理健康综合评估也需要包括精神状态检查。通过回顾各种情绪和认知功能，可以识别导致心理健康障碍的迹象和症状。精神状态检查从描述患者的外貌和行为开始，包括仪表整洁程度（仪表整洁还是个人卫生不良），活动水平（过度活跃/正常/缓慢），以及是否观察到不寻常的行为举止或神经性痉挛。患有焦虑障碍或 ADHD 的患者可能精神运动过度活跃，而抑郁障碍患者更有可能出现精神运动迟滞。精神病患者可能有不寻常的行为举止（刻板行为）。一些药物的副作用，如抗精神病药物可以导致运动障碍。此外，还要对表达和语言进行评估，重点是说话的清晰度、连贯性、流畅性以及语速、节奏和语调，语言不清楚、不流利或语无伦次的人都可能有潜在的神经问题或物质中毒问题。语速快意味着焦虑、躁狂或有物质中毒问题，而语速慢可能出现在抑郁状态中。异常的语言节奏可能与神经系统异常有关，而异常的音调（单调、刺耳、激越）可能表明患者有潜在的精神或神经问题。

心境和情感也需要在诊断过程中进行评估。心境是指一个人潜在的情绪状态，其范围可以从严重的抑郁，正常的情绪，"喜悦"的情绪，到高度激动的躁狂状态。患者也可能有焦虑的情绪，或者可能出现缺乏反映正常过程的情绪症状（如在经历创伤性事件后没有情绪反应）。情感是指一个人心境的躯体表现。"情绪平淡"指的是缺乏面部表情，意味着个体没有感受到任何情绪。心境和情感可以是一致的（如患者在心境低落时哭泣），也可以是不一致的（如患者在描述明显痛苦的情感经历时微笑）。心境和情感可以是稳定的，也可以是非常不稳定的（迅速变化的）。

思维过程是一个人的认知过程的表现方式。异常思维过程的例子包括：联想松弛，即思维之间几乎没有联系或根本没有联系；思维奔逸，即思维快速地从一个话题跳转到另一个话题；思维中断，即患者无法完成一个想法，并因此中断表达。联想松弛常见于精神病性障碍和躁狂症，思维奔逸常见于躁狂症，思维中断常见于抑郁障碍。

异常的思维内容包括妄想，妄想是精神病性障碍的表现，即尽管有相反的证据证明，患者还是有着固定的信念，并且坚持不变。妄想包括被害妄想，即患者认为自己处于被攻击的危险中；关系妄想，即患者认为自己正通过电视、广告牌等接收特殊信息。妄想还包括思想被插入或移出大脑的错觉、怀疑自己被他人控制、认为自己拥有特殊能力、认为自己比其他人强得多的夸大妄想、躯体妄想（如没有心脏）等。幻觉也是思维内容的异常，指的是与任何外部刺激源无关的感官体验（听觉、视觉、嗅觉、触觉、味觉）。精神病性障碍引起的幻觉往往是听觉或视觉上的，而其他类型的幻觉则意味着器官可能出现了问题，触觉幻觉可能意味着患有医学疾病（如糖尿病）和存在药物滥用问题（如一些苯丙胺或可卡因成瘾者会感觉有虫子在皮肤下爬行），脑瘤会导致嗅觉幻觉。确定患者是否有自杀或杀人想法是很重要的，因为这是思维内容异常的明显证据。

在心理测试中，认知被非正式地或通过使用标准化问题来检查，重要的是要弄清楚，患者是否有清楚的认知。因此，需要评估患者对人、地点以及时间的定位（例如，该患者是否知道自己是谁、自己在哪里、当天是星期几和当天的日期）。常识水平、运用抽象思维的能力、判断能力和洞察力也需要被评估。短期记忆可以通过让患者记住3个单词，5分钟后再要求患者重复这3个单词的方式评估，也可以根据患者的年龄，要求他们说出物体的名称、重复短语、阅读纸上的单词、照着一个简单物体画画、反着拼写一个单词或者执行一个多步骤的命令。

因此，正常的精神状态检查报告如下：患者穿戴整齐，精神活动水平正常，没有注意到不寻常的举止或动作。患者讲话清晰、连贯、流利，语速、节奏和语调正常。患者的心境是愉快的，情感与心境一致。患者的思维过程是有目标导向的，没有证据表明其有联想松弛、思维奔逸或思维中断，思维内容方面没有表现出幻觉、妄想或伤害自己或他人的想法。认知能力测试表明患者对人、地点和时间都保持着清楚的认知，患者具备良好的常识，善于运用抽象概念，具有良好的判断力和洞察力。

二、诊断标准

心理健康诊断需根据诊断标准进行，这些标准包括疾病的症状、症状持续的时间，以及排除表明更可能出现另一种障碍的因素。例如，重性抑郁障碍的诊断需要至少存在以下9种症状中的5种：心境低落（或儿童和青少年的易怒情绪）、兴趣和愉悦感丧失、食欲的增加或减退、失眠或嗜睡、精神运动性迟滞或激越、精力减退、内疚和价值感降低、注意力难以集中，以及反复想到死亡。这些症状需要持续至少两周时间，并显示之前的功能发生了变化，其出现原因不能用身体疾病或药物中毒进行解释。

所选择的诊断标准应具有最大的统计敏感性（识别患有该障碍的最多人数）和特异性（不识别没有该障碍的个体）。一些心理健康障碍的标准是指患者对症状的体验，而其他标准是指其他人观察到的症状。心理健康综合评估需要包括用于诊断的标准。因此，不能仅根据心理测试结果或认为患者有抑郁症的诊断医生的判断，就诊断其患有抑郁障碍。诊断标准对诊断至关重要，治疗的成功与否可以根据这些症状的缓解程度来判断。

此外，诊断评估报告还应表明，已根据其他障碍的诊断标准进行了审查，并发现相关症状不存在。例如，报告可能会指出："没有证据表明该患者有躁狂症、精神病、焦虑障碍或品行障碍的症状"。说明这份报告充分考虑了潜在的共病情况，并证明它们并不存在。

三、诊断评估报告

诊断评估报告中的内容是基于上述内容对儿童和青少年进行评估的结果。

（一）评估结果的呈现

目前的诊断评估包括社会史、医疗史、教育史、心理健康服务史、家庭病史、物质使用史和精神状态检查方面的内容，审查标准用于涵盖和排除心理健康障碍，以及进行彻底的心理状态检查。在理想情况下，这些信息已经从患者、教师、家长和其他可能的人那里（如社工、假释官）获得。诊断评估报告还应概述在进行评估时从审查的其他报告中得到的信息，包括教育记录、心理健康障碍诊断和治疗记录、儿童保护报告、矫正记录等。在这一点上，需要有足够的信息来进行诊断，否则，患者需要进行进一步的心理测试，心理测试有助于澄清诸如认知缺陷、学习障碍、人格障碍等问题。可能还需要对神经系统进行评估，用以排除表现为精神症状的神经障碍（如表现为注意力缺陷的失神发作）。

（二）治疗计划与建议

诊断评估报告应包括治疗计划，该计划基于患者的诊断、症状频率、严重程度、症状的慢性表现，以及症状出现的背景。治疗计划还应包括心理健康治疗（如药物治疗、个体治疗、团体治疗或家庭疗法、技能训练）以及对其他系统服务的需求（如社会服务、矫正服务、教育服务）。治疗计划的教育部分应包括对特殊教育评估的建议，如果该患者正在接受特殊教育服务的话，该报告应包括对特殊教育的额外调整和修改建议。

心理健康专业人员不能规定受干预人员的特殊教育资格或强制要求其进行调整和修改。对特殊教育的建议需要在家长的要求下由教育团队进行评估，因为心理健康专业人员可能熟悉也可能并不熟悉学校的相关问题，如特殊教育是否合适，或者对患有心理健康障碍的学生提出的调整和修改建议是否恰当。他们可能认为自己可以根据患病学生的诊断评估指定特殊教育干预措施，这其实是错误的。对于临床医生来说，重要的是能够认识到所有的服务决策应基于团队合作，尽管临床医生的建议很有用，但他们并不能决定最后采取何种必要的干预措施。治疗计划还应包括关于干预时间表和预期结果的信息。如果医生开了抗抑郁药物，那么该计划可能会指出药物需要等几周才能达到临床效果。这些信息对与儿童和青少年打交道的家长、教师和其他专业人员非常有用。

因此，心理健康综合评估与其他医疗评估类似，因为它需要审查所有相关的历史信息，评估患者的心理健康状况，审查各种信息来源的准确性，得出诊断结论并概述治疗计划，这为将来有效的治疗奠定了基础。

第13章

针对儿童和青少年的心理治疗方法

许多不同类型的心理治疗方法都可用于对儿童和青少年的治疗，这些治疗方法可单独使用，也可与其他心理治疗方法相结合，或者与精神病类药物治疗相结合。研究表明，心理治疗对各种儿童和青少年的心理健康障碍具有显著的积极作用。

心理健康服务可以广义地定义为咨询或治疗。咨询是提供信息，提高技能，并且帮助学生在学校中获得成功的过程。咨询通常由学校的社工、心理学家、护士和辅导员来完成。治疗是一种处理身心失调问题的临床服务，如临床抑郁障碍的治疗（迪克尔，2013），本章描述了最常用的治疗方法，并说明了它们与学校干预之间的关系。

治疗可以再细分为行为干预和非行为干预。认知行为疗法是行为干预的一种，这是一种帮助个体自我监控他们的想法和情绪的干预措施；另一种行为干预是教导家长如何管理孩子的失控行为。非行为干预包括专注于心理动力学（处理有意识和无意识的想法和情感）的谈话疗法、团体治疗和以来访者为中心的团体治疗。与非行为干预相比，行为干预的研究程度要高得多，总体上可能更有效。值得注意的是，行为干预和非行为干预有相当多的重叠，除了针对儿童和青少年的治疗，一些治疗还关注家庭（家庭疗法）或更大的系统（多系统治疗）。

一、认知行为疗法

认知行为疗法关注识别和改变一个人的想法（认知），是一种以改变情绪、应对机制和行为为目标的方法。认知行为疗法能够改善不合理的思维模式，比如以偏概全（对个体的具体情况做出广泛的假设）、灾难化（把个体的情况看得比实际情况更糟），以及放大一个人生活中消极的一面，最小化其积极的一面。认知行为疗法能够帮助个体学习和练习更具适应性的方法来处理他的想法、情绪和行为。

认知行为疗法融合了行为疗法，如暴露疗法（逐渐将恐怖症患者暴露在令其恐惧的环境中，直到其可以忍受这种恐惧）和专注于改变认知功能失调（思维过程）的认知疗法。认知行为疗法要求治疗师和来访者设定具体的、可测量的目标，并能够准确地测量结果，这是一种以问题为中心的治疗方法，用以行动为导向的方式解决具体问题。认知行为疗法是一种"此时此地"的方法，不沉溺于或重温过去的经历，该方法还分析并解释了不良行为的作用，以帮助患者做出积极的改变。

认知行为疗法通常将家庭也纳入对儿童和青少年的治疗中，治疗的过程始于对当前问题的识别和评估，接下来是关于问题的心理教育（识别都有哪些症状和制订用于消除症状的治疗计划），下一阶段包括学习和使用能够缓解症状的治疗策略，最后，教授患者一些保持积极目标和防止旧病复发的技巧。许多研究已经证明了认知行为疗法对治疗患有抑郁障碍、饮食失调和焦虑障碍的儿童和青少年的有效性。

认知行为疗法可通过木偶剧场和游戏疗法的形式帮助年龄较小的儿童。该疗法可以改变学生在课堂上的不良行为，治疗师可以与教师和其他教育工作者合作，识别学生在学校中出现的问题。如果一名学生会在社交场合中受到焦虑的困扰，以至于他不愿意在课堂上发言，那么认知行为疗法可以用来帮助该生克服这个困难。

二、辩证行为疗法

辩证行为疗法（Dialectical Behavior Therapy，DBT）与认知行为疗法相似，可用于治疗有自残行为或慢性自杀念头的青少年。这种疗法可以帮助来访者找到更好的方法来处理人际冲突和负面情绪，这种疗法的重点是提高使用健康方法应对生活压力的技能。

三、人际关系疗法

人际关系疗法（Interpersonal Therapy，IPT）是一种短程的、有时间限制的治疗技术，最初是为治疗成年人抑郁障碍创造的，但现在已被应用于青少年抑郁障碍的治疗。人际关系疗法关注的是人际关系的质量，因为一个人的人际关系可能会因为他的抑郁而受到影响，这就形成了一个恶性循环，因为恶化的关系会使一个人的情绪更加糟糕。人际关系疗法的目标是通过关注当前的人际困难来减少抑郁症状，并帮助个体改善他的人际关系和人际交往。该疗法教导个人提高人际交往技巧和有效地解决人际关系问题，且治疗效果已得到充分证实，其中使用的技巧包括识别特定的问题领域，在治疗过程中练习解决人际关系问题的策略，然后在现实生活中使用这些策略。人际关系疗法可以帮助患者处理人际关系中的冲突、人际关系和生活环境变化的问题、社交孤立问题，以及缓解失去亲人的悲伤。当治疗集中在与教师或同学的关系问题时，该疗法可以在班级中产生积极的影响。

四、家庭疗法

家庭疗法和人际关系疗法一样，关注的是人际关系背景下的行为和心理健康障碍。治疗的重点是家庭系统内的关系，而不是具体某个人，其治疗基础是观察出现心理健康障碍症状的个体所卷入的功能不良的家庭系统，因为健全的情绪功能应该来自积极的家庭互动。家庭疗法探索家庭的互动模式和动力，设法调动家庭的力量，重组互动模式，并提高家庭解决问题的能力。家庭疗法强调家庭关系是一个人情绪功能的重要影响因素，改善家庭关系可以改善家庭成员的心理健康状态。例如，当家庭疗法应用于治疗患有 ADHD 的儿童和青少年时，可以通过减少家庭冲突和家庭环境的应激压力来帮助建立儿童和青少年的自尊，教导家长帮助孩子提高社交技巧、改善行为、提高专注力，这有助于让儿童和青少年更好地适应班级环境。

五、多系统疗法

多系统疗法（Multisystem therapy，MST）旨在通过调节多个系统（如家庭、个人、同伴、学校、社区）来治疗有行为障碍的青少年，教授家长有效的养育技巧，并提高青少年的应对技巧。它主要通过增强情绪力量来增加保护性因素，这是一种以社区和家庭为中心的密集干预措施，可以作为进入住宿治疗机构的替代方案。多系统疗法可在家庭、学校和社区中使用。

多系统疗法的重点在于强调个人和家庭的资源，让青少年与他们的家庭成员为他们的行为负责，识别造成行为问题的一系列行为，改善现状，不纠缠过去，并且持续努力以达到目标。该疗法将问题放在青少年特定发展水平的背景下，并提供持续的效果评估，帮助他们建立优势来巩固和广泛应用所学到的技能。虽然这种治疗是密集的（多名治疗师、一周全天候治疗），但它明显比作为替代方案的进入住宿治疗机构更划算、更成功。

六、心理动力学疗法

心理动力学疗法是传统精神分析疗法的一个分支，其理论基础是，没有被个人意识到的冲突可导致严重的心理健康障碍，该疗法的治疗目标是通过解决这些无意识的冲突来改善症状。成年人的心理动力学治疗强调解决无意识的内心冲突和调整患者的防御机制。洞察力（内省）对于成功的治疗很重要。心理动力学疗法可集中于童年创伤及其对患者情绪功能的影响，对儿童和青少年的治疗在于处理这些影响认知、情绪、行为的潜意识问题，识别和处理对内在冲突的反应。这种疗法需要与儿童和青少年的发展水平相适应。

七、游戏疗法

游戏疗法对那些难以用语言表达自己情绪的儿童和青少年特别有用。游戏疗法可包括玩具、游戏、布娃娃、木偶、绘画或其他游戏干预措施，这些措施能帮助儿童和青少年识别和处理情感冲突。

八、团体治疗

团体治疗是指由一名或多名治疗师同时向多个患者提供的、可以是任何类型的治疗（如社交技能训练、物质滥用控制、心理动力学疗法）。团体治疗是一种非常强大的治疗手段，因为团体中的儿童和青少年往往有类似的问题，他们也能在治疗过程中相互支持。

九、最佳的支持者或服务者

越来越显而易见的是，传统的心理健康疗法显然不适用于很大一部分有严重情绪问题的儿童和青少年。因此，为了向需要心理健康服务的儿童和青少年提供更多的服务，以及为他们的家庭提供支持，社区心理健康项目与学区、学校之间的创新合作逐渐发展起来。

这种项目合作模式集合了来自学校系统内部和外部的服务。在美国的一些州，学校可以为诸如技能训练和技能练习等个别化教育服务寻求医疗补助。这些服务通常被认为与学校的要求相一致。学校可以与社区开展合作，将治疗和技能训练分开（迪克尔，2012）。

这类项目的一个例子是史兰杰、埃瑟里奇、汉森和费尔班克描述的儿童和青少年服务系统项目（迪克尔、贝利、桑德斯，1994）。该项目强调统筹与这些儿童和青少年有关的所有专业人员提供的服务（特殊教育服务、心理健康服务、社会服务、矫正服务等）。这类项目的服务模式还强调中间辅助服务，如日间治疗、短期护理、家庭支持和社区支持。

一些学者（安德森，1976；迪克尔等，1994）描述了另一种社区与学校合作的综合模式，该模式朝着系统改变的方向发展，重点放在预防上。更多信息请参考迪克尔等人在1994年对明尼苏达州某县政府开展的有效综合合作项目的描述。

虽然社区与学校在学生心理健康领域的合作取得了如此多的进展，但事实上，绝大多数公立学校并没有参与这些合作项目，它们还要在没有足够的资金、社区服务机构及心理健康机构的支持的情况下继续教育那些有心理问题的学生。

第14章

精神类药物的合理使用

精神病性症状（如焦虑、抑郁、注意力不集中）是由多种因素造成的，因此药物治疗（与其他类型的治疗方法一起使用）会使症状有所改善。但是，某些症状是由无效的药物甚至有害的药物引起的，因此有必要对患者进行全面评估以确定药物的疗效。

一、不需要药物治疗的症状

治疗方案的相关调整取决于症状的类别，因为精神病性症状并非基于医学问题，而是对环境中有害情绪事件的自然反应。例如，一个生活在虐待环境中的儿童和青少年，在经历贫困、无家可归、家庭虐待或其他严重压力后，很可能会产生恐惧或焦虑的负面情绪。要想解决这些问题，需要有效解决压力产生的潜在根源，如果不识别原因就对症状进行治疗，那么问题将长期存在。因此，对于心理健康专业人员来说，为了明确导致个体问题的压力源到底是什么，在诊断过程中获得个体的社会史非常重要。否则，当其他干预措施介入时，可能会得出不恰当的用药建议。在我看来，除了一些特殊情况，短暂的药物治疗可以帮助个体应对危机，用药物治疗与适应相关的压力反应是不合适的。在存在严重压力的情况下，暂时使用药物可能会有用（如促进睡眠），但药物治疗并不会被当作首选治疗方式。

由潜在的医学疾病（如由于病毒后综合征引起的抑郁症状），药物的副作用（如哮喘药物继发的ADHD），或者来自药物或环境中的有毒物质引发的症状（如使用咖啡因引起的焦虑症、使用酒精引起的情绪低落或由于环境中的铅过量引起的认知问题）在进行药物治疗时不能保证药效。此外，甲状腺功能减退可引起抑郁症状，而甲状腺功能亢进可引发严重焦虑。失神发作可能会被误认为是ADHD中的注意力不集中表现。睡眠呼吸暂停症在超重儿童中并不罕见，这会导致他们出现白天嗜睡和注意力不集中的问题。营养不良和缺乏维生素也会导致心理健康状态异常。因此，有类似心理健康障碍症状的个体应进行全面的体检和实验室检查，以排除这些可能性。如果有潜在的医学问题，那么治疗应直接针对这些问题，而使用精神类药物不是合适的治疗方法，这类药物的使用反而可能加重问题。

精神病性的副作用在许多药物中都很常见，包括用于治疗心理健康障碍的药物。例如，通常用于治疗哮喘的类固醇会导致抑郁或情绪波动，特布他林会引起躁动，导致患者可能被误认为患有ADHD。用于治疗ADHD的兴奋剂会引起焦虑、强迫行为甚至严重的抑郁障碍症状。抗精神病药物会引起躁动、嗜睡和严重的认知困难。

使用有毒物质和麻醉剂也会令人产生精神病性症状。铅中毒会引起包括注意力不集中在内的严重认知问题。最新研究表明，一些孩子对人工色素敏感，这可能会引发ADHD症状。咖啡因会引起躁动和焦虑，而咖啡因戒断会导致嗜睡、注意力不集中和头痛。酒精、大麻和其他药物在中毒和戒断阶段会引发精神病性症状。

每份心理健康综合评估报告都应包含一份详细的医疗史，以便识别精神病性症状的潜在医学原因。显然，在这种情况下，治疗方式的选择是为了治疗潜在的医学疾病，在允许的情况下，应更换会产生副作用的药物来消除毒素，而不是增加精神类药物的使用以解决问题。如果使用精神类药物来治疗适应障碍，或者治疗由无法诊断的医学疾病、药物副作用或毒素的影响而引起的症状，可能会导致患者的病情严重恶化，这被称为医源性效应，即由于医疗干预导致患者的病情恶化。

二、可以通过药物改善的症状

另一类可引起精神病性症状的疾病也是医学方面的，但是目前我们没有实验室测试或其他客观的医疗程序来诊断它们。使用精神类药物的目的是治疗基于生物学基础而产生相关症状的疾病。研究表明，儿童、青少年和成年人患有的主要心理健康障碍（如精神分裂症、双相情感障碍、重性抑郁障碍、ASD、ADHD、强迫症、惊恐障碍）都有其生物学基础，这些障碍都有充分的医学基础，它们会导致个体的大脑功能、神经递质活性和激素代谢等方面出现异常。到目前为止，研究结果还不够敏感或不够具体，不足以转化为医学诊断测试，但这只是时间问题。不过显而易见的是，"心理疾病"一词是对严重精神病性障碍的误称，因为这些疾病与糖尿病、冠心病或关节炎一样具有医学上的意义。由于尚未找到治愈这些障碍的方法，因此要想治疗这些障碍的目标症状，最好将药物与心理治疗措施和家长教育结合起来。目标症状是指患者潜在的精神病理表现，它们类似于用于诊断心理健康障碍的标准，对于这些症状的处理目标是治疗、消除或减少它们。使用目标症状评估治疗效果可帮助医院和学校的专业人士进行症状监测、药物剂量调整、药物副作用监测和结果分析。

典型的目标症状包括任务外行为和多动行为（ADHD）、重复的强迫行为（强迫症）、高频率及严重的幻觉或妄想（精神分裂症），以及嗜睡或注意力不集中、食欲、精力旺盛和情绪异常（重性抑郁障碍）。然而遗憾的是，一些精神类药物的处方没有针对特定的症状，但它们并不能治疗某种症状，这会导致难以监测药物效用以及可能存在不当使用问题。精神类药物的合理使用是以使用药物治疗医学疾病为基础的，但是，一些主要的精神病性障碍与正常的情绪体验有着相同的表现，这更导致了障碍的隐蔽性，使其不易察觉。

例如，由于不幸的生活而感到沮丧是一种正常的情绪，这与重性抑郁障碍相去甚远，重性抑郁障碍患者可能在睡眠、食欲、精力、注意力等方面都存在严重的问题。许多人每天都会经历正常的焦虑情绪，而适当的焦虑实际上可以帮助我们更好地完成任务、避免危险的情况等。日常的焦虑与惊恐障碍患者所经历的焦虑是完全不同的，当惊恐发作时，如果将患者留在这种对惊恐症再次发作的惊恐和焦虑中，患者就会感觉自己仿佛被焦虑所淹没。这可能导致患者出现广场恐怖症，使其回避公共场所，许多患有这种障碍的人都不敢出门。对于患有这些心理健康障碍的个体来说，认识到他们正经历着医学方面的障碍是很重要的，通过医学治疗可以缓解他们的症状并显著改善其功能。

在症状较轻的情况下，其中一些障碍仅通过心理治疗就能有效果。然而，如果问题足够严重，并且心理治疗没有效果的话，那么药物治疗将成为合理的干预措施。但是许多有心理健康障碍的人，或者有心理健康障碍的孩子的家长，不愿意考虑药物治疗，因为他们认为药物是"一根会让人产生依赖的拐杖"。所以，重要的是要让他们明白，他们对精神类药物治疗不应采取像对降压药、癫痫药或胰岛素那样的看法。

根据所治疗障碍的类型，药物会在不同程度上起作用。在治疗一些障碍时，如重性抑郁障碍或惊恐障碍，药物会使症状完全消失，患者可以恢复到完全正常的功能水平，也有一些疾病的症状在用药后并不会完全消失。例如，大多数因严重强迫症而接受治疗的患者，其症状虽然有所减轻，但一般不会完全消失。如果持续增加药物的剂量直到超过最佳剂量的话，则可能产生明显的副作用。对于 ASD 等其他障碍，没有药物能有效地治疗其核心症状（如社交能力差或缺乏同理心），但药物在缓解情绪问题、焦虑或注意力不集中等相关症状方面仍然有一定的帮助。

当使用多种药物进行治疗，或者患者有多种障碍的复杂组合时，药物治疗就需要非常谨慎。例如，患有 ASD 的儿童可能对用于治疗 ADHD 的兴奋剂类药物有积极的反应，但这种药物可能使儿童的强迫症症状恶化。对于双相情感障碍患者来说，用抗抑郁药物治疗其抑郁症状可能引发躁狂反应。

药物的合理使用要求医生在开始用药、增加剂量、添加其他药物以及从一种药物转换到另一种药物时都非常谨慎。对药效保持合理的预期，以及使用最低有效剂量非常重要。对基线症状和作为治疗效果的功能改善情况进行客观测量也很重要。在诊断和治疗监控的过程中，教育工作者是一个至关重要的角色。

在理想情况下，药物治疗需要来自患病学生、家长以及教育工作者的反馈。如果患病学生的障碍严重影响其教育，如果教育工作者观察到药物存在副作用，如果患病学生在家里和学校有着不同的症状表现，或者家长很难客观地看待药物治疗的效果，那么学校的反馈将非常有帮助。

教育工作者可以通过监测患病学生在学校中所表现出的目标症状的特点和程度，在开始用药和调整剂量的过程中提供很大帮助。如果获得了信息公开的许可，学校的工作人员就可以在必要时与医生保持沟通，以帮助患病学生合理地使用药物。如果学校的工作人员没有参与到这个过程中，就可能出现药物使用不当的情况。有时，患病学生在学校的精神病性症状比在家里更突出（如 ADHD）。在开始使用低剂量药物后，家长可能无法充分发现患病学生在学校中表现出来的持续遗留症状，因此患病学生可能会继续使用低剂量药物。在其他情况下，家长可能对患病学生的问题没有一个客观的看法，可能会夸大他们的病理问题，这些都是很正常的情况，例如，家长有严重的未经治疗的抑郁障碍。这时，学校的反馈对于避免过度用药或其他不适当的药物使用就显得至关重要。

即便教育工作者将这些信息转达给医生，学校的工作人员也不总能收到诊断、治疗或症状监测的信息。教育工作者可以带头进行症状监测并同医生进行沟通。这需要具备明确的角色定位、明文监督、使用适当的评级表格以及设立员工问责制度。如果能有效地做到这些，药物治疗往往会更有效，从而提高患病学生的学习成绩，减少他们的行为障碍。

教师和家长可以向患病学生的医生提供有价值的信息，说明在治疗前和开始治疗后注意到的症状表现和严重程度。遗憾的是，在某些情况下，这种反馈不是客观的，而是受到了偏见或其他因素的负面影响，这可能导致多报或漏报症状。例如，研究表明，患有抑郁障碍的家长，他们的抑郁问题本身就使他们很难应对自己的情况，这类家长还有夸大孩子行为问题的倾向。在一些情况下，根本没问题的孩子可能会被带到医生那里，然后根据家长提供的行为失控报告开始服药。因此，医生在诊断过程中从教师和家长那里获得客观的信息，有助于准确了解症状的性质和严重程度。

遗憾的是，情况并非总是如此理想。如果家长愿意签署一份允许学校工作人员与孩子的医生沟通的文件，那么将有助于教师或其他教育工作者（如心理咨询师、社工、心理学家）与医生进行沟通，并记录患病学生开始药物治疗前存在或不存在的某些症状。但有一小部分教师对儿童和青少年使用精神类药物持有很大偏见，他们在填写问

第 14 章 精神类药物的合理使用

卷时可能会将学生的问题最小化。此外，还有一小部分教师可能会过分强调学生的问题，而真正的问题可能是由于乱七八糟、人满为患的教室里挤满了许多不听话的学生造成的。只有从各种来源综合收集信息，才能对儿童和青少年的心理健康状况做出客观的评估。

即便对儿童和青少年行为的报告是准确的，结果也可能因诊断类型和观察对象所处环境的差异而有所不同。有些障碍在不同的环境下有着不同的表现。例如，一名患有 ADHD 的学生可能在学校中表现出严重的多动、冲动等问题，在学校中学生被要求安静地坐着、集中注意力，但学校中还存在着大量的干扰因素。同一名学生在家里的症状可能会明显减轻，因为家里对行为的要求更少，他们的活动水平会更低。除非家长和教师意识到报告上的差异是由于该障碍的性质造成的，否则在症状评级上的分歧会导致他们相互不信任和对彼此产生负面的判断。例如，家长可能会觉得教师不称职，因为他们报告了学生在家里没有的问题。同时，教师可能认为家长低估了学生在家中的行为问题。为了让家长和教师能够有效地合作，避免这些误解是非常重要的，就这些障碍的本质及其在不同环境中的表现，对教师和家长进行相关教育是帮助他们互相理解的关键。

对精神类药物的合理使用也需要认识到，尽管许多心理健康障碍是有生物学基础的，但非医学干预也可能是有效的。研究表明，心理治疗不仅可以缓解许多障碍的症状，而且可以改善与心理健康障碍相关的大脑功能的生物学异常。对于不那么严重的精神病性症状，不同类型的心理治疗可能非常有效。心理治疗需要更多的时间来启动并维持，这在某些临床情况下会产生更持久的效果。

总之，要使用精神类药物，医生首先应该确保他们做出了正确的诊断，来自教师和家长的反馈必须是有效且准确的，药物潜在的副作用也要告知家长。医生还要与家长沟通对药效的合理期望，从患者、家长和教师那里获得关于药效的反馈也是非常重要的。应从药物的最低有效剂量开始使用，只有在明确单一药物不起作用时，才能使用多种药物进行治疗。重要的是不要每次改变多个变量（例如，不要同时改变两种药物，或者不要刚开始使用一种新的药物，患病学生就转学了），这有助于评估问题产生的原因。剂量的变化应根据药物的作用机制进行调整，例如，治疗 ADHD 的兴奋剂类药物往往有即时的效果，而抗抑郁药物的效果可能需要 8 周才能显示。

当精神类药物被审慎地用于治疗心理健康障碍时，它们可以显著地减少患病学生痛苦、改善家庭功能、提高患病学生学习成绩并减少其在教育环境中的行为问题。在这一过程中，教育工作者可以发挥至关重要的作用。

三、儿童和青少年精神药理学指导原则

梅尔文·李维斯在他的《儿童与青少年精神病学：综合教科书》（马丁、邓纳尔、李维斯，2007）中描述了对儿童和青少年使用精神类药物的 7 个指导原则，具体如下：

- 儿童和青少年的发育对药物代谢有着重大影响。儿童和成年人患者对药物的反应存在显著差异，儿童可能比成年人更快地代谢药物，因此可能需要更高的基于体重调整的剂量。
- 儿童和青少年的心理健康障碍不完全符合《精神障碍诊断与统计手册》框架中设计的类别，而且在许多患者身上有高度的多重障碍共存的现象。例如，抽动障碍经常与强迫症并存，ADHD 经常与 ASD 并存，当它们单独存在时可能会对药物产生反应，但当这些障碍并存时，患者不一定对药物有反应。
- 从多个信息源（患者、家长和教师）那里获取信息非常重要，还应确定需要治疗的具体症状。
- 有必要对潜在的药物副作用进行持续监测，特别是考虑到新药物如非典型抗精神病药的扩展作用。
- 医生关于药物反应和潜在副作用的问题，可以是关于该药物的开放性问题，也可以是关于所开具药物的具体问题。
- 家庭成员需要充分了解药物的特点及作用，并积极参与到治疗过程中。
- 应认识到心理治疗作为药物治疗的辅助手段是非常有用的，这一点很重要。
- 只要存在可能，药物的选择就应基于循证临床决策。

虽然有许多精神类药物，但很少有被 FDA 批准用于儿童和青少年治疗的药物。例如，FDA 批准了两种药物用于治疗儿童和青少年的抑郁障碍：氟西汀[①]被获准用于 8 岁及以上的儿童和青少年治疗，而依地普仑被获准用于 12 岁及以上的儿童和青少年治疗。氟西汀也被 FDA 批准用于治疗儿童强迫症，抗抑郁药舍曲林、氟伏沙明和氯丙咪嗪也是如此。

将药物用于非 FDA 批准的用途是很常见的，这被称为"标签外用药"。例如，医生可能会开西酞普兰——一种未被批准用于治疗儿童和青少年抑郁障碍的药物。因此，教师可能会发现他们的学生在使用多种未经 FDA 批准的药物。

对儿童使用精神类药物仍然是有争议的问题。有些药物如治疗 ADHD 的兴奋剂已经用了几十年，而其他药物如新的非典型抗精神病药物是近期药理学上的补充。因此，

[①] 氟西汀在中国也被批准用于治疗青少年的抑郁障碍，具体用药须根据医生的诊断进行。

目前还没有关于新药物可能产生长期负面影响的数据。

药物治疗的潜在风险需要与药物治疗的潜在好处和不提供药物治疗的潜在风险进行比较。有些心理健康障碍非常严重（如精神分裂症、双相情感障碍），并有严重的致残症状，而且对心理治疗没有反应，此时家长普遍认为药物治疗的好处大于其风险。其他障碍可以在不使用药物的情况下得到有效治疗或调节。我曾多次被家长问到："我的孩子需要服用兴奋剂治疗 ADHD 吗？"医生和家长面临的挑战是就药物治疗的潜在风险和潜在好处保持充分的沟通，这确保了当医生给患者使用某种药物时，能及时征得家长的知情同意。

精神类药物可用于对多种症状的治疗。例如，安定等苯二氮卓类药物可能对缓解焦虑、失眠、癫痫或肌肉痉挛有效；抗抑郁药物可以治疗抑郁障碍、惊恐障碍和强迫症，甚至对疼痛综合征也有帮助；抗精神病药物对治疗妄想和幻觉等精神病性症状有效，对于双相情感障碍患者也可作为情绪稳定剂；抗癫痫药物可以治疗癫痫，也可以是有效的情绪稳定剂。

四、神经递质和精神类药物

精神类药物通常在神经突触层面发挥作用，神经突触是一种允许化学信号或电信号从一个神经元（突触前神经元）传递到另一个神经元（突触后神经元）的结构。神经递质是一种化学物质，它穿过突触并与突触后神经元结合，在突触处发挥兴奋或抑制作用。例如，多巴胺是一种受精神类药物影响的神经递质，它会影响运动行为（帕金森氏症患者缺乏多巴胺），以及激发情绪唤起、积极性、奖励系统和产生愉悦感。血清素调节许多功能，包括情绪、行为、心血管和内分泌、睡眠和食欲。去甲肾上腺素影响注意力、情绪、心率和血压等功能，产生或受去甲肾上腺素影响的区域称为去甲肾上腺素功能区。兴奋剂与细胞受体结合并触发细胞反应，而拮抗剂有阻断兴奋剂的作用。

精神类药物可能对神经递质产生广泛或有选择性的影响。它们可能会增加突触前神经元的神经递质释放量，它们也可能通过抑制突触内神经递质的再摄取来增加突触内神经递质的数量。因此，一些抗抑郁药物被称为选择性血清素再摄取抑制剂，因为它们选择性地抑制神经递质血清素在突触中的再摄取。

有关不同精神类药物作用机制的分子药理学细节超出了本书的讨论范围。我们鼓励有兴趣的读者更详细地探究这个主题。在第二部分中，我们介绍了情绪稳定剂、抗抑郁药、抗精神病药、ADHD 和抗焦虑药物，供读者参考。

第四部分
学区和学校的政策与程序

第15章

学区、学校和教职人员的角色

学区通常应该有明确的医疗计划，以应对各种学生健康问题。例如，某个学区可能有处理患有哮喘或糖尿病学生的详细方案。然而学区很少有关于学生心理健康的计划，即可以阐明如何处理有心理健康问题学生的政策、程序和指导方针。又如，某个学区关于工作人员角色的界定可能没有那么明确，在某些健康领域积累了大量重复的经验，而在一些健康领域可能还是一片空白。

虽然学校是教育机构而不是临床机构，但学校的工作人员每天都在处理学生的心理健康问题，他们解决这些问题的方式很大程度上会影响学生在教育环境中的成就。我在美国各学区工作时，对教师、行政人员、社工、心理学家、辅导员、护士和后勤人员在满足学生心理健康需求时使用的技能和做出的贡献印象颇为深刻。与此同时，我也对大多数学区缺乏全面的学生心理健康计划感到有些失望。但我相信，一旦制订并实施这项计划，教育效果就有可能得到很大改善。如果没有一个总体计划，用以概述必要的行动步骤，以及提供一些责任制度保障，那么，将无法保证学生的心理健康问题得到解决。有序的、专业的完善计划指导下的服务，与没有计划的服务相比，在学生心理问题的解决效果上简直天壤之别。学区通常不愿解决学生心理健康问题的一个原因是 IDEA 使学校成为特殊教育服务的最后付款人，特殊教育服务也包括与心理健康有关的服务。事实上，因为一名听证官得出这样的结论——学生的心理健康需求与教育需求"密不可分"，各学区就要被迫支付数十万美元的住院治疗等服务费用。

地方政府或者教育局，确实需要制订专业的心理健康计划来满足学生的心理健康需求，但是，由于学情及学区的差异，想要一份计划行天下是不可能的。由于学区资源、员工技能、社区服务、学生人数等方面的巨大差异，心理健康计划需要根据各个学区，有时也要根据各个学校进行调整。大体上，一个学区的心理健康计划应该包括表 15.1 所列的内容。

表 15.1　学区心理健康计划的必要内容

- ✓ 描述教师、社工、心理学家、辅导员、护士、后勤人员和其他教育工作者在与有心理健康问题的学生打交道时，需要承担的角色和职责
- ✓ 建立监督、协调和记录教育工作者活动的机制，以确保责任到位和测量结果的准确
- ✓ 开展团队活动，如教师协助团队和个性化教育计划团队
- ✓ 为教育工作者提供技能训练，并提供有关心理健康问题的培训讲座
- ✓ 提供有关儿童虐待和忽视的鉴定和报告
- ✓ 制定与家庭、医疗机构和心理学家合作的协议，专注于寻找最佳沟通方式
- ✓ 规定收集和分析心理健康信息的方法（例如，鉴别心理健康障碍、识别疾病类型、判断是否提供治疗、收集治疗者的联系信息、分析教育干预的结果等）。分析的数据包括学生个人和学生群体的数据（例如，在接受情绪障碍特殊教育服务的学生中，被诊断为 ADHD、抑郁障碍的学生占多少比例）
- ✓ 规定对有心理健康问题的学生进行特殊教育评估的方法，包括筛选工具和功能性行为评估的使用和解释
- ✓ 有效运用临床行为方面的概念（参见第 2 章）
- ✓ 为有心理健康问题的学生提供适当的变通空间
- ✓ 鉴别药物使用问题的证据
- ✓ 制定与有物质使用障碍学生工作的规则
- ✓ 协助患病学生开发个性化教育计划
- ✓ 将心理健康记录的保密协议建档保存
- ✓ 建立危机情况干预程序
- ✓ 制定隔离和约束措施（最好是规定消除对干预措施依赖性的方法）
- ✓ 制订开展心理咨询的方案，以解决有关于诊断、医疗或药物等方面的问题
- ✓ 制定同地协作的现场心理健康诊断和治疗服务指南
- ✓ 提供个人及团体辅导
- ✓ 进行药物管理
- ✓ 建立常规程序
- ✓ 使心理健康服务的财政报销最大化
- ✓ 提供与外部系统协作的成功方法（如管教部门、社会服务、公共卫生等）
- ✓ 定期与家长沟通，告知他们孩子的问题和成就，并从家长那里获取相关信息

　　有一个符合学区需求的心理健康计划，对学生、家长和教育工作者都是非常有益的。我提倡，当教育工作者与学校行政人员、心理健康专业人员合作，在帮助有心理健康问题的学生时，应该制定一定的政策、程序和指导方针。并且，在制订心理健康计划的过程中，可以争取专业人员的资源支持，为学校制订心理健康计划提供顾问帮助。

一、记录的收集、维护和隐私保护

《家庭教育权利和隐私法案》(The Family Educational Rights and Privacy Act, FERPA)通过将大多数教育记录归为机密,来防止其泄露,保护这些教育记录。FERPA 适用于在美国教育部管理项目下接受资助的教育机构和单位,它规定未经家长或年满 18 岁学生的书面同意,不得泄露学生的教育记录和个人身份信息。从医疗或心理健康服务人员那里获得的学校记录中有关心理健康的数据将被视为 FERPA 下的教育记录,这些数据同时也涵盖由教育工作者的反馈生成的心理健康数据,包括学校心理健康服务人员在提供个性化教育计划相关服务的过程中产生的心理健康诊断和治疗记录。

抽屉记录是一个例外,它是教师单独拥有的、用作个人记录的辅助工具,除了记录者的临时替代者,其他人不能访问或被透露。这些记录是严格定义的,在不同的州有不同的限定,可能包括要求在学年结束时销毁这些记录的标准。在针对学校的诉讼中,抽屉记录不受保护。有关学生心理健康状况的重要信息不应进入随后会被销毁的抽屉记录。

《健康保险流通与责任法案》(Health Insurance Portability and Accountability Act, HIPAA)保护由健康计划、卫生保健信息交换所和卫生保健提供者提供的有关健康记录的隐私。HIPAA 一般不适用于公立学区保存的心理健康数据。一种例外情况是,学校雇用的医疗保健服务提供者根据 IDEA 对医疗补助计划中与特殊教育有关的服务进行电子收费。

一些州收集私人信息(包括心理健康信息)的力度超出了 FERPA 的额外要求。例如,某个州可能要求教育工作者澄清所收集数据的目的和预期用途,提供数据的益处或不提供数据的潜在后果,以及可能接触这些信息的人的身份。对教师和其他教育工作者来说,了解联邦和州的法律很重要,因为在获取学生心理健康信息的过程中,他们可能被要求向家长概述具体问题并以书面形式记录下来。鉴于学生心理健康信息的敏感性,最好将学生的心理健康信息与其他教育记录分开,装进一个密封的信封后再放在学生的教育档案中。信封上应该标注一份声明,以说明它包含了心理健康信息,并且只有有职责审查的教职人员才能审阅它。审阅者应该记录他们的姓名、审阅日期和合法的教育资质。

当出现危机情况时,教育工作者可能需要与第三方分享学生的心理健康信息。例如,当学生表现出危急的自杀或伤害他人的威胁时,教育工作者有法律义务与第三方共享这些信息,如急诊人员,即便教育工作者无法联系到家长,以获得信息公开的允许,也可以这样做。如果学生转到另一个学区,根据 FERPA 的规定,只要心理健康信息与学生的教育需要有关,该学区就可以转寄学生教育记录中的心理健康信息。重要的是,学区工作人员要了解所在州的法律,特别是关于转递由外部医疗机构或心理健康服务提供者送到学校的学生心理健康信息方面的法律。

二、利用契约关系提供心理健康服务

如本书所述,学区和学校会雇用各种类型的专业人员为学生提供心理健康服务。然而,在提供这些服务的时候,教育工作者会存在一些严重的问题。在目前的现实工作中,如果由于学区的一般责任、失误或疏忽等,使得在发生学生自杀等危机情况时未能挽回学生生命,学区和教育工作者不太可能获得医疗保险的保护。这就意味着,临床医生会因为提供不适当的护理被起诉,而学区会因为没有提供充分的临床监督被起诉。保险公司通常会根据他们对提供传统教育项目相关风险的理解,为学区制定保险政策,但是,保险公司可能没有细致考虑基于心理健康服务的疏忽条款而产生的风险。此外,教育工作者提供的治疗记录会成为学生教育记录的一部分,使得其保密程度低于社区心理健康服务者所做的记录,这种保密工作的疏忽也是不容忽视的风险。

三、选择与现场诊所承包商合作

针对上述问题,在学校提供现场心理健康服务是一个理想的解决方法,即学区向社区心理健康诊所出租场地。诊所将是临床医生的雇主,并负责医疗事故保险、备用危机保险、记录存储、账单支付等事务,这使得学区置身于诊断和治疗的"心理健康事务之外"。理想的诊所应该由县政府或非营利机构监管,拥有由心理学家、社工和精神病学家组成的多学科专家团队,可以在适当的课余时间为学生及其家庭提供服务(如晚间预约家庭治疗、暑期继续随访会谈等)。

诊所与学区之间的"联合权力协议"(一个"托管"协议)应从学区的角度明确界定参与各方的财务责任、账单归属、付款程序和标准。此外,该协议应规定一个租用空间,设立在学校建筑中对学生方便的位置,以便提供服务。如果诊所与有责任确保学生获得心理健康服务的县政府有关系,则协议还应确保需要这种治疗服务的 IDEA 学生能够使用由县政府资助的心理健康治疗设施。"联合权力协议"还应该为那些被县政府认定有资格接受治疗但不要求将其作为相关服务对象的 IDEA 学生提供方便,或者保证他们能够获得日间治疗服务。同样,它应该为那些被县政府认定有资格接受此类服务的非 IDEA 学生提供便利。学区需要通过该协议解决的其他重要问题包括:承包商对其员工犯罪背景的检查,与提供服务的学校相关的安全和访问权限问题,以及保护数据隐私的程序等（迪克尔和拉特维克，2009）。

> **讨论**
>
> **案例：玛丽的故事**
>
> 　　7 岁的玛丽是一名非常好动、冲动、容易分心的学生，这导致她在课堂上出现了问题。她的家长考虑之后，决定带她去看心理医生。两周后，学校收到了心理医生的报告，这份报告本质上是一份测试清单，也不要求学校提供任何反馈。这位心理医生得出的结论是："测试结果不支持玛丽患有 ADHD，因为玛丽通过了在计算机上进行的表现测试，所以她没有这方面的问题"。
>
> **反思问题**
>
> 　　针对这一情况，你认为学区应该做些什么？

第16章

学区和教育工作者的角色

如果一名学生正饱受心理问题的困扰,并且影响了其在学校的学业,那么,来自不同学科的专业人员均可以帮助该学生解决心理问题,从而让他适应在校生活,继续学业。学校心理学家、社工、辅导员和护士是学校的心理健康工作人员,他们与学生、学生家长、教师、学校管理人员以及社区专业人员一起设计和实施成功的干预措施。这些专业人员的角色在学区和学区之间,甚至在同一个学区的学校和学校之间,都有很大的差异。对于教育工作者来说,了解这些专业人员在他们的学校中所扮演的具体角色是很重要的。如果这些角色没有明确的定义,责任分工不清楚,那么教育工作者可以将这一问题反映到学校管理部门,以促使学校来明确这些专业人员的角色,这对于学校为学生提供一个专业而系统的心理健康计划来说是至关重要的。

调研目前的情况,我们发现学校的心理健康专业人员配备存在显著差异,有些学校没有社工,有些学校只提供最低限度的护理服务,有些学校没有辅导员,有些学校只有兼职心理学家,有些学校则有院长等。即使学校人手充足,这些专业人员的活动也存在显著差异。美国国家组织标准(如美国国家学校心理学家协会)和全美国不同学区的审查报告提供了关于学校心理学家、社工、辅导员和护士等职业的信息,这些职业之间有很大程度的重叠。

学校心理咨询师

学校心理咨询师同时接受心理学和教育学的培训,他们专注于儿童发展、行为、学习、课程和指导、心理评估、咨询和协作。学校心理咨询师与家长和教育工作者一起帮助学生适应学校环境。他们的任务包括为有社交、情绪或行为问题的学生提供咨询、指导和答疑,并且帮助教师针对有学业困难的学生制定最佳的教学策略。同时,他们也可以提供技能训练来帮助那些在社交、愤怒管理、解决问题和自我调节方面有困难的学生,以促进学生的全面发展。学校心理咨询师可以鉴别和描述影响学校适应的具体学习困境，协助他们的多学科团队，确定学生转介特殊教育服务的资格，与学生的家长合作，协调家庭和学校的教育活动，并与为学生提供服务的社区机构合作。学校心理咨询师可以识别学生的学习障碍，并设计干预措施，以帮助学生克服这些障碍；可以设计和实施学生进步监测系统，帮助教师创造积极的课堂环境，实施全校范围内的预防计划；可以帮助学校制定有关校园暴力、欺凌和骚扰的政策；可以与社区机构配合，向学生及其家庭提供服务，并帮助正在脱离心理健康机构和惩教安置所的学生。

尽管有各种各样的潜在活动可以做，但不幸的是，在许多学区，学校心理咨询师把大量时间花在特殊教育评估的指导教育评价上。具有讽刺意味的是，如果学校心理咨询师能够在学生接受心理健康治疗的过程中提供协助，那么有些评估就不需要了。通常，将学生转介进行特殊教育评估的原因是其心理健康障碍没有得到治疗或治疗不当。

二、学校社工

学校社工的工作包括为学生和家长提供辅导、针对个人和小组进行辅导以及开展个人和小组技能训练活动。社工可协助提供心理评估及评估学生的行为困难，能够对学校、家庭或社区的管理措施提出建议，并且可以参与学校和社区机构的案例会议。他们可以充当学校、家庭和社区机构之间的联络人。他们维护适当的记录，提供书面报告和促进沟通，并协助策划培训活动。他们可加入多学科特殊教育团队，在实施个性化教育计划的过程中提供协助，并协助团队确定学生的特殊教育资格，设计适当的居住设施和整改条例。他们可适当地促进程序规范，以确保家长和监护人充分得到程序保障，并参与教育规划过程。社工可以在教室内一对一地开展工作，也可以在学校范围内开展工作，以解决学生逃学、非法吸毒或酗酒、未成年怀孕等问题和在学校遇到的困难。社工可以为面临危机的学生和家庭提供资源，也可以为教育工作者提供资源，帮助他们识别和报告虐待、忽视儿童的情况。学校社工为特殊教育提供专业的评价和评估，他们可以监测和推动患病学生在学校之间以及从心理健康机构到惩教安置所之间的过渡。

三、学校辅导员

学校辅导员在学区扮演着各种各样的角色。他们辅导初、高中学生，帮助他们选择有助于他们未来职业发展的课程。他们以个人和小组的形式在学术发展、职业规划、个人和社会技能培养、目标和计划制订等方面给学生提供帮助。对于计划上大学的学

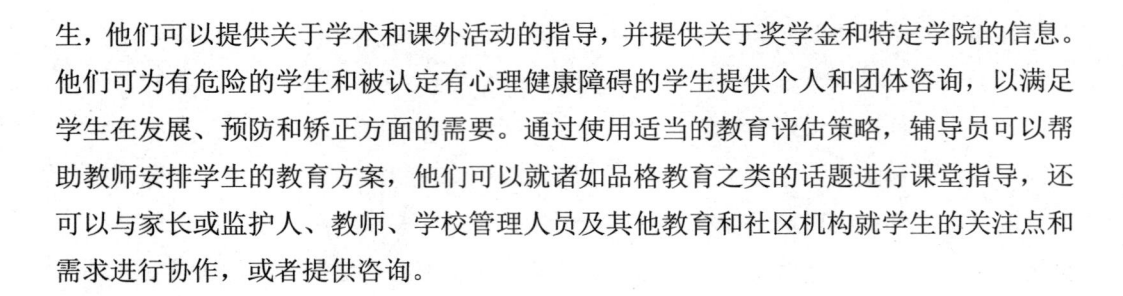

生，他们可以提供关于学术和课外活动的指导，并提供关于奖学金和特定学院的信息。他们可为有危险的学生和被认定有心理健康障碍的学生提供个人和团体咨询，以满足学生在发展、预防和矫正方面的需要。通过使用适当的教育评估策略，辅导员可以帮助教师安排学生的教育方案，他们可以就诸如品格教育之类的话题进行课堂指导，还可以与家长或监护人、教师、学校管理人员及其他教育和社区机构就学生的关注点和需求进行协作，或者提供咨询。

四、学校护士

学校护士在提供心理健康服务方面发挥着重要作用，因为许多学生在学校服用抗心理健康障碍类药物。此外，有心理健康问题的学生中有相当大比例的人也有其他疾病，如哮喘，学校护士可以有效帮助这类学生用药和在校护理。

除了分发药物或监督其他工作人员，学校护士还参与了许多其他活动，这些活动对有心理健康障碍的学生产生了积极影响。学校护士可能会直接与医生和其他能够开具抗心理健康障碍类药物处方的人沟通，以便了解可能出现的副作用、疗效缺乏等问题。学校护士可以在解决校园安全问题，包括制止欺凌和校园暴力方面发挥主导作用，并可能会参与针对视力、听力、体重指数和心理健康问题等的筛查活动，以及为有心理健康障碍的学生制订个性化的医疗保健计划和紧急护理计划。

五、学校管理人员

学校校长、副校长、院长和其他行政人员也会对有心理健康障碍的学生进行处理。例如，一名患有 ADHD 的学生由于冲动控制能力差，可能会做出不恰当的行为，导致被送到校长办公室。一名患有 ASD 的学生，如果日常生活发生变化，可能会变得烦躁不安，并对人或学校物品出现暴力的破坏性行为，导致被转给校长处理。一名有情绪障碍的学生可能正经历着严重的易激惹，这可能会导致他因为表现出有攻击性或不听话的行为被送到校长办公室。如果校长理解是潜在的心理疾病导致学生在课堂上有困难，那么对行为事件的干预可能比一般的行为反应更有效。

六、教师

虽然教师不是心理健康专业人员，但他们在解决学生的心理健康问题方面发挥着关键作用。他们每天陪伴学生几个小时，帮助他们掌握社交、冲动控制、愤怒管理、组织工作和自我调节的技能，同时也帮助他们完成课堂上的学术课程。

教师能够以一对一或小组的形式与学生面谈，处理课堂上的问题，解决争端等。当教师对学生的不良行为做出反应时，如果给出的教导是积极的、正向的，那么，学生的不良行为会减弱进而被亲社会行为所替代；反之，如果教师与学生的互动是消极的，则会加剧学生的不良行为。教师在行为管理、技能训练、监测心理健康障碍症状以及与家长协调教育服务方面发挥着主要作用。他们经常与家长交流学生在课堂上遇到的困难，而这些困难大多源于潜在的心理健康障碍。教师还可以与社区的心理健康服务者进行交流。特殊教育教师，特别是那些服务于患有情绪紊乱、其他健康障碍和孤独症谱系障碍的学生的教师，他们花了大量的时间来处理学生的心理健康问题，既包括咨询活动，又包括提供居住安置和课业修改服务。

只有明确学校心理咨询师、社工、辅导员和护士、管理人员的角色定位，了解服务差异，避免重复工作，提高效率，教师才能更好地扮演他们的角色。因为这种定位含糊的现象在全美国的许多学校中都很常见，所以教师在明确角色定位的过程中可以提供很大的帮助。他们可以与学校的心理健康专业人员和管理人员合作，以确保接受普通教育和特殊教育的学生都能从所有教育工作者那里得到综合、协调的服务。

七、专业人员角色的流动性

在某个特定的学区或学校，学校心理咨询师、社工、辅导员和护士可能在不同程度上执行上述工作的内容。例如，在一些学区，学校心理咨询师把大部分时间花在为特殊教育进行评估和重新评价的心理测试上。在其他学区，学校心理咨询师主要协助教育工作者了解学生的障碍，如语言处理困难、数学学习障碍和各种心理健康障碍。他们可以提供心理辅导、向教育工作者提供咨询、与社区专业人士联络等。在一些学校，大部分个人和团体咨询活动是由社工提供的，在其他学校，这些咨询活动是由辅导员或学校心理学家提供的。

学校心理健康专业人员的活动一部分与配套的资金有关。学校社工可以通过特殊教育的资金获得资助，但是，这可能导致他们的所有服务都流向接受特殊教育的学生，而其他学生因没有资金支持而无法享受到专业服务。针对学校的心理咨询师、社工、辅导员和护士的培训也存在差异。一些学校社工是有执照的心理健康专业人员，有诊断和治疗儿童和青少年的资格，一些则没有资格。有些学校护士是有执照的注册护士，有些则不是，一些学校护士是公共卫生护士。一些学校心理咨询师和学校辅导员接受过广泛的心理健康培训，一些则没有。

即便在一个学校里，这些专业人员的活动也可能差别很大。例如，一些心理咨询师觉得把大部分时间花在教育评估测试上更合适，一些心理咨询师则更喜欢提供咨询和会诊。有些社工可能会把大部分时间花在直接为学生服务上，一些社工则可能会花大量时间处理正当程序和其他个性化教育计划的问题。

许多学生在社区接受治疗（如药物治疗、心理治疗），在家长同意的情况下，教育工作者要了解学生心理健康障碍的性质、所提供的治疗类型、所治疗的目标症状以及对治疗的期望。虽然家长可能不希望教育工作者接触心理健康报告中高度私密和涉及家庭的信息，但他们通常愿意将与学生教育相关的诊断和治疗信息分享给需要了解这些信息的教育工作者。因此，重要的是确保教育工作者能够与社区的心理健康专业人员沟通。

一些学区的工作人员为学生提供直接的服务，而不仅仅是咨询，比如由具备执照的学校心理咨询师或社工提供心理健康诊断和治疗服务。其他学区可能与社区机构或心理健康诊所有合作，让这些诊所将服务地点设在学校大楼内。

因此，许多教师对于学校的各种专业人员在普通教育和特殊教育方面，为有心理健康问题的学生提供服务时所承担的各种角色和责任会感到混乱和困惑。当角色定位不明确时，很可能在某些领域出现服务重叠，许多人做着相同的服务，在其他需要帮扶的领域则无人问津。各学区无须对所有工作人员的角色做出严格的界定，考虑到每个学校及其学生群体的差异，灵活性很重要。尽管如此，只有保证指派工作人员执行所有必须完成的关键活动，才能确保有心理健康障碍的学生被正确治疗。教师可以与学校管理人员合作，以确保这些活动得到明确的定义和适当的分配。表 16.1 是有关各种学校专业人员的学区和学校活动清单。

表 16.1　有关各种学校专业人员的学区和学校活动清单

✓ 在家长允许的情况下，从社区专业治疗人员那里收集学生的心理健康信息
✓ 审查所获得的信息，并将其翻译成教育术语供教育工作者使用
✓ 协助教育工作者监测学生心理健康障碍的对应症状
✓ 记录学生与心理健康障碍相关的行为的性质、频率和严重性
✓ 在对学生进行评估时以及随后的治疗期间，与社区专业治疗人员就学生的症状进行交流
✓ 与县政府和社区机构协调开展活动
✓ 开发个案管理系统（例如，与社区专业治疗人员协作提供服务，并协助家庭获得服务）
✓ 咨询教育工作者
✓ 为学生和家庭转介社区机构
✓ 统筹社区专业治疗人员提供的现场或同地点的心理健康服务

八、与社区内的专业人员进行协作和沟通

有一点很重要,学校的专业人员要使他们的活动与医疗和心理健康专业人员的活动相吻合。心理健康专业人员评估学生的心理健康状况或为有心理健康障碍的学生提供治疗,同时,他们还需要建立直接的沟通渠道,而不是期望家长全面描述学生在学校中的心理健康障碍的迹象和症状。向社区专业人员提供信息可以推动诊断和治疗过程,并协助他们监测治疗的效果。来自社区专业人员的诊断和治疗信息可以帮助教育工作者,确保对在学校有心理健康问题的学生保持敏感的教育干预措施。表 16.1 所列的活动,与心理健康障碍诊断和治疗服务同时在学校开展时特别有用。

这些活动行之有效的分配方法是澄清工作的负责人员。例如,由心理咨询师进行心理测试,由护士分发药物,这类工作只能由有特定许可的人员执行。社交技巧可以由教师、辅导员、社工、心理学家来合作教授,这类工作可以由不同的专业人员来完成。至关重要的是,学校管理人员要确保将这些工作分配到人,并确保这些活动能够持续得到执行和记录。

九、与家长的协作和沟通

心理咨询师、社工、辅导员、护士、管理人员和教师在面对有心理健康障碍学生的家长时扮演着不同的角色。至关重要的是,当孩子在学校中遇到困难时,他们要与家长合作,共同关心学生在学校中的困境。同样重要的是,学校的专业人员要尊重家长的贡献,并认识到养育患有心理健康障碍的孩子面临着多重困难。

(一)建立与家长的合作关系

对于教育工作者来说,教育有心理健康障碍的学生是非常具有挑战性的。这些学生可能不合作,甚至公开反抗;可能经历抑郁,情绪低落,情绪不稳定;可能在课堂上捣乱;可能很难听从指令;可能对通常在其他学生身上有效的典型行为干预没有反应。

不幸的是,对于许多教育工作者来说,与一些家长合作可能也是一种挑战。他们可能认为家长是导致学生出现问题的一部分原因,或者实际上是学生问题的根本原因。然而,就像教育一名表现出心理健康障碍症状的学生很困难一样,养育这名学生也很困难。家长可能会因为每天所经历的压力而感到沮丧,甚至筋疲力尽,因为他们已经尽力去成为一名难以管教的儿童和青少年的好家长了,所以他们可能不希望教育工作者打电话给他们,告诉他们孩子最近在学校的行为问题,而且他们可能觉得处理这个

问题是学校的责任。

家长可能对学校系统有自己的负面经历，要么是在他们自己的教育背景上，要么是在他们孩子以前的成绩上。每年9月或10月，当他们的孩子遭遇同样的问题时，家长都会感到沮丧，这并不罕见。他们可能会觉得学校的工作人员在教育或管理学生的行为方面效率低下。就像一些教师会因为学生的问题而责怪家长一样，一些家长也会责怪教师。

另一个可能导致家长与学校互动困难的因素是，学生的家长是没有身份证件的外国人。他们可能认为自己会被教育工作者报告给当局，然后被驱逐出境。学校的工作人员需要对这种可能性保持敏感。

由于许多心理健康障碍（如ADHD、ASD、双相情感障碍）具有显著的遗传性，家长可能与他们的孩子患有同样的心理健康障碍。患有ADHD的学生家长，可能会因为他们自身的混乱和易分心而在监督孩子完成家庭作业方面有困难。患有双相情感障碍的家长，可能会对教师表现急躁、发脾气，教师甚至可能会感到情感上被虐待。患有ASD的孩子，其家长可能也有自闭症的特征，由于在社会意识、强迫性和控制力方面的困难，他们可能会被认为是难以相处的。通常情况下，教师并不会被提前告知，某位家长患有心理健康障碍，而且许多家长可能也并不知道自己患有心理健康障碍，但是，记住这种可能性是有帮助的。当教师了解了心理健康障碍的本质时，无论症状是表现在学生还是家长身上，他们都能更有效地发挥作用。

教师和家长对学生的行为有明显不同的认知，这是他们产生冲突的另一个潜在的原因。例如，一方面，教师可能非常担心学生的开小差行为、注意力分散和其他ADHD症状，而家长可能承认这些症状，但不认为孩子在家里有严重的问题。这可能导致教师认为家长因为没有看到明显的问题，而没有提供良好的教育。另一方面，家长可能会认为教师缺乏能力，因为孩子在学校被描述为很严重的问题在家里不是很严重。事实上，一名患有ADHD的学生在学校的表现可能与在家里的表现非常不同，教师和家长的看法可能都非常准确。在学校中，当学生被要求保持安静、长时间坐在书桌前、不受干扰、持续学习时，注意力不集中的症状可能非常突出。而在家里，同一个孩子可能有更少的认知需求，有更多的方式来参与需要集中注意力的游戏，因此可能不会被认为有严重问题。

相反的情况也会发生。一方面，家长可以要求对学生进行特殊教育评估，或者，如果学生已经接受特殊教育服务，则家长可能要求额外的调节和修正，基于家长的感知，他们会觉得孩子的需求没有得到满足。另一方面，教师可能在学校中看不到学生主要的情感、行为或学习问题。在这种情况下，家长可能会认为教师没有顾及学生，而教师可能会认为家长夸大了问题。事实上，当患有焦虑障碍或抑郁障碍时，一些儿童和青少年可能会在学校表现出顺从和沉默，然后在他们觉得安全的家中表现出过度的愤怒、焦虑或悲伤。

对于教育工作者来说，理解在与家长合作时会导致困难的多种因素是至关重要的。他们需要能够有效地与家长合作，即便是在具有挑战性的条件下，这些条件有可能让家长产生对教育工作者的防御性，导致他们无法成为家长的最佳盟友。教育工作者应经常参与获取、回顾、记录和分享学生的心理健康信息，这有助于他们对实践有一个基本的理解，参见第 15 章。

（二）来自家长的意见

家长可以选择向教师和其他教育工作者透露他们孩子的心理健康诊断和治疗情况。家长可能希望让教师了解他们孩子的心理健康需求，以便为孩子提供一份根据心理问题量身定制的教育方案，并根据孩子的需求提供适当的服务。同时，家长也期望教师通过记录孩子持续的行为症状，监控孩子对药物或心理治疗的反应，并与家长、心理健康机构和临床医生分享。尤其是，他们可能想让教师和其他教育工作者密切关注药物的副作用，并报告给他们，或者反馈给开处方的医生，以对于孩子之后的用药有所调控。

他们可能想要确保教师熟悉孩子的心理健康障碍，如若不然，他们可以向教师提供信息，帮助教师了解孩子的心理健康障碍性质以及对教育过程的影响。如果他们的孩子将要接受特殊教育服务，他们可能有希望成为教育团队的积极成员，从而能够影响关于教育干预、调节、修正和纪律制定的决策。同时，家长可能想让学校的心理健康专业人员与他们的孩子以及社区专业人员共同协作，以便在整个星期提供一个无缝衔接的心理健康支持系统。如果学校可以提供现场的、同一地点协作的心理健康服务，家长可能想要利用这些服务，让他们的孩子在学校里得到治疗，并让临床医生向教师和其他教育工作者交流教育需求的问题。

相反，一些家长则是另一种态度。出于各种原因，他们认为最好不要将孩子的心理健康信息与教师和其他教育工作者分享。他们可能会觉得关于他们孩子的心理健康信息是非常私密的，并且不愿意和家庭以外的任何不是医生或心理健康专家的人分享这些信息。因为这类家长心中有隐隐的担心，如果诊断评估报告被送到学校，可能会泄露其他家庭成员的私人信息。他们认为，这些心理健康信息可能会被不需要了解的人获取，并可能担心这些信息会在社区中泄露。这种担心往往在小型农村社区出现，在城市社区也存在这种问题。家长完全有权利不与学校分享信息，如果一些家长知道这些信息是保密的，在家长没有允许公开的情况下不能与学校系统以外的个人共享，而且只对需要了解这些信息的教育工作者开放，他们会觉得更安心。

家长不愿与教育工作者分享孩子心理健康信息的另一个正当理由是，他们可能担心，如果孩子的诊断和治疗信息被披露，教师会对他们的孩子有偏见。偏见可以是积极的，也可以是消极的。如果一名教师被告知学生的药物治疗即将开始，他可能会更加关注学生，会以不同的方式与学生建立关系，这可能会让药物的积极作用比实际效果更大。同时，家长可能会担心教师对心理健康问题有负面偏见，对学生的教育期望降低，对学生产生负面影响，甚至可能会暴露学生正在接受治疗的事实，在同学面前羞辱学生。

家长可能会为孩子寻求心理健康诊断，并在不与教育工作者分享这些信息的情况下开始治疗。他们只有在收到教育工作者关于孩子随后的情绪和行为状况的反馈后，才可能会透露学生的心理健康信息。如果家长采取这种做法，教育工作者就必须理解这一决定背后的原因。

（三）教育工作者对家长的意见

如前所述，大多数患有心理健康障碍的学生从未被诊断或治疗过。教师通常会注意到暗示心理健康障碍存在的行为，当教师对学生可能患有心理健康障碍的警告信号有基本了解时，他们需要清楚如何向学生家长传达他们的担忧。在这个问题上，美国各学区的政策、程序和指导方针存在很大差异，在许多学区，没有明确的指导方针供教师遵循。对于教师来说，了解学校如何处理这个问题是很重要的，如果他们对这些方法感到担忧，他们就需要与同事和管理人员一起解决这些问题。对于被告知自己的孩子可能患有心理健康障碍，家长的态度也存在很大差异。

以下是一些可供学校专业人员遵循的沟通途径：

- 他们应该找明确学校是否存在沟通这些信息的规则。例如，规则中可以阐明，教师应该观察他们的学生，寻找可能的心理健康障碍迹象，然后把他们的发现告诉学校的心理咨询师、社工、辅导员或护士，他们会与家长交流他们的担忧，或者要求教师直接与家长交流关心的问题。
- 显然，教师描述学生的行为是合理的，因为这些行为会影响学生从教育方案中获益。向家长描述学生的不良行为是教师与家长沟通的整体过程的一部分，这也有助于教师澄清这些行为在学生的同学中是否普遍，或者它们是否影响重大，并且只在一小部分学生身上出现。
- 对于教师来说，弄清楚学生的行为是否只影响他自己的教育进程是很重要的，或者他是否扰乱了课堂，也影响了其他学生的教育进程。
- 如果教师知道这些行为符合心理健康障碍的标准，那么教师可以将这一事实告知家长。教师不下任何诊断结论，也不能直接告诉家长他们的孩子有心理健康障碍。
- 在沟通过程的下一步，教师或其他教育工作者可能会建议家长考虑寻求诊断评估，以澄清他们的孩子是否有心理健康障碍，并找出相应的治疗方案。或者，教师可以避免给出具体的建议，但可以告诉家长，他们可以通过寻求后续的医疗或心理健康咨询来澄清这些问题。许多学区更愿意采用后一种方法，认为既然它不涉及具体的建议，就不必承担经济责任。

> **家长通知示例**
>
> 在课堂上，强尼显得疲倦而无精打采。他告诉我，他晚上睡不好。他很少吃午饭，并表示"不饿""不想吃"。当收到关于作业的反馈时，他经常会开始哭泣，他表示自己无法集中精力做作业，并且认为自己很愚蠢。我不是心理健康专家，但我知道这些可能是抑郁障碍的症状。我觉得让你知道他在学校的表现是有必要的。

一些家长对教师提供的信息会非常感激，并通过寻求诊断评估和后续治疗做出回应。然而，一些家长的反应非常消极，认为学校应该坚持关注教育，而不应该与心理健康扯上关系。一些家长对心理健康障碍的概念和治疗，尤其是与儿童和青少年有关的，持强烈的消极态度，这些家长可能认为孩子被过度诊断和过度用药，正常的童年行为被归为病态，学校在这个过程中是帮凶，"因为给孩子下药能使课堂管理更容易"。

这些家长往往强烈反对学生在学校进行心理健康检查，反对教育工作者（包括教师）向家长传达学生的心理健康问题。关于使用精神类药物的问题是非常有争议的，一些州的法律已经试图解决学校儿童使用精神类药物的问题。例如，康涅狄格州和明尼苏达州通过了一项法令，明确规定儿童是否服用兴奋剂治疗 ADHD 应由家长决定，而非学校。因此，如果家长选择不让他们的孩子服用这些药物，那么这个决定不会构成医疗疏忽。

一些学区担心，向家长通报学生的心理健康问题可能会带来经济上的影响，因为如果学生接受特殊教育服务，学校有可能成为他们建议的干预措施的最后付款人。因此，教师有理由担心向家长传达学生的心理健康问题所产生的影响。

讨论
案例1：理查德的故事

理查德是一名8岁的学生，最近被诊断患有 ADHD，他的家庭医生开始让他服用哌甲酯。理查德的教师在医生那里填写了一份 ADHD 症状的检查表，查看了检查表的结果，她发现理查德符合大部分症状。在理查德开始服药后，这位教师注意到他的注意力持续时间有所改善，但她也观察到理查德有重复行为，比如不断地重新整理他的桌子、不断地洗手、频繁地眨眼。

案例2：萨拉的故事

萨拉是一名16岁的学生，有两年严重的情绪波动史。她的母亲和舅舅有双相情感障碍史，现已成功治愈。萨拉最近去看了儿科医生，医生诊断她患有ADHD，并开始让她服用兴奋剂类药物。在过去的4个星期里，萨拉在教室、走廊和餐厅里表现出越来越多的行为问题，她一直对别人进行口头和身体攻击。一项针对萨拉的特殊教育评估正在考虑之中。

反思问题

你认为学校最好为理查德和萨拉安排什么课程？对于教师来说，最好的用来确定和记录他们的担忧，并与学生的家长和医生进行沟通的方法是什么？在你工作的学区是如何做到这一点的？你所在的学校会考虑用不同的方法来改善沟通过程吗？

第17章

教育工作者和心理健康专业人员之间的关系

教育工作者和提供心理健康服务的专业人员之间保持良好关系对促进双方工作的成功非常重要，也有助于提升学生的幸福感。例如，就在几年前，小学生使用的大多数药物都是用于治疗 ADHD 的。由于这些药物一般都是短效的，他们需要在午餐时间到护士办公室去服用他们中午的药物。现在，患有 ADHD 的学生通常服用长效药物，而且通常只在离家上学前服用。尽管在学校服用的药物减少了，学校护士却发现抗心理健康障碍类药物已经成为儿童和青少年在学校服用的常见药物之一，甚至可以说是最常见的药物。越来越多的学生服用抗抑郁药、情绪稳定剂、抗焦虑药甚至抗精神分裂药。

显然，对于处方师来说，只有在做出准确的诊断和学生明确表示需要用药时才开处方是非常重要的。如果处方得当，药物可能非常有用，但也可能有明显的副作用，需要密切监测。教育工作者可以确保开处方的专业人员（医生、执业护士、注册护士、助理医生）在诊断前和药物治疗的过程中，准确了解学生的心理健康障碍症状。

对于正在给学生提供心理治疗服务的治疗师来说，在诊断评估时，教育工作者对于帮助治疗师掌握学生在学校的信息是很有帮助的。比如定期更新学生的在校信息，并将心理治疗的效果反馈给治疗师，这对于治疗师开展后期治疗十分有帮助。

一、分享经过家长许可的信息

与提供诊断或治疗服务的医疗和心理健康专业人员沟通的时候，教育工作者需要分享由家长或监护人签署书面许可的教育信息。没有经过许可，教育工作者就不能与临床医生共享教育信息，临床医生也不能与教育工作者共享诊断和治疗信息。有些家长不愿将孩子完整的心理健康记录送到学校，因为他们认为这些记录与孩子的教育需求无关，还会泄露孩子或其他家庭成员的敏感信息。他们对于临床医生向学校发送诊断和治疗计划的摘要而不透露这一敏感信息是可以接受的。一些家长不愿意签署允许教育工作者和临床医生进行双向交流的协议，但愿意允许单向分享（例如，教育工作者可以与临床医生共享信息，但临床医生不能向教育工作者分享信息），虽然这并不是理想的状态，但总比没有任何信息交流好。

当然，也有一些家长不允许教育工作者和临床医生进行任何交流，甚至不愿意向教育工作者透露他们的孩子已经被诊断患有心理健康障碍并正在接受心理治疗。

二、沟通的要素

本部分适用于这样的情况：家长告知教育工作者他们的孩子确诊了心理健康障碍，或者正在接受诊断评估，并愿意让教育工作者和临床医生相互交流。在许多学区，教育工作者会根据临床医生发给他们的诊断表格与临床医生进行沟通，但此后就很少联系，甚至没有联系。例如，一位临床医生正在对一名表现出疑似 ADHD 症状的学生进行诊断评估，他可能会发送一张表格，列出这种疾病的诊断标准，并要求教师对这些症状从"没有"到"严重"进行评分。如果学生确诊并开始用药，临床医生必须清楚地了解药物的有效性（或药物产生了副作用的迹象）。然而，这种有效的交流并不总是发生。

在许多学区，教育工作者告诉学生家长他们的孩子在学校的表现，并期望家长将这些信息传达给治疗者，间接地与治疗者进行沟通。这种方法效果很好，但存在错误传达的风险，因为家长可能难以准确描述孩子在学校中表现出的情绪和行为问题，他们传递的信息可能是不完整的，甚至是不准确的。如果学校的工作人员直接与治疗者沟通症状，并将症状检查表的副本发送给家长，就可以获得最高的准确性。

通过对被列入情绪障碍类别的特殊教育评估的回顾，我们发现有相当大比例的学生被转介接受特殊教育评估，他们正在服用治疗心理健康障碍（最常见的是 ADHD）的药物，但是，在这一系列药物治疗之后，他们仍然有对应障碍的所有症状。然后，他们会因为这种障碍的临床行为表现（如多动、冲动、注意力不集中、混乱、易分心）而被要求接受特殊教育的评估。在这种情况下，家长给予许可，让教师与治疗者沟通是必不可少的，这样可以弄清为什么这些学生仍然存在很大的问题，发现药物治疗无效的原因。

药物治疗无效的潜在原因

- 诊断可能不准确。

- 药物剂量可能过低。
- 学生可能没有按照规定服用药物。
- 需要考虑使用其他药物。
- 药物的有效性受到其他因素的限制，如严重的社会压力，包括贫穷、无家可归、遭受虐待等。
- 该学生正在遭受服用抗精神类药物带来的副作用，如嗜睡、激动、易激惹等。

在开始特殊教育评估之前，教育工作者向治疗者发送症状检查表，表明某种药物缺乏疗效，可以作为转介前的干预，然后再进行特殊教育评估。这样可能会带来药物治疗方案的改变，从而显著改善症状，使学生不再需要特殊教育评估。这远比做一个评估，然后把那些正在进行的、潜在的、可治疗的、有精神病理症状的学生转入一个由于持续的症状导致治疗和改变的、成功率很低的特殊教育项目中要好得多。治疗者通常会感激教育工作者对学生在学校中的心理健康障碍症状的反馈。教育工作者可以用书面文件通知治疗者，也可以在教育文件中创建一个文档，该文档有助于调节和修正，以帮助学生，监控他们的教育进展。为了使这一过程顺利进行，学校有必要制定程序和指导方针，说明要求家长公开信息的重要性、与治疗者沟通的重要性，以及将临床信息与相关教育问题相结合的重要性。

由于被诊断出的心理健康障碍症状通常与接受特殊教育的学生的个性化教育计划中发现的问题相同，因此认识到临床和教育问题之间的联系很重要。这是因为，在许多情况下，与医疗和心理健康专业人员保持沟通，可以使导致课堂问题的心理健康障碍症状得以改善。这有助于提高学生的教育成绩，减少行为事件，而且往往由于降低不再需要的特殊教育服务强度而节省了费用。

三、沟通的好处

（一）临床医生与学校之间的沟通

临床医生和学校之间的沟通有利于学生和他们家庭的发展。在对儿童和青少年进行心理健康诊断的过程中，临床医生需要询问教育问题，因为这些都是与正在评估的心理健康问题的性质紧密相关的线索。例如，一名学生如果在学校一直有注意力分散、冲动和多动等问题，那么他就有明显的 ADHD 症状。然而，如果教师没有观察到这些症状的表现，学生就不一定能确诊。在理想情况下，这种教育信息应该直接从学校获得，因为如果由家长充当学校和临床医生之间信息的联络人，就有错误传达的风险。

除了在诊断前交流有关学生基本心理健康状况的信息，教育信息对临床医生在诊断和治疗开始后也非常有价值。在开始用药后，学校的反馈在监测用药的过程中是非常宝贵的，比如在明确是否达到了正确的剂量，以及是否有副作用的迹象上。同时，对于心理治疗，学校的反馈也非常有助于临床医生弄清怎样的治疗和什么程度的治疗是有效的。

如上所述，症状检查表有助于确定正在治疗的疾病症状是否存在，还可以衡量症状的严重程度。学校的教育工作者可以在开始药物治疗或心理治疗之前确定学生的基本症状，协助诊断过程，加强与治疗者沟通，明确药物疗效，协助治疗者调整剂量，帮助监测副作用。他们能够发现出现症状但是还未被诊断的学生，在学校中，用一般的公共健康模式去应对未被诊断的学生，而不是直接开始严格的、有针对性的治疗模式。

由于在一般人群中存在药物代谢的差异，所以许多用于治疗心理健康障碍的药物的最佳有效剂量不能简单地根据儿童和青少年的体重来计算。因此，对于临床医生来说，在治疗ADHD、抑郁障碍、焦虑障碍等障碍时，一开始的剂量通常会比较低。随着时间的推移，根据反应情况增加剂量是很正常的。教师和其他教育工作者可以监测学生的症状，并将他们的发现告诉家长和临床医生。教师可以在确定基线症状和残留症状方面发挥宝贵的作用，教师针对学生在学校中的情绪和行为症状提供准确的反馈信息，可以帮助临床医生做出决定。

学校的反馈对临床医生监测副作用非常有帮助。精神类药物的副作用可以是生理上的（如胃痛、头晕、食欲不振、镇静、嗜睡、体重增加），也可以是心理上的（如激动、焦虑、抑郁、情绪波动、强迫性增强、混乱不安甚至出现精神病），甚至会引起精神分裂等其他心理健康障碍。如果学生正在服用治疗内科疾病的药物，监测心理上的副作用也很重要。例如，类固醇会引起情绪变化，一些治疗哮喘的药物会引发焦虑障碍和ADHD。将这些信息提供给家长和临床医生可以促进对学生有益的药物调整。

有时，学校的观察结果可能与诊断结果不一致。例如，在没有得到学校反馈的情况下，临床医生可能已经诊断出一名学生患有ADHD。然而实际上，临床医生会想知道学生确诊之前在学校里有没有明显的ADHD的症状，以便能够做出更准确的判断。通过沟通，学校的工作人员可以提供这些信息。还有一种情况是，一名学生可能被诊断患有某种障碍，但实际上可能表现出其他障碍的症状，而这些症状并没有被分享给做出诊断的专业人员。例如，一名学生被诊断患有ADHD，但他也表现出抑郁障碍的多重症状，其中之一是注意力难以集中。此外，该生可能存在睡眠障碍、食欲障碍、自我价值低下、缺乏活动乐趣、普遍的悲伤、易怒等症状，提示可能还存在情绪障碍，即可能存在共病的情况。

向临床医生发送症状清单，列出学生在学校中存在的症状，这只是一种为诊断书添加信息的方式。教育工作者没有做出临床抑郁障碍的诊断，他们只是简单地向临床医生传达他们在第一次诊断时可能不知道的信息。关于抑郁障碍、焦虑障碍或其他未被诊断障碍的迹象的反馈，可以帮助临床医生重新考虑诊断，或者澄清这些迹象是否可能反映了药物副作用。

（二）临床医生、教育工作者和家长之间的沟通

正如第 1 章中所指出的那样，儿童可能会表现出心理健康障碍的迹象，而这些表现实际上是由其他因素造成的，他们的家长可能对这些因素最为了解。例如，临床医生和教育工作者可以以一种不带偏见的方式询问家长，是否知道自己的孩子有无接触过杀虫剂、铅或汞等有毒物质。此外，还可以询问家长他们孩子的日常饮食，因为食品添加剂和过量的糖会诱发类似 ADHD 的行为。某些维生素和其他营养物质的缺乏会导致其他类型的心理健康问题，如抑郁和易怒。如果家长表示在养育过程中，孩子曾经暴露在或正在暴露在有害环境和不良的饮食环境下，那么，临床医生可以向家长提供适当的医疗资源和信息，以帮助纠正其负面影响。

（三）与治疗者的沟通协议

学校可以制定协议，列出需要采取的各种步骤，以确保教育工作者与治疗者的沟通是最佳的，步骤如下。

第一步，要弄清楚学生是否服药，服药地点是家里还是学校。了解诸如哮喘、糖尿病等非心理健康障碍的药物服用情况也很有帮助，因为这些药物可能会在医学和心理方面产生副作用。当然，是否将有关药物的信息分享给学校是家长的选择，但大多数家长意识到，让学校的工作人员了解药物问题，监测其效果和可能的副作用，并在适当的时候与治疗者沟通，这对他们的孩子是最有利的。许多学校要求家长在孩子入学时以及随后的每学年开始时填写病历表，病历表上提供给学校的信息是保密的，不会与外部系统或没有必要知道这些信息的学校工作人员共享。更好的做法是将心理健康药物问题纳入总体健康问卷，因为通过药物治疗的心理健康障碍本质上是医学障碍。同时，病历表可能会有这样的问题："您的孩子是否正在接受持续的医学障碍治疗？如果是，是哪一种障碍？""您的孩子是否定期服药？是在家里还是学校？如果是，服用的是什么药物？剂量是多少？"如果学生在新学年开始服用一种新的药物，家长也可以被要求通知学校护士。

第二步，要与家长沟通，尽量获得并且签署一份允许学校工作人员（如学校护士）与治疗者进行沟通的信息公开协议。当要求公开私人信息时，对教育工作者来说，重要的是要告知家长哪些信息是需要告知治疗者的，这些信息将被如何使用，谁会接触

这些信息，以及家长如果不允许这些信息被共享的潜在后果。

第三步，要明确不同教育工作者的角色，明确哪些人参与观察、记录和监测症状，以便与治疗者沟通症状。有些学校可能会让学校护士充当中间人，而在有些学校，教师、心理咨询师、辅导员或社工会担任这一角色。明确谁有义务为确保沟通过程顺利而做什么很重要。

第四步，要明确哪些教育工作者将审查治疗者送到学校的诊断和治疗记录，还有谁会把这些信息解释给那些需要知道它的人。对于教师是否需要了解学生的心理健康诊断信息，教育界存在重大分歧。一些人认为，教师只需要观察行为，而了解导致这些行为的潜在障碍是无关紧要的。我建议，如果家长愿意让教师了解孩子的心理健康诊断和药物治疗情况，并且心理健康障碍正对学生的学业或社交情绪功能产生不利影响，教师就应该了解这些信息。教师对学生心理健康状况的了解，也有助于防止直接源于心理健康障碍的行为被视为有动机的、为了引起注意的、故意的或对立的行为。制定药物治疗跟踪协议可以将学校工作人员的思维模式转变为公共卫生模式，如果学校主要在行为干预模式下运作的话，这是特别有用的。

如上所示，沟通的过程有如下几个步骤：

- 信息的披露需要从家长或监护人那里获得允许。
- 需要联系治疗者，并解释联系的原因（向治疗者报告症状、询问信息，或者两者兼有）。
- 有关症状的性质、严重程度和周期性的数据需要由具有专业知识的个人收集，以便进行准确和可靠的评估。

对教育工作者进行培训可能是有必要的，可以确保有效地收集数据。沟通机制需要决定填写哪些清单；需要有人成为临床医生关于治疗变化的信息联络人，这个人需要记录这些信息，并根据需求与学校的其他工作人员交流；需要有人分析数据，以弄清临床治疗和教育干预的结果；还需要有一个监督程序，以确保所有活动都得以完成。

根据学校的规模、参与沟通过程的工作人员数量以及学生群体中普遍存在的严重问题，可以就沟通过程的性质和范围做出决定，以弄清需要如何安排人手。一个人手充足的小型学校，可以有一个通用的协议，目标是与所有临床医生沟通学生的症状。其他学校可以采取有针对性的方法，关注那些有严重问题的学生。如果一名学生被确诊，正在接受治疗，并且在学校中没有表现出明显的情绪或行为障碍，就没有必要定期与治疗的临床医生沟通。

需要将症状告知临床医生的优先级最高的学生有：

- 正在进行诊断评估的学生。
- 已经开始服药的学生，需要向临床医生提供反馈以帮助调整剂量。

- 最近服用药物种类或剂量发生变化的学生。
- 正在服药但继续表现出药物治疗目标症状的学生。
- 显示药物产生副作用迹象的学生。
- 显示未得到治疗的心理健康障碍迹象的学生。

即便治疗者没有给学生开药，症状检查表也可以使用。例如，一些被诊断患有ADHD的学生，他们的家长在考虑药物治疗之前更倾向于使用行为干预、调节和矫正。症状检查表可以量化这些干预措施是否以及在何种程度上对学生在教育环境中的进步产生了积极影响。此外，症状检查表还可以用来描述504计划、个性化教育计划等要解决的困难的程度和数量。

在理想情况下，被监测的症状是客观的、可观察的，并且在频率和严重程度上可以测量。让教师做主观判断通常是不合适的，例如："我相信这名学生一定很抑郁"。然而，客观的行为观察是恰当的，例如："该学生每天早上在课堂上睡觉，当错误被纠正时会哭泣，不与同龄人交往，不吃午餐，行动缓慢"等。

记录症状对于被诊断为ADHD的学生来说相对容易，因为这种障碍往往有可观察的行为症状，可以客观地测量。诸如"打断别人""难以完成任务""难以坐着不动"这样的问题是可以观察和量化的。

其他障碍是内化的，其症状不容易观察。内化障碍，正在经历它们的人会有内部症状，如抑郁或焦虑等症状。这些症状可能会也可能不会以一种客观和容易观察的方式外在地表现出来。识别并评估诸如自我价值感低下和过度忧虑等症状，要求熟悉学生和心理健康障碍临床表现的个人做出主观判断。我建议由学校心理健康工作人员（辅导员、学校社工或心理辅导师）与教师一起填写主观的、内化症状检查表。

在理想情况下，症状检查表应该反映躯体症状障碍中被监测的疾病诊断标准。作为对症状严重程度的评估，"从无到轻度""中度""重度"等术语有助于判断治疗是否有效。此外，儿童整体功能评估量表对于弄清有心理健康问题的学生的功能或功能障碍水平非常有帮助，该量表基于客观观察，可由学生家长填写。

学校护士通常有记录学生身体疾病和治疗过程的表格，对于心理健康障碍也可以采取同样的方法。症状评分表可以是关于学生心理健康问题的大量信息的重要来源之一。同时，活动报告也很有帮助，它可以按月监控教育工作者的整体活动（如与医生的联系、与学校团队的讨论等）。可以创建个人健康计划，其中包括学生的诊断结果、所开药物（类型和剂量）、目标症状和治疗目标。

向临床医生发送症状检查表的频率取决于治疗的阶段（是刚刚开始，还是已经进行了数月或数年的治疗，症状稳定）、药物调整过程（最近是否改变了剂量，或者开始使用不同的药物）和症状的严重程度（严重症状需要更密切的监测和更频繁的沟通）。

一般的经验是在开始用药前发送基本信息，如有可能，在开始用药后，可以根据药物反应的自然过程提供后续信息。兴奋剂类药物往往起效较快，因此一两周内的症状检查表通常会反映出药物的疗效。抗抑郁药可能需要 8 周的时间才开始起作用。可以每月查看症状检查表，直到症状缓解是合适的。如果症状严重，或者正在调整药物，则应更频繁地进行沟通，及时询问临床医生有关信息的发送频率是否合适。

（四）给临床医生的信件示例

学校里的教育工作者经常抱怨说，他们无法通过电话与临床医生取得联系，临床医生从不回他们的电话，而且沟通的过程既困难又耗时。对此，我给出的建议是，以书面形式进行交流。当临床医生收到书面信息时，他们往往会注意到它，并进行信息整理。事实上，如果临床医生对于学校所提供的书面信息不进行阅读并整理，这可以被认为是疏忽，因为学校发送的信息往往对诊断或治疗问题至关重要。如果教育工作者积极主动地与医疗和心理健康专业人员建立双向沟通渠道，就能增加更准确的心理健康诊断和更精细的药物治疗与心理治疗的可能性。

下面是可以用来沟通学生信息的一封信件示例。

亲爱的琼斯医生：

您的患者，约翰·史密斯，是_____学校一名的学生。约翰的家长已经签署了一份双向信息发布协议（附副本），并要求我们相互沟通，以便约翰在我们的项目中获得最好的教育成功机会。我们了解到您正在为约翰提供治疗，我们请求您提供诊断和治疗信息，这将用来帮助我们识别在教育环境中需要调整和修正的问题。

如能收到以下信息，我们将不胜感激：
- 您做出的诊断是什么？
- 您提供的治疗属于哪种类型？
- 您提供的治疗针对的是哪些症状？
- 您提供的治疗是否使用了药物？
- 您提供的治疗使用了什么药物？剂量多少？
- 药物治疗成功吗？
- 约翰接受了多长时间的治疗？
- 约翰预约问诊的频率如何？
- 目前的治疗成功吗？
- 您对其他服务（如心理治疗）的建议是什么，以及约翰的治疗是否遵循了这些建议？

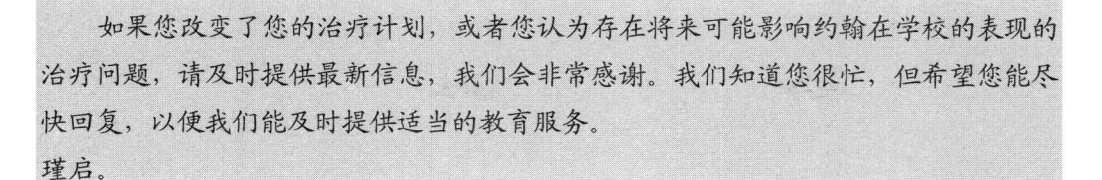

第 17 章 教育工作者和心理健康专业人员之间的关系

> 如果您改变了您的治疗计划，或者您认为存在将来可能影响约翰在学校的表现的治疗问题，请及时提供最新信息，我们会非常感谢。我们知道您很忙，但希望您能尽快回复，以便我们能及时提供适当的教育服务。
>
> 瑾启。

下面是一封信件示例，可用于发送有关学生的信息给临床医生。

> 亲爱的琼斯医生：
>
> 您的患者，简·史密斯，是＿＿＿＿＿＿＿＿＿＿学校的一名学生。简的家长已经签署了一份双向信息发布协议（附副本），并要求我们相互沟通，以便简在我们的项目中获得最好的教育成功机会。我们了解到您正在为简提供治疗。（我们了解到您正在对简进行诊断评估。）在此附上我们对简的行为观察，希望它们对您和她有用。
>
> 瑾启。

表 17.1 是 ADHD 症状及其严重程度检查表示例。

表 17.1 ADHD 症状及其严重程度检查表示例

	无	轻度	中度	重度
1. 注意力不集中症状				
粗心大意				
注意力分散				
不听讲				
难以遵从指令				
无组织				
逃避脑力活动				
经常丢失物品				
容易分心				
健忘				
2. 活跃/冲动症状				
坐立不安				
频繁攀爬/奔跑				
无法安静玩耍				
总是在忙碌				
过度健谈				
答题不加思索				
无法耐心等待				
经常打断他人				

面对内化障碍的症状，如更主观化的抑郁障碍或焦虑障碍，理想情况下会让教师与学校辅导员、学校社工或心理辅导师合作。表17.2是情绪障碍症状及其严重程度检查表示例，表17.3是恐怖症、强迫症、PTSD症状及其严重程度检查表示例，表17.4是心理健康障碍症状检查表示例。

表17.2 情绪障碍症状及其严重程度检查表示例

	无	轻度	中度	重度
抑郁情绪（在儿童和青少年身上可能表现为易怒情绪）				
兴味索然/难以感到快乐				
严重未达到预期体重或过度超重				
睡眠障碍（失眠或嗜睡）				
精神运动迟缓或躁动				
疲乏/困倦/乏力				
自我价值感低/感到愧疚				
难以集中注意力				
反复想到死亡				
情绪持续高涨、扩张或出现易怒的情绪				
自负/夸大				
睡眠需求减少				
比平时更健谈/控制不住地不停说话				
思维奔逸/思绪奔涌				
注意力分散				
目标导向的活动增加				
过度参与可能带来痛苦后果的短暂快乐活动				

表17.3 恐怖症、强迫症、PTSD症状及其严重程度检查表示例

	无	轻度	中度	重度
1. 恐怖症症状				
无端恐惧				
2. 强迫症症状				
强迫行为				
3. PTSD症状				
侵入性的回忆				

续表

	无	轻度	中度	重度
回避/麻木				
反应过度				

对于广泛性焦虑障碍的症状，如明显难以控制焦虑和忧虑、感到疲倦、紧张或不安、容易疲劳或疲惫、注意力不集中、易怒、肌肉明显紧张、睡眠困难等，也可以用文字描述出来（列出类型和性质）。

对以上所述症状的描述：
_____
_____
_____
_____

表 17.4　其他精神障碍症状检查表

	没有	存在
妄想		
幻觉		

在这种合作中，与临床医生沟通的最终目标是帮助这些高风险、高度脆弱的学生，显著改善他们在学校的功能，以获得比之前更好的教育成果。

讨论

案例：詹姆斯和詹妮弗的故事

詹姆斯和詹妮弗是两名一年级的学生，他们都被儿科医生诊断患有 ADHD。他们的档案中都有信息公开协议，但没有任何一名学生有和医生沟通的记录。

（1）詹姆斯的母亲有严重的人格障碍和未经治疗的药物依赖。当詹姆斯被安排服用合理剂量的治疗 ADHD 的药物时，学校的工作人员注意到药物立即有了效果。然而，一个月后，在与医生复诊沟通的时候，詹姆斯的母亲说药物没有任何作用，然后医生做出了剂量加倍的决定。学校的工作人员对这种剂量增加感到惊讶，但并没有试图联系医生来交流他们自己的观察结果。一个月后，在医生的办公室里，同样的事情又发生了——剂量又增加了一倍。一周后，詹姆斯因为服用了过量的兴奋剂类药物而精神失常，住院治疗。

（2）詹妮弗的 ADHD 症状在学校中比在家庭中更突出。在她与医生的第一次预约后，她开始服用低剂量的兴奋剂类药物。学校的工作人员注意到药物没有任何效果。在下一次与医生的会面中，詹妮弗的母亲说她认为药物似乎起了作用，因此整个学年，詹妮弗服用的药物剂量都保持在这个水平。结果，詹妮弗的 ADHD 症状在学校持续存在，她的学习成绩也继续受到影响。

反思问题

该学区应该采取什么政策来防止这些问题的出现？这项政策将如何执行？如果在任何一种情况下，医生都没有对教育工作者的沟通做出任何反应并进行适当的药物调整，学校应该怎么做？

第五部分
促进学生学习的学校做法

第18章

学校应对学生心理健康挑战的方式

全美国的学校采用各种各样的干预措施来解决学生的心理健康问题。有些是预防性的，有些涉及对学生的直接服务，还有一些涉及与各种社区系统的合作。学校团队成员可以合作，通过考虑利用各种服务模式，在学校选择并开展最有效的心理健康活动。

加州大学洛杉矶分校的心理健康中心主任霍华德·阿德尔曼和琳达·泰勒强调，学校心理健康活动需要整合到一个更大的框架中，为所有学生提供学习支持（请参考加州大学洛杉矶分校学校心理健康中心的网站，它提供了关于有效的学校心理健康规划的更多信息）。除此之外，位于马里兰大学医学院的国家学校心理健康中心，也提供了关于学校心理健康服务成功模式的参考信息（马里兰大学医学院，2019）。

一、预防措施

将公共健康模式应用于学校心理健康问题预防活动是有益的，该模式利用了一级、二级和三级预防的概念。

一级预防是指能够防止问题发生的干预措施。例如，物理医学中的脊髓灰质炎疫苗。环境因素是导致主要心理健康障碍的因素之一，如双相情感障碍、精神分裂症和恐惧症，提前改善环境因素，可以使得这些易受到环境因素影响的心理健康障碍得到改善。但迄今为止，没有任何应对心理健康障碍的措施，可以像预防传染病的疫苗那样有效。一级预防的另一个例子，涉及可能导致心理健康问题的欺凌行为。为反欺凌所做出的努力，减少了那些原本会受害的学生的压力和痛苦，以避免他们成为被欺凌的受害者。反欺凌既可以防止创伤，又可以防止儿童和青少年患上 PTSD。通过一级预防可以预防的另一种疾病是胎儿酒精综合征，它会导致多种心理健康障碍症状以及判断和认知方面的神经心理问题，而预防这种综合征的办法，就是防止孕妇在怀孕期间饮酒。

二级预防侧重于对疾病的早期识别，并在其表现过程的早期提供治疗。如果重性抑郁障碍在病程早期被发现，有效的治疗就可以帮助患者回到抑郁前的功能状态。当抑郁障碍等疾病数月或数年未得到治疗时，治疗可能效果不佳，因为持续出现的症状会对自尊、社交、工作、学业等产生显著的负面影响。同样，如果一名学生没有被诊断为 ADHD，其冲动行为可能会被误解为有计划的和有意的。教师对这些行为的反应可能是消极的，学生可能会因此感到沮丧和无能为力。这可能会导致权力斗争和对立行为，最终导致该学生被误诊为对立违抗性障碍。

很明显，对于心理健康障碍和医学疾病来说，一级预防（首先预防疾病）是理想的措施。当一级预防措施无法采用时，二级预防则可以在疾病未得到治疗的多重影响出现之前，提供开始有效治疗的机会。

早期干预是指在疾病早期而不是在年龄早期进行干预。如果重性抑郁障碍在 14 岁开始出现，那么在症状出现后立即进行干预将被认为是早期干预。三级预防的重点是那些有严重症状且往往有多重问题的人，以及那些需要更多强化服务的高风险人群。例如，有多次住院史的严重糖尿病患者可能需要加强门诊服务，以防止再次住院。心理健康领域的一个例子是，有多次住院治疗干预史的青少年，由于未解决的家庭问题，在出院后病情恶化。学校安置的一个例子是，在 A 级特殊教育安置所，一名患有心理健康障碍但没有得到有效治疗的学生，他的行为可能导致他被转诊到一个独立的 B 级特殊教育安置所。对于最后一个例子，三级预防将通过学校工作人员、家庭和社区心理健康服务提供者参与的协作来实施，目的是防止该学生被转诊到 B 级特殊教育安置所。三级预防课程往往是密集的，而且价格昂贵。在许多情况下，采取二级预防措施将防止患者的情况恶化到需要三级预防的地步。

二、积极行为干预和支持体系

不同类型的预防措施适用于不同学区，这些措施包括为所有学生（一级预防）提供全面服务、为有危险的学生（二级预防）提供更深入的服务，以及为有严重问题的学生（三级预防）提供深入的个性化服务。积极行为干预和支持体系（Positive Behavioral Interventions and Supports，PBIS）就是采用这 3 个概念的成功干预。

PBIS 是一个决策框架，用来指导以证据为基础的最佳学术和行为实践的选择、整合和实施，其目标是改善所有学生的认知和行为结果。PBIS 的主要元素是社会能力和学术成就的支持、决策的支持、学生及员工行为的支持。它的原则包括基于发展证据的行为、学术干预以及使用数据指导决策。它利用环境操纵来预防行为问题，教授学生亲社会技能和行为，并提供普遍的筛查和持续的后续监控。

PBIS 提供一级、二级和三级预防措施，它的实施是基于学生的需要提供连续的服务。它采用了三级预防模式，要求所有学生在普通或初级层次得到支持。对于一级预防措施无效的学生，该系统为其提供二级预防措施，这些措施通常在第二级的小组安置中提供。对于有严重问题的学生，该系统为他们提供专门的、个性化的三级预防措施。

PBIS 的预防措施强调了预防问题的必要性，否则将导致反应性的、基于结果的干预策略。当学生的问题行为不符合学校和课堂的程序时，有关学生行为的信息会被用来确定行为的功能（为什么会发生），以找到和强化更可接受的替代行为，移除可能触发或维持问题行为的前因和后果，并添加触发和维持积极的可接受替代行为的前因和后果。

学校可以对儿童和青少年产生积极的影响，但如果学校工作人员具有惩罚性，也可能产生消极影响。例如，他们不能为不恰当的行为提供积极的替代，纪律不一致，规则没有被学生清楚地理解，或者学校的环境是高度强制性的，这些都可能会对学生产生消极的影响。

PBIS 基于这样一个概念：儿童和青少年想要做得好，学校中的大多数行为困难可以通过提供明确定义的适当行为模型来解决。PBIS 用一种适合全校范围的方法，明确定义了所有人的预期行为，以及提供适当行为的技能训练，定义了在所有地方（如教室、操场、走廊、餐厅、浴室）的行为期望，强调保持一个积极、安全、充满尊重的学校环境。这里有一些具体的行为供教师参考。例如，你可以说："看着教师""举起你的手""保持冷静""等老师叫你的名字或问你问题"；在接受批评或结果时，你可以说："看着那个人""说'好'""保持冷静"，你还可以表示你能接受"不"作为回答，等等。

成功的学生个人行为支持与他们的居住环境或学校氛围有关，这些环境或氛围对所有学生的影响都是高效的、相关的、持久的、可扩展的和合乎逻辑的。书面目标合同、积分系统、所有班级奖励、成功计划以及与家长的沟通都可以用来明确问责制并强化积极的行为。

PBIS 要想成功实施，就必须有从普通学生（普遍的、一级预防的）到有严重问题的学生需要的连续措施（三级预防）。需要三级预防措施的学生往往有严重的未诊断和未治疗的心理健康障碍，需要临床和教育干预。PBIS 要取得成功，学校就需要一个过程来识别目标学生，并确保他们和他们的家庭能够获得临床服务。

三、心理健康检查

二级预防的实施需要筛查工具，即查明未诊断障碍是否存在的方法。在医学领域的例子有针对肺结核的皮肤测试、针对乳腺癌的乳房 X 光检查、针对前列腺癌的前列腺特异性抗原血液检查等。不幸的是，目前还没有有效检测心理健康障碍的生物检测方法。因此，心理健康筛查工具依赖于他人（如家长和教师）对学生行为的观察或学生自我报告问卷。

儿童和青少年的心理健康筛查有多种工具，包括儿科症状检查表、行为和情绪筛查系统（3～18 岁）、年龄和阶段问卷-社会情绪、康奈尔家长-教师评分量表、强项和困难问卷。为了使筛选工具有用，它需要能够识别有障碍的个体的敏感性，不识别没有这种障碍的个体的特异性，并且判断它设计的问题的有效性，以及确保由不同的筛查工具进行的筛查将产生相同结果的可靠性。虽然筛选工具通常没有 100%的敏感性、特异性、有效性和可靠性，但准确率越接近 100%，筛选工具就越好用。

关于学校是否应该筛查学生的心理健康问题，以及如果是这样，应该在多大程度上进行筛查，存在着相当多的争论。一些心理健康拥护者支持对所有学生进行心理健康问题的普遍筛查，如 ADHD、情绪障碍、焦虑障碍和自杀风险。基于各种担忧，包括隐私和保密性、不恰当的标签，以及认为心理健康问题不属于学校职权范围的争论，普遍的心理健康筛查也遭到了强烈的反对。

我认为，基于很多原因，学校不适合进行普遍的心理健康筛查。筛查的任何结果都将是学生教育记录的一部分，筛查可能会泄露不属于教育记录的、非常私密的家庭信息。例如，筛查发现胎儿酒精综合征的证据，或者家庭虐待儿童继发的 PTSD。但是，将心理健康筛查作为医务人员提供的全面健康筛查的一部分是适当的。在这种情况下，筛查结果将成为医疗文件的一部分，并且在没有公布信息的情况下，学校无法获得这些结果。鉴于未治疗的心理健康障碍对儿童和青少年的影响，对心理健康问题进行早期和定期筛查是非常适当的，比如自杀风险，通过筛查可以挽救生命（详见第 12 章）。

许多医生都会提供心理健康检查，作为常规健康检查的一部分。事实上，所有接受医疗补助的 0～21 岁儿童和青少年、成年人都有权接受早期和定期筛查、诊断和治疗（Early and Periodic Screening Diagnostic and Treatment，EPSDT）。EPSDT 应该包括一项心理健康筛查，以识别明显的社会情绪问题迹象。如果筛查确定了对服务的需求，这些服务的费用就需要由医疗补助计划支付，即使这些服务不包括在该州的医疗补助计划福利范围内。

此外，心理健康筛查可以在学校进行，但不能由教育工作者来做。例如，EPSDT 可由在学校工作但由县政府公共卫生部门雇用的公共卫生护士进行。在这种情况下，所收集的信息不会进入学校，而是保留在公共健康记录中。

问题是，学校在特定情况下对某些学生进行心理健康检查是否合适。例如，明尼苏达州规定，所有考虑接受情绪障碍特殊教育服务的学生都必须进行心理健康筛查。事实上，学校通常会进行心理健康筛查，但当学校对学生进行情绪障碍类的特殊教育评估，并确定学生有诸如注意力不集中、社交退缩、多动、回避同伴活动等问题行为时，学校可能会忽视这些信息。在特殊教育评估中发现的问题行为通常也是用来诊断心理健康障碍的标准。从本质上说，评估提供了显示心理健康障碍迹象的筛选信息。根据 IDEA 中关于"学生发现（Child Find）"的规定，各学区有义务识别和评估所有可能需要特殊教育服务的、患有心理健康障碍的学生。特殊教育的情绪障碍类别描述了诸如人际关系问题、不恰当的行为或感觉、普遍的不快或抑郁以及与个人或学校问题相关的恐惧或身体症状等标准。有这些对他们的学习表现产生不利影响的慢性问题的学生应该接受特殊教育的评估。鉴于这些特点，特殊教育评估基本上包括心理健康筛查。

对于许多有心理健康障碍的儿童和青少年来说，教师和其他学生都可以清楚地看到这些障碍的表现。怪异的行为、社会孤立、焦虑不安的动作、在课堂上哭泣，以及许多其他心理健康障碍的症状可能是引人注目的。对于其他有心理健康障碍而没有易识别表现的学生，筛查工具可以起到很大作用。如果有证据表明通过观察或使用筛查工具发现了学生的心理健康障碍，对于学校来说，重要的是制定程序和指导方针，说明如何将这些信息以及学校和社区内可用的服务信息传达给家长。

筛选工具在确定可治疗的心理健康障碍方面非常有用。例如，一些学区已经使用了哥伦比亚自杀筛查工具（SAMHSA，2016）来识别有自杀风险的学生。在这个过程中，许多高危学生被发现，并在之后接受了重性抑郁障碍的治疗。

四、社交和情感学习

许多学区正在将社交和情感学习（Social and Emotional Learning，SEL）项目纳入它们的课程。这些课程注重培养儿童和青少年的社交能力和情感能力，通过有效的课堂教学、让学生参与课堂内外的积极活动、家长和社区的广泛参与以及项目规划、实施和评估的结合来助力学习过程。SEL 项目基于由学术、社交和情感学习协作组织开发学生的五大能力，分别为自我意识、自我管理、社会意识、关系技能和负责任地决策。在这个项目中，学生学习并认识情绪和思想是如何影响行为的，进而学习自我调节情绪、思想和行为的技巧，并学习如何通过努力来实现学术和个人目标；学习如何对社会多样性问题具有文化敏感性，并发展与其他学生建立和维持积极关系的技能。他们会掌握对自己行为做出选择的技巧，并学会评估自己行为的后果。SEL 项目促进积极的学术和社交行为，同时防止消极行为，如欺凌、暴力、逃学和吸毒。

SEL 项目不是一个特定的项目，它定义了社交和情感干预的教育方法的基本因素。

教育方法中常见的因素包括：在幼儿中树立同理心和训练同理心技能、概述解决冲突的具体方法、在课堂上花时间练习群体决策、使用游戏来促进团队合作，以及鼓励高年级学生指导低年级学生。

通过实验发现，参加 SEL 项目的学生出勤记录更好，更少在课堂上捣乱，更少被停学和纪律处分，更喜欢学校，在学业上比没有参加 SEL 项目的对照组学生表现更好。SEL 项目惠及学生和教育工作者，使得课堂环境的压力更小，师生关系更积极。

SEL 项目的例子包括"我可以解决问题（I Can Problem Solve）"，这是一个从幼儿园到六年级的项目，旨在增强人际认知和解决问题的能力。它采用结构化的课程、课堂互动、融入学校课程和家长参与活动的方式，专注于寻找解决问题的替代方案，减少冲突，改善课堂气氛和家庭互动。

思维提升（Mind UP）是一个从幼儿园到八年级的 SEL 项目，它基于对认知神经科学、循证课堂教学法、正念教育和积极心理学的研究。思维提升项目教授学生管理策略和技巧，包括集中注意力和放松练习。它的课程包括学习集中意识的方法、学习专注于一个人的感官环境、学习保持积极的态度，以及学习在日常生活中采取积极的行动。

SEL 项目惠及没有心理健康障碍的学生、有风险发展为心理健康障碍的学生和有心理健康障碍的学生，为建立一个有效的学习环境创造了积极的基础。虽然该项目不是针对特定心理健康障碍的干预措施，但它可以与侧重于诊断和治疗心理健康障碍的干预措施相结合。

五、家校协调员

学区可以尝试与提供分流、筛查和必要治疗转诊服务的社区机构开展有效的合作。一个学区可能与一个县政府有合作关系，并且把筹集的资金（如从间接医疗补助计划中获得的资金）支付给一个社区非营利机构，让其免费为家庭提供服务。

这个社区非营利机构可以雇用一名家校协调员，当学生在学校遇到重大困难时，他可以介入。例如，教师或教育团队的其他成员可以告诉家长："您的孩子在学校有一些问题，包括干扰课堂、在课堂上走神，我们正在尽力找出这些问题的教育原因。如果您孩子的问题还有其他原因，您可以通过与家校协调员合作，助力您的家庭解决这些问题。这些服务不需要任何费用，而且他们鉴定的任何信息都将保密。学校不会知道他们的干预或结果，除非您选择签署一份信息公开协议，允许他们把这些信息分享给我们。"如果家长同意这个计划，家校协调员就会与家庭面谈，以确定导致学生问题的原因。

确定导致学生问题的原因时，可能会发现这些问题远远超出了这名学生本身，而是一个家庭的问题。例如，通过心理健康筛查和访谈可能会发现，学生的母亲患有未经治疗的重性抑郁障碍，或者父亲小时候曾接受过 ADHD 的治疗，现在有药物使用问题，并且可能有家庭社会压力源，包括家庭成员的身体疾病、贫困、失业、无家可归、无证身份等问题，学生自己也可能表现出 ADHD 的症状。然后，家校协调员将和家庭沟通他们关心的问题，并根据需要将其转介进行诊断评估。

这种方法着眼于更大的家庭背景，比狭隘地只关注学生更有效。与学校相比，家长通常更愿意向社区心理健康服务者透露家庭信息，因为这些信息会进入他们的私人档案，而不会进入孩子的教育记录。如果家校协调员建议对孩子进行转诊评估和治疗，学校支付的费用会较少，因为不是经过学校转诊的。这种方法是在确定课堂问题，介入诊断评估和心理健康治疗过程中的一个中间步骤。

六、与学校有关的心理健康服务

连续的心理健康服务始于普遍的心理健康水平提升和一级预防措施，例如，为所有学生提供积极的行为支持。对于因情绪或行为问题而在学校有困难的学生，学校社工、心理咨询师和辅导员可以提供咨询和技能训练，帮助他们克服困难。对于有明显心理健康障碍迹象的学生，紧接着的下一步是由心理健康专业人员提供诊断和治疗服务。这些服务可以在社区内提供，如果它们是与学校有关的心理健康服务的组成部分，则往往更有效，也更容易获得。这些服务并不等同于学校咨询、预防服务或全校行为干预，它们以诊断和治疗的医学模式为基础，由学校的心理健康专业人员提供。提供与学校有关的心理健康服务最佳做法的原则（怀斯特等，2005）包括以下内容：

- 所有青少年及其家庭都能够获得适当的护理，不论其支付能力如何。
- 实施项目以满足学生、家庭、学校和社区的需求并强化其有利条件。
- 项目和服务的重点是减少学生发展和学习的障碍，对学生和家庭都是友好的，并基于积极影响的证据。
- 学生、家庭、教师和其他重要群体积极参与项目的开发、监督、评估和持续改进。
- 提供持续的护理，包括全校范围内的心理健康水平提升、早期干预和治疗。
- 工作人员恪守道德标准，致力为儿童、青少年及其家庭服务，并以精力充沛、反应敏捷、积极向上的状态提供服务。
- 工作人员尊重并有能力处理学生、家庭和工作人员之间的发展、文化和个人差异。
- 工作人员与学校的其他心理健康专业人员和教育工作者建立并保持密切的关

系，所有行动的特点是跨学科合作。
- 学校的心理健康项目与其他社区相关项目相协调。
- 该项目的目标是改善患有心理健康障碍的学生的临床和功能表现。
- 该项目寻求让没有保险、保险不足和文化服务不足的学生，在任何存在经济、交通或文化障碍的地方，都能获得同样的心理健康服务。
- 该项目旨在尽早和恰当地识别学生的心理健康障碍。
- 该项目有助于提高学校工作人员识别心理健康问题并在学校中有效适应的能力。
- 该项目将临床标准、诊断评估和个体结果测量与地方层面其他有益实践相结合，以统一护理标准和护理体系。

七、在学校内提供心理健康服务

在学校内提供心理健康诊断和治疗，这个举措是正确的，并有充足理由去支持它。大多数有心理健康障碍的学生从来没有接受过治疗，这些障碍的临床表现通常反映在情绪和行为上，并且影响了课堂上的有效学习，而缺乏治疗的主要原因是缺乏被服务的机会。诊所通常只有在晚上或周末的有限时间开放服务，家长可能会苦恼，不可能每周都离开工作地点去接他们的孩子并带去赴约。当家长允许学校专业人员和社区心理健康服务者之间交换信息时，教师就能更好地了解学生问题的性质，并能更有效地满足学生的需求。此外，当临床医生在学校工作时，他们对学生问题的本质会有更好的认识（参见第 15 章关于学校和县政府之间心理健康项目合作的讨论）。

随着教育工作者越来越意识到学生群体的心理健康问题，他们努力确认学校在为这些学生提供服务方面的适当角色。许多人认识到，虽然学校是在做教育事业，而不是心理健康事业，但是学校辅导员、社工、护士和心理咨询师都在帮助这些学生方面发挥着作用。有时人们可能不清楚这些服务在本质上是否具有教育性质，或者它们是否属于直接的心理健康治疗。一般来说，这些教育工作者提供咨询服务，而不是直接的诊断和治疗服务。

咨询是提供信息，提高技能，帮助学生在学校中取得成功的过程，通常由学校社工、心理咨询师、护士和辅导员提供。心理咨询是一种适合由教育工作者提供的心理健康服务，它与心理治疗不同，心理治疗是一种对心理健康障碍（如抑郁障碍）进行治疗的临床服务。

一些教育工作者（如社工）可能拥有执照，这使他们能够诊断和治疗儿童和青少年。在学校范围内提供心理健康障碍诊断和治疗服务有许多不同的方法，每种方法都有自己的风险和好处。我认为学校应该远离心理健康障碍的诊断和治疗业务，在这方面应该与其他机构合作，以确保学生能够获得此项服务，从而为学区带来教育收益并节约成本。

八、以学校为基础的心理健康服务模式

许多有心理健康障碍的学生最初是在学校由教师、辅导员、社工等人发现的。教育评估或其他干预措施可以成为确定心理健康障碍的证据，学生家长可能寻求可获得的治疗服务，这超出了教育工作者所进行的典型咨询活动的范围。

一些学校为应对这一挑战，让工作人员在学校内提供心理健康诊断和治疗服务。学校的工作人员可能对向学生提供心理健康服务感兴趣，但管理人员可能没有意识到在成立这样一个项目时需要考虑的问题。下面介绍了几种以学校为基础的心理健康服务模式，并介绍了每种模式的优点和缺点。

（一）学校雇用相关专业人员

许多教育工作者，如学校社工，都接受过培训并获得了执照，因此他们有资格开展实践活动并提供诊断和治疗服务。学校雇用这些提供诊断和治疗服务的专业人员，本质上是在学校内开展诊断和治疗的服务。

这种方法的优点是，它为充分了解学校相关问题的个人提供了更多的服务。学校管理人员控制治疗者的服务，并为这项服务向医疗补助计划支付账单，如果该项服务在学生的个性化教育计划中被确定为一项相关服务，那么学校也会获得特殊教育资金。

但是，这种模式有许多潜在问题：

- 这种模式要求治疗者在其诊断和治疗记录中记录相关的学生心理健康信息。对于学校雇用的治疗者来说，这些笔记都会成为学生教育记录的一部分，其中可能包括学生家长和兄弟姐妹的敏感信息（如胎儿酒精综合征或虐待儿童）。
- 如果发生了自杀这样的悲剧，治疗者很可能会被医疗事故保险保护（以提供相关证明为前提），但学区可能会因为对治疗者监管不力而被起诉。学区不能获得医疗事故保险的保护，也不一定能依赖错误和疏忽保险。是否对学区提供保护将取决于对治疗者的监督是否被看作学区的一项适当活动。
- 治疗者需要随时待命，或者在晚上、周末和假期提供紧急支持服务。
- 学校习惯于为与个性化教育计划相关的服务向医疗补助计划申请资金，而且经常这么做。然而，它们通常不会为私人保险买单，因为共同支付和免赔额会与提供免费适当的公共教育的要求相冲突。

- 为了最大限度地获得个性化教育计划相关服务的医疗补助,一些学区可能会通过提供对学生有帮助但没必要的个性化教育服务来降低相关服务要求的门槛。IDEA 要求学区提供相关服务,以"帮助残疾儿童享受特殊教育"。如果该学生失去了医疗补助或其他保险,学区将不得不继续提供这些有帮助但没必要的服务,以及其他潜在的昂贵服务,如住院治疗。(有关向个性化教育计划学生提供心理健康服务的补充资料,请参见附录 B。)

(二)社区心理健康或医疗专业人员在学校内提供服务

这种模式是指在学校中设立一个社区心理健康服务提供场所,如心理健康诊所。虽然诊所设在学校,但学区掌握着法律和财政限制,如果由学区的工作人员提供心理健康服务,这些限制就不会出现。诊所从学校租借场地,通常租金是最低价甚至免费,合作协议会明确关于赔偿、数据隐私、刑事背景调查、许可证、财务管理、行政要求等方面的角色和责任。

虽然这种同地协作模式的服务提供者可以是私人诊所,但我认为,最好是社区心理健康诊所。这些诊所可以提供更广泛的心理健康服务、病例咨询、精神科支援和医疗事故保险的全面覆盖,以及获得可能来自县政府或捐赠的资金,用来支付向无保险患者提供的服务费用。

同地协作模式克服了校聘心理健康专业人员模式的问题,教育记录以外的数据是保密的。服务提供者可以提供 7 天 24 小时的危机覆盖,有着最大的付费能力,可以为普通和特殊教育学生提供服务,并提供适当的医疗事故保险。服务提供者在学校工作,但不属于学校。在家长没有允许公布信息的情况下,它们的员工不能与教育工作者讨论学生的问题,学校也有适当的防火墙保护。

(三)校聘专业人员与外部专业人员协作

这种协作模型集成了来自学校系统内部和外部的服务。在一些州,学校可以为诸如技能训练和技能实践等个性化教育计划服务向医疗补助计划申请报销。这些服务与学校的要求是一致的,学校可以与社区心理健康诊所合作,将治疗和技能训练的角色分开。两个系统之间的持续沟通是必要的,并且这种模式应要求家长签署信息公开协议。在这种服务模式下,学校聘请的专业人员可以继续为有需要的学生提供与教育相关的咨询服务。

九、报销学校提供的服务

提供心理健康服务的成本显然是学校面临的一个障碍。潜在的资金来源包括私人保险和直接服务的医疗补助报销，早期干预服务综合基金，州、联邦拨款和私人捐赠，地方政府专款，以及医疗补助间接服务报销基金。如上所述，各学区可获得包括在个性化教育计划内的心理健康相关服务的 IDEA 资金。我建议学校认真遵循 IDEA，包括在个性化教育计划中只提供那些必要的相关服务，以帮助学生从特殊教育中受益，同时避免潜在的财务负债。

理想的情况是，所有有需要的学生都可以获得现场心理健康服务，无论保险的种类是什么。社区心理健康诊所通常提供这类广泛的服务，同地协作诊所也可以提供类似的服务，并且通常有更低的失败率和取消率，从而提高对诊所的报销比例。然而，暑假期间客户量减少是学校同地协作诊所一个主要的金融负债原因。有些诊所在暑假期间将工作重点转移到延长学年学生的需求上；有些员工整个暑假都在自己的诊所总部跟踪学生；有些诊所会在暑假将临床医生重新分配到其他任务上（如测试指导）；还有一些诊所的员工会在暑假期间休假。

许多项目都是由拨款资助的，特别是那些为没有保险的患者服务的项目，以及那些提供免费辅助服务的项目，如教师咨询、服务报告和出席会议。然而，随着近年来拨款的结束，许多由拨款资助的项目已经半途而废。我建议通过保险和医疗补助来最大限度地报销，并且只对初始费用使用拨款资金。一些州的医疗补助计划包括对许多辅助服务的报销，一些保险公司与学区和诊所合作，为向学生提供的基于学校的心理健康服务制定更高的捆绑价格。可持续发展的项目往往基于心理健康服务利益相关方之间的合作关系，这些利益相关方包括诊所、学区、县政府和保险公司。

十、目标人群

我认为，学校心理健康服务应高度优先考虑下列患有心理健康障碍的儿童和青少年群体：

- 有需要治疗的障碍和有可能被转介接受特殊教育评估的学生。如上所述，对于与心理健康障碍做斗争的儿童和青少年来说，早期干预最有可能产生积极的结果。因此，我建议在转介前就对他们进行适当的诊断和治疗。这样可以确定可治疗的障碍，以及防止在某些情况下需要进行特殊教育评估。
- 目前正在接受特殊教育服务但仍有情绪、行为和学业困难的学生。
- 面临转介四类安置所（设备齐全的独立学校场所）风险的特殊教育学生，以及在这些限制性安置所接受服务的学生。

十一、安置方案

如上所述，许多参加情绪或行为障碍项目，在四类安置所进行治疗的学生所患的心理健康障碍和接受日间治疗的学生一样严重。日间治疗是一种心理健康服务，比传统的门诊治疗更加频繁。传统的门诊治疗往往不能在有行为问题和对立性的学生身上奏效，缺乏适当的治疗服务往往导致这些学生预后不良。我建议放弃固定的日间治疗模式，因为这种模式倾向于避免为行为不良、精神错乱的学生提供服务，应采用无拒绝的、密集的、中等水平的现场心理健康治疗模式。

许多有心理健康障碍的学生也有药物使用问题，同地协作服务将有效地解决这一问题。要使异地心理健康服务取得成功，学区必须明确界定其专业人员的角色，以区别于异地心理健康服务提供者的角色，来避免服务重叠和差距，并减轻对教育工作者工作保障的担忧。学区提供现场心理健康治疗服务对学生、他们的家庭、心理健康服务提供者和学校系统都非常有好处。学校可以在维护法律和财政防火墙的同时，为心理健康系统建立桥梁。这些服务可以改善学生的教育和行为，并显著降低学区的成本。

> **咨询案例**
>
> 鉴于学生心理健康服务的资源有限，你认为诊断和治疗服务应该由学区提供吗？若应该，学区应如何解决上述多个问题？若不该，学区又如何确保学生得到他们所需要的心理健康服务？以下是我提供咨询时的一些案例。
>
> **案例1**
>
> 一个小型学区（有5000名学生）的一名特殊教育主任要求在学区提供学生心理健康障碍的诊断服务，因为他的学区有大量学生被转到限制性的安置所。一项档案审查结果显示，这些学生中有85%在过去接受过心理健康障碍诊断，但只有5%接受过某些治疗。这位主任在几所学校设立了同地协作的社区心理健康诊所，以提供服务。许多学生接受了针对导致他们严重情绪和行为问题的心理健康障碍的治疗，并且回到了限制较少的安置所。这为学区每年节省了80多万美元。
>
> **案例2**
>
> 一个位于大型城市的学区与一个社区心理健康诊所合作，在几所学校提供现场心理健康治疗服务，这些学校里的许多学生本来无法获得心理健康服务。由于这项措施，行为事件、停学和特殊教育转诊的情况减少了，整个学生群体的学业成就提高了。

案例3

一个学区与县政府的危机处理小组合作，为有迹象表明对自己或他人存在潜在危险的学生提供危机干预。在家长允许的情况下，学校社工向县政府社工提供了学生的背景信息，使县政府的社工能够正确应对学生的风险，并安排适当的干预措施，包括必要时的住院治疗。

第 19 章

参与普通教育、特殊教育和 504 计划的学生

由于心理健康障碍被定义为与残疾相关的疾病，患有心理健康障碍的学生有资格获得专门服务，以帮助他们在学业上取得成就。患有心理健康障碍的学生，有些可能会从常规教育项目的额外支持中受益，有些可能有资格参加旨在确保有残疾和无残疾学生得到平等待遇的 504 计划，还有一些可能有资格接受特殊教育服务。本章描述了这些服务项目的性质，并概述了资格鉴定的标准、可提供的服务、不同类型的干预措施，以及对患有心理健康障碍的学生可用的干预措施类型。

当常规教育干预措施不足以满足患病学生的需要时，下一步是考虑 504 计划或特殊教育。504 计划和特殊教育为接受教育服务的学生提供了更为频繁的支持。

一、504 计划

504 计划源于 1973 年的《康复法案》，该法案明确禁止对残疾的歧视。它是一项公民权利法规，确保残疾学生的需要得到充分满足，就像非残疾学生的需要得到充分满足一样。

504 计划规定："在美国，本卷第 706 节第 8 条所定义的具有其他资格的残疾人，不得仅因他残疾，就在任何接受联邦财政援助的项目或活动时被排除在外、被剥夺利益或受到歧视"。（《美国法典》第 29 卷第 794 节第 1 条；《美国联邦法规》第 34 卷第 104 节第 4 条第 1 款。）

有资格参加 504 计划的学生年龄必须在 3~22 岁之间（视项目而定），并且必须有联邦法律规定的残疾——"残疾人士是指有下列情况的人士：（1）有心理或身体上的缺陷，实质上被限制了一项或多项主要生活活动；（2）有此类缺陷的记录；（3）被视为具有此类缺陷"。（《美国联邦法规》第 34 卷第 104 节第 3 条第 10 款第 1 项。）

请注意，仅仅有残疾并不意味着一个人的残疾严重到有资格得到服务。504 计划的范围可包括任何残疾、长期疾病或其他障碍，即由于学习、行为或与健康相关的条件而"实质上"降低或削弱学生在教育环境中学习的能力。换句话说，身体或心理损伤并不构成 504 计划规定的残疾，除非其严重到导致对一项或多项主要生命活动的实质性限制（《美国联邦法规》第 104 节附录 A 第 3 条）。504 计划指出，只有身体或心理健康损伤才有资格，因此"环境、文化和经济不利因素本身不包括在内"（《美国联邦法规》第 104 节附录 A 第 3 条）。"实质性限制"一词基于每个学区的决定，并取决于学生致残状况的性质和严重程度。504 计划的标准必须符合 2008 年颁布的《美国残疾人法案修正案》，该修正案为符合条件的学生提供了广泛的保护，它将这些学生的局限性与普通人群中无残疾的同龄人进行了比较。主要的生活活动包括说话、学习、坐着、自我护理、行走、手工作业、看、思考、工作、与他人互动、呼吸、站立、弯曲、举手和集中注意力，这些标准既适用于慢性疾病（如 ADHD），又适用于急性疾病（如四肢骨折）。当学生实际上被限制了一种或多种主要的生活活动却表现活跃时，这种间歇性的或处于缓解期的紊乱也被 504 计划所覆盖。酒精或非法药物的使用不在 504 计划的范围之内。

学区没有义务根据家长的要求，自动推荐学生接受 504 计划评估，学区必须有理由相信该学生由于残疾需要这些服务。如果学区拒绝家长的请求，则必须向家长提供一份程序权利通知。安置决定"将由一组了解学生、评估数据的含义、安置选择、最小限制性环境要求和可比设施的人员来做出"（《美国联邦法规》第 34 卷第 104 节第 35 条第 3 款第 3 项）。法规没有要求让家长成为决定安置服务的委员会的一员。在做出安置决定时，委员会会考虑多种信息来源（如医生报告、分数等级、考试成绩、观察结果、纪律处分）。

参与 504 计划的学生每 3 年重新评估一次，如果在安置上有重大变化，则会更频繁地重新评估。504 计划应该每年都被重新评估，确保随着教育环境的变化，它仍然是合适的。在大多数情况下，参与 504 计划的学生可以在普通教室接受服务。然而，如果"患病学生在普通教室捣乱，导致其他学生的教育受到严重损害，那么患病学生的需求在那种环境中就无法得到满足。因此，定期安置将不适合他的需要，也不符合第 34 卷第 104 节的要求"（《美国联邦法规》第 34 卷第 104 节附录 A 第 24 条）。

504 计划可以为有心理健康障碍的学生提供各种住宿。这些通常与障碍的性质和严重程度以及在学校中的临床表现有关。因此，一名患有 ADHD、非常容易分心且无组织能力的学生可以得到诸如坐在教室前排、延长参加考试的时间、用口试代替笔试、额外的积极强化、组织技能训练等帮助。如果一名学生由于患病而有明显的行为困难，那么在 504 计划中纳入行为计划和纪律计划是很重要的。参与 504 计划的学生必须遵守学校的行为规则，但如果他们有行为困难，学校需要考虑他们的行为问题和心理健康障碍之间的关系，然后给出纪律处分。

二、特殊教育及相关服务

特殊教育的定义为"特别设计的教学"，在 IDEA 中有如下规定："特别设计的教学是指适应符合本部分要求的儿童的需要，调整教学内容、教学方法或教学方式——（1）满足儿童因残疾而产生的独特需要；（2）确保儿童能够学习一般课程，使儿童能够达到公共机构管辖范围内适用于所有儿童的教育标准"（IDEA 第 300 节第 39 条第 2 款第 3 项）。

因此，特殊教育指的是使教学内容、教学方法或教学方式适应学生的过程。适应的方式可以多种多样，包括改变教学方案、教材、日程安排、场所或学生反应的方式。除了接受特殊教育住宿和调整，学生还可以接受相关服务。这些都是必要的支持服务，使学生能够受益于特殊教育服务。根据 IDEA，相关服务的一般定义为："交通和为帮助残疾儿童接受特殊教育而提供的发展、矫正及其他支持性服务"，包括：

- 语言病理学和听力学服务
- 翻译服务
- 心理服务
- 物理和专业治疗
- 娱乐，包括治疗性娱乐
- 儿童疾病的早期识别和评估
- 咨询服务，包括康复咨询
- 定向和流动服务
- 出于诊断或评估目的的医疗服务
- 学校保健服务和学校护士服务
- 学校社工服务

三、关于个性化教育计划的心理健康相关服务

请注意，医疗服务仅限于诊断评估，不包括其他医疗服务。然而，在某些情况下，学校有义务支付心理健康诊断和治疗的费用，就像必须提供其他相关服务一样，如果学生有必要从特殊教育服务中获益，学校就应提供相关服务。就学业或社交情感功能而言，在诉讼中，"必要"的门槛往往是代表学区的律师和代表家长的律师之间重要的

争论点，很明显，它不要求服务达到能让学生有最佳表现的水平。

由于许多接受特殊教育服务的学生都有心理健康障碍，因此出现了这样一个问题：他们是否有资格接受心理健康服务。作为其特殊教育方案的一部分，学校被要求成为所有相关服务的最后付款人，包括与心理健康有关的服务。"相关服务"在概念上定义很宽泛，包括心理治疗、社会工作和咨询服务。它们包括发展、矫正和其他支持性服务，如心理治疗、社会工作和学校护士服务，旨在使患病学生能够获得个性化教育计划中所述的免费的、适当的公共教育（更多信息见附录B）。

医疗服务仅限于诊断和评估。医疗服务包括对致残状况的早期识别和评估，但不包括由医生提供的医疗服务。咨询服务是指由合格的社工、心理学家、指导顾问或其他人员提供的服务。

家长咨询和培训是指协助家长了解孩子的特殊需求，为他们提供有关儿童发展的信息，并帮助他们获得必要的技能，以支持他们孩子的个性化教育计划的实施。它还适用于0到3岁发育迟缓儿童的家长以及需要个性化服务计划的家庭。

家庭心理健康服务包括心理测试和评估，以及与教育工作者协商并制定积极的行为干预策略。该项服务还包括规划和管理心理健康服务项目，其中包括提供给儿童和家长的心理咨询。

社会工作服务包括了解儿童的社会或发展历史，向儿童和家庭提供个人和团体咨询，与家长和其他人合作解决生活环境中影响儿童适应学校的问题，调动学校和社区资源，使学生在其教育计划中尽可能有效地学习，并协助进行积极的行为干预服务。

咨询通常被看作在解决个人、社会或心理问题和困难方面提供帮助和指导。治疗是一种旨在治疗心理健康障碍的干预措施。虽然治疗在IDEA中没有定义，但判例法已经规定，在某些情况下，当认为有必要支持学生的教育时，治疗需要被纳入个性化教育计划作为相关服务。事实上，心理健康住院治疗可能是学区的责任，如果安置项目对学生的教育是必要的，那么该安置项目，包括非医疗活动和食宿，必须由学区提供资金，家长无须支付任何费用。在具体案件中，法院对学区财务责任的裁决有很大不同。

许多学区非常不愿意考虑为特殊教育学生的个性化教育计划提供任何心理健康治疗服务，因为这样做可能在今后产生潜在的财务负担。例如，一名学生可能需要昂贵的心理治疗，但可能没有保险来支付这笔费用。一些学区则采取相反的方法，将心理治疗纳入众多学生个性化教育计划的相关服务。这样一来，如果治疗在医学和教育上都是必要的，学区就可以为个性化教育计划的相关服务向医疗补助计划申请费用。教育工作者可能没有意识到在这个问题上，不同学区的差异很大。了解这一点可以帮助他们正确地看待为学生提供服务的问题。

教育工作者可能认为学生的重大心理健康问题是一个特殊的教育问题。事实上，绝大多数有心理健康障碍的学生，甚至大多数有严重障碍的学生，都在普通教育系统中。值得注意的是，接受情绪障碍（在某些州称为严重情绪障碍或情绪/行为障碍）特殊教育服务的学生，如果他们在转诊前接受了适当的心理干预，则有相当大比例不需要这些服务。通常，存在未经治疗或治疗不当的心理健康障碍症状是转介进行特殊教育评估的原因。还有一些学生，即便他们正在接受最佳的心理健康服务，仍然需要通过特殊教育服务或参与 504 计划获得额外援助。

存在心理健康障碍的学生不能自动获得特殊教育服务或参与 504 计划的资格。学生是否具备资格是由教育团队决定的，他们权衡所有的信息，并制定衡量学生是否符合资格的标准。IDEA 是一项勾勒出特殊教育资格联邦标准的法案，各州可以增加标准以使其更具包容性，但不能降低联邦标准。该法案中定义了 14 种残疾类别：

- 孤独症谱系
- 失明
- 失聪
- 发展迟缓
- 情绪障碍
- 听力障碍
- 智力障碍
- 多重残疾
- 骨科损伤
- 其他健康障碍
- 特殊学习障碍
- 语言或语言障碍
- 创伤性脑损伤
- 视力障碍

有心理健康障碍的学生可以属于这些类别中的任何一种，他们中的大多数属于情绪障碍、其他健康障碍和孤独症谱系。

四、普通教育和特殊教育中有心理健康障碍的学生

儿童和青少年心理健康障碍在一般人口中所占比例很高，但是，绝大多数患有这些障碍的学生接受的是普通教育，而不是特殊教育。即便是情绪严重失常的学生也经常只接受通识教育。因此，本书的目标是帮助普通和特殊教育工作者，为他们提供日

常工作上的支持。

虽然儿童和青少年心理健康障碍在一般学生中很普遍，但在接受特殊教育服务的学生中，这个比例会更高。例如，虽然学校对有资格获得 ASD 特殊教育服务的学生的评估被认为是教育上的而不是临床上的，因为他们关注的是资格而不是诊断，但是许多州的资格标准与精神病学设计标准手册的临床定义是一致的。

虽然患有 ADHD 是联邦健康保障计划所列出的众多医疗条件之一，但在许多学校，ADHD 是健康保障计划所针对的主要障碍。同样，患有 ADHD 是对参与 504 计划的学生的主要要求。

（一）情绪障碍类学生

IDEA 在关于情绪障碍类别的内容中指定了一种情况，这种情况在很长一段时间内表现出下列一种或多种特征，并且对学生的教育表现产生显著的不利影响：

- 不能用智力、感官或健康因素来解释的学习障碍。
- 无法与同学和教师建立或维持令人满意的人际关系。
- 在正常情况下有不恰当的行为或感觉。
- 存在普遍的不快乐或抑郁的情绪。
- 出现与个人或学校问题相关的身体症状或恐惧倾向。

情绪障碍包括精神分裂症。IDEA 不适用于社会适应不良的学生，除非确定他们有情绪障碍。我们可以认为，教育表现受损可能包括在学校社交情绪领域的重大困难，这使得有这些问题的学生符合这一类别，即使他们在学业上表现很好。请注意，该类学生不需要进行心理健康诊断，而且确诊情绪障碍也不一定使学生有资格接受特殊教育。

绝大多数接受情绪障碍服务的学生要么已经被诊断患有心理健康障碍，要么表现出强烈暗示心理健康障碍的症状。ADHD 是这些学生中最常见的障碍，患有 ADHD 的学生由于过度活跃、冲动和难以专注于任务等持续行为而转诊接受特殊教育评估是非常常见的。

情绪障碍是唯一不基于特定残疾的特殊教育类别。在许多学区，接受特殊教育服务的学生被诊断患有某种心理健康障碍，而这种障碍的症状是学生在个性化教育计划中需要解决的问题，这两者之间存在脱节。当学生接受特殊教育服务时，诊断出的心理健康障碍不被视为学生本身的疾病，换句话说，学校承认学生可能被诊断出患有疾病，这并不罕见，但主要的问题是无论是否被诊断出患有疾病，学生的行为问题都需要得到处理。有些学区则更进一步认为诊断无关紧要，不应该透过外部行为寻找学生问题（心理健康障碍）的潜在根源。

根据玛丽·瓦格纳（1995）所做的研究，在所有疾病类别中，患有情绪障碍的学生在缺勤、学业不及格、未婚怀孕及违法犯罪方面的比例很高，并且在毕业率、就业率、升学率方面都表现很差。超过一半（58%）的情绪障碍类学生在高中毕业后的3～5年内被捕。在辍学的情绪障碍类学生中，离开学校3～5年之后被捕的比例为73%。根据玛丽·瓦格纳的说法，这些学生表现不佳的主要原因是，一般来说，情绪障碍类学生中只有很少一部分接受了充足的心理治疗。

数据还表明，在离开学校后，心理健康状态对于日常生活有显著的影响。该研究指出，接受特殊教育服务的学生往往社交能力较差，导致其与教师和同龄人的互动出现问题。

多年来，由于医疗保险公司和县政府社会服务机构大幅减少了住院治疗设施的安置，并限制了精神病医院的住院时间，学区内患有严重心理健康障碍的学生数量急剧增加，这些学生中有许多被归入情绪障碍类。尽管情绪障碍的分类并不以诊断为重点，但情绪障碍类里面都是有心理健康问题的学生。在过去的30年里，在咨询了许多农村、郊区和城市的学区后，我查阅了大量学生第一次接受特殊教育时的档案，就是这些档案上的评估结果导致他们被送到情绪障碍安置所。例如，在对一个城市学区的咨询中，我注意到73%的小学生和87%的中学生已经被诊断患有心理健康障碍。ADHD是最常见的诊断，其他障碍也很普遍，包括情绪障碍、焦虑障碍、ASD、依恋障碍、物质使用障碍和行为障碍。接受特殊教育服务的情绪障碍类学生通常有两次或两次以上的诊断史。

父母离婚或分居、寄养史、身体或性虐待史、收养史和父母物质使用障碍史常出现在情绪障碍类学生的社会历史中。在第一次评估时，大约有一半的学生有服用精神药物的历史，而在安置所的学生中，该比例有所上升。他们服用过的药物包括抗抑郁药、兴奋剂、抗精神病药、锂盐、抗癫痫药（情绪稳定药）和抗焦虑药。

特殊教育中的情绪障碍类患者可能在社区有心理健康障碍的儿童和青少年中占最高比例。一项研究指出，在过去的一年中，情绪障碍类学生被诊断为心理健康障碍的比例最高（70%）（加兰等，2001）。

那些在四类安置所中接受严格约束的学生，他们单独接受教育服务，可能会被安置在主要针对有行为障碍学生的学校，或者作为患有心理健康障碍的学生参加项目。行为障碍组的项目倾向于行为干预，情绪障碍组则在日间治疗中提供广泛的心理健康服务。

具有讽刺意味的是，当分析这两组患者的社会历史时，行为障碍组往往至少与情绪障碍组有同样甚至更多的心理健康障碍的证据。两组患者的心理健康障碍诊断史、用药史和心理治疗史甚至住院史都是相似的。由于在传统的治疗环境（如集体治疗、个体治疗）中有不愉快或者治疗不畅的历史，一些学生在治疗时会出现对立和反抗，加上父母缺乏对治疗项目的参与等原因，行为障碍患者往往不适合心理治疗者提供的项目。因此，患有严重且未经治疗的心理健康障碍的学生，经常被安置在接受最少心理健康服务的项目中，他们的不良结果通常与情绪障碍没有得到有效治疗这一事实有关。

情绪不正常的学生约占特殊教育学生的 8%，男女比例为 80∶20。情绪障碍类学生的比例随年龄增长而增加，从 6~7 岁的大约 4%增加到 16~17 岁的 13%。在中学生中的较高比例反映出，一些学生很晚才意识到自己的重大情感或行为缺陷。情绪障碍类学生更有可能被留级，并且这类学生的辍学率是所有特殊教育类别中最高的（51%）。大约 30%的情绪障碍类学生在学校的大部分时间都是在普通教育课堂之外接受特殊教育服务的。在高中生中，72%的情绪障碍类学生被学校开除或停学，而在没有患病的学生中这一比例为 22%。情绪障碍类学生在阅读、算术和写作等基本学术技能方面通常要比正常学生落后一到两个年级。值得注意的是，在接受特殊教育服务的情绪障碍类学生中，如果他们的心理健康障碍得到了准确的诊断和有效的治疗，那么很大一部分学生就不需要转诊。教师可以在与其他教育工作者和家长的合作中发挥重要作用，鼓励为有风险的学生提供早期干预服务。

（二）其他健康障碍类学生

与情绪障碍类别不同，其他健康障碍类别基于特定的医疗残疾，也可包括心理健康障碍。根据 IDEA 的规定，其他健康障碍是指"具有有限的力量、活力或警觉性，包括对环境刺激的高度警觉性，从而导致对教育环境的警觉性有限。（1）这种有限的警觉性是由于慢性或急性健康问题，如哮喘、ADHD、糖尿病、癫痫、心脏病、血友病、铅中毒、白血病、肾炎、风湿热、镰状细胞性贫血和图雷特综合征；（2）这种有限的警觉性对儿童的教育表现产生不利影响"。

一些学区将上述（1）解释为 ADHD 是这一类别中唯一允许的心理健康障碍，这是错误的。美国教育部门在回应《联邦公报》中具体列出心理健康障碍的要求时表明："其他健康障碍定义中列出的急性或慢性健康状况并不详尽，而是举例说明儿童存在的问题，这些问题可能使他们有资格在其他健康障碍类别下接受特殊教育和相关服务。我们拒绝将吞咽困难、胎儿酒精谱系障碍、双相情感障碍和其他器质性神经障碍纳入其他健康障碍类别，因为这些情况通常被理解为健康损害"（《联邦公报》第 71 条第 46550 号，2006 年 8 月）。

换句话说，主要的心理健康障碍（如 ADHD、抑郁障碍、双相情感障碍、惊恐障碍、强迫症、精神分裂症）是慢性疾病，如果一名学生患有其中一种疾病，并且符合联邦和州的其他健康障碍标准，他就有资格享受这一类别下的特殊教育服务。通常是家长为有心理健康障碍的孩子争取被纳入其他健康障碍的分类,而不是学校,因为家长通常认为这一分类比特殊教育分类少一些污名化,并且在这个教育团队中,至少会有一名在学生心理健康障碍方面具有专业知识的成员,这可以为自己的孩子提供专业帮助。

学校可能不愿意把一名学生归入其他健康障碍的类别,特别是当这名学生有破坏性或攻击性时,学校通常会用"学区只有具备情绪障碍类师资的教师而没有具备其他健康障碍类师资的教师"为由,来拒绝其他健康障碍类学生的加入。综上所述,一些学区从未将 ADHD 患者以外的患有慢性心理健康障碍的学生纳入其他健康障碍类别。对于许多患有临床抑郁障碍、双相情感障碍(其中一个标准是注意力分散)、精神分裂症(妄想和幻觉明显降低了其在教育环境中的警觉性)、强迫症(持续有强迫性想法或执行强迫性行为会使学生很难专心于课堂上的信息)等的学生来说,警觉性有限显然是个问题。在许多学区,ADHD 是接受其他健康障碍类服务的学生中最常见的医学诊断,由于其他健康障碍类服务的资格认定是基于临床诊断的,所以接受该服务的学生,其行为通常比情绪障碍类学生更有可能被视为心理健康障碍的直接表现。

(三)ASD 类学生

根据 IDEA 的观点,ASD 是一种发育障碍,严重影响学生的语言和非语言交流以及社会互动,通常在 3 岁之前就很明显,这对学生的教育表现有不利影响。与自闭症相关的其他特征还有重复性活动和刻板动作,对环境或日常生活变化的抗拒,以及对感官体验的不寻常反应。如果学生的教育表现主要是因为情绪障碍而受到负面影响,自闭症这个词就不适用了。如果儿童在 3 岁后表现出自闭症的特征,且符合上述标准,就可以被诊断为自闭症。有趣的是,自闭症的教育定义反映了《精神障碍诊断与统计手册 V》对 ASD 的临床诊断。然而,即便学校的专业人员在进行教育评估的过程中根据这些标准,将学生归入了自闭症类别,学区也通常会坚持为该生申请特殊教育的资格,而不是建立临床诊断。

五、504 计划与特殊教育

504 计划与特殊教育各有利弊。一些家长更喜欢 504 计划,因为他们觉得这比特殊教育少一些污名。还有一些家长为他们的患病孩子寻求特殊教育服务,而不是参与 504 计划,因为他们觉得他们的孩子将从受过训练的专业人士那里得到专门服务,他们将成为决策团队的一员,如果不同意学校的评估,他们有权要求独立的教育评估,通过特殊教育服务,他们可以更好地为自己的孩子争取权益。

无论教育工作者是在普通教育还是特殊教育环境中工作，他们都将与许多有心理健康障碍的学生相处。通过在普通教育教室进行调整和由专业人员提供心理健康治疗，通常可以防止学生被转诊至接受特殊教育。如果有心理健康障碍的学生需要更密集的服务，无论是参与504计划还是接受特殊教育服务，重要的都是确保这些服务将考虑到学生的心理健康障碍特点及其在课堂上的影响。

第20章

针对有情绪或行为障碍学生的有效教学策略

"孩子就是孩子——你应该欣赏他们。那些给你带来最多麻烦的人,往往会让你成为一个更好的教师"。

——一位具有20多年课堂教学经验的幼儿特殊教育教师

现在你们对儿童和青少年心理健康障碍的本质有了更好的理解,这些知识可以在课堂上转化为有效的教学策略。

教学方法需要根据每名学生的独特需求进行调整。心理健康障碍是学生可能经历的疾病,但它们不能定义学生。因此,正确的做法是把学生看作有心理健康障碍的人,而不是精神病患者。在建立关系的过程中,教师可以和学生身上与心理健康障碍无关的特征建立联结。

在与有情绪或行为障碍的学生相处时,教师会因自身责任带来的挑战而感到不堪重负。大多数学校都提供团队会议,在此过程中教师可以向其他教师、咨询师、心理学家、社工和学校管理人员寻求帮助。尤其重要的是,在教师职业生涯的开始阶段,他们要自在地寻求帮助,并认识到,当他们在与具有挑战性的学生相处的工作中获得更多经验时,他们将在未来被其他教师请教。在许多学区,由于年长的教师要求与更少有障碍的学生一起工作,经验最少的特殊教育教师经常被安排在学区里有障碍的学生最多的项目中服务。学区有责任为所有教师提供适当的指导、支援和支持。即便是最有经验的教师,也可以从向其他专业人员的咨询中获益,而团队会议为所有员工提供了一个支持性的环境。

在本章中所描述的干预措施被归类在不同的诊断类别下,它们有最适当的应用。然而,它们并不是特定的诊断,它们可能会成功地帮助有各种心理健康障碍的学生。有些干预措施可能更适用于某些障碍(如ADHD),但大部分干预措施对所有有心理健康障碍的学生都适用。采用一种"食谱式"的方法，仅根据具体诊断列出相应的干预措施，是无效的。

同时，由于心理健康障碍的共病率高，许多学生有多种心理健康障碍，在同一名学生身上出现 ADHD、焦虑障碍、情绪障碍和行为障碍的情况并不少见。即使一名学生只有一种心理健康障碍，他的气质、个性和学习方式也将影响对他可能最有效的干预措施。本章概述了对某些障碍有效的教学策略，当它们对有其他心理健康障碍的学生也有效时，就应该采用它们。它们也适用于那些没有被诊断，但有迹象表明有心理健康障碍的学生。

一、提升学生幸福感的策略

干预需要关注学生的发展年龄。一些学生由于认知能力有限或患有心理健康障碍，其功能明显低于实际年龄。年幼的学生，或者在功能上与年幼学生一样的年龄稍大的学生，人们往往很难识别他们的情绪状态。他们可以通过教师的帮助明确自己的感受，比如以下陈述："苏珊，看起来你在生贾斯汀的气。你能告诉我出了什么问题吗？"教师可以帮助学生识别自己的情绪，并学会更有效地处理它们。通过识别自己的内部情绪状态，学生可以学习并掌握适当的应对策略。

帮助有风险的学生识别负面情绪，找到可接受的替代行为，可以让他们有一种掌控自己情绪和行为的感觉，而这些情绪和行为在之前是无法控制的。不同的表情（如愤怒、悲伤或沮丧）组成的图表对年幼的学生和患有自闭症的学生也有帮助。

有经验的教师会识别学生在处理负面情绪时遇到的问题，并且及时发现学生因越来越焦躁不安而产生不良肢体行为的危险。通常，这些学生对压力的行为反应模式是可以预测的，教师可以学会识别激发这些学生的诱因。如果一名学生在小组讨论中没有先被叫到，他就会感到愤怒，这可能会导致他生闷气或攻击小组中最脆弱的成员。一些学生在听到噪声或暴露在过度刺激的环境中时可能会变得焦躁不安。

了解这些模式的教师可以主动采取预防性干预措施。预防性干预措施可以包括把问题学生的座位安排在靠近教师的位置。有时，可以通过向学生展示一种新的、有吸引力的活动，来分散他们的注意力。感到无聊会导致不恰当的行为，教师需要让学生参与课堂活动。如果学生质疑相关的家庭作业，那么教师必须给出对他们有意义的答案。例如，当被问到为什么数学很重要时，教师可以回答这样可以防止他们在花钱时由于找零错误而被占便宜。对于那些注意力持续时间短、控制能力差、易冲动或易被内部情绪状态分散注意力的学生来说，保持对课堂活动的投入是一个挑战。本章所描述的课堂干预有助于这一过程。

无论影响学生的心理健康障碍是什么类型，首要的目标都是赢得他们的信任，帮助他们在教室里获得安全感。与抑郁或焦虑的学生交流可能会很困难，因为他们可能会变得孤僻，对人际交往非常谨慎。外化行为和控制能力差的学生可能也难以与教师建立信任。

患有 ASD 的学生在与他人建立关系方面常常存在重大问题。教师可以找出获得学生信任的方法，创造一个可预测的、稳定的、一致的、培养性的、安全的课堂环境有助于这一过程。运用多种教学策略使学生参与到学习过程中来，适应不同学生的学习风格，是很有帮助的。在某些情况下，可能需要尝试几种不同的方法，直到找到那些成功建立积极联系的方法。

教师的态度对于在课堂上创造一个让有心理健康障碍的学生感到安全的情感环境至关重要。许多学生生活在高度危险的环境中，他们经历或目睹了精神或身体上的虐待，这类学生需要得到这样的信息：教室是一个没有人会伤害他们的地方，也是一个他们不会伤害别人的地方，教室是安全的，他们在那里学习。当教师表现出幽默感、情感上的支持和对学生的欢迎时，他们的学生就会觉得被接受了，就不太可能在课堂上表现出负面情绪。教师可以在课堂上建立一种集体感，学生也会觉得自己是一个重要集体的一部分。他们会理解，教师和学生在一起，为一个共同的目标而合作。

二、组织和设计课堂以促进学习

改变课堂环境可以帮助弱势学生。有心理健康障碍的学生在课堂上的肢体敏感度会提高或降低，这可能会导致他们在情绪控制、完成任务、参与积极的社会互动和行为方面出现困难。改变他们对于环境的感觉，可以提高他们的能力。

患有焦虑障碍 ASD 的学生可能对环境刺激反应过度，并可能表现出回避或激动行为。患有焦虑障碍的学生可能会显得过于警惕、害怕、分心和不安。患有 ASD 的学生可能会有触觉防御，他们会避免吃某些质地的食物，只穿柔软、宽松的衣服。对噪声过于敏感可能会导致他们在教室里倾向于待在不太刺激的地方（包括爬到桌子底下）。突然的巨大噪声，比如消防演习，会使他们捂住耳朵，显得非常焦躁不安。他们可能很难待在拥挤的地方，如餐厅和走廊。

相反，其他有心理健康障碍的学生可能对感官刺激反应不足。他们可能会寻求更多的感官刺激，表现得过于活跃，因为本体感受困难而变得笨拙，频繁触摸物体，或者通过哼唱、自言自语等方式发出声音。

对于对环境反应过度或反应不足的学生，可以使用感觉运动策略来提高他们在课堂上的活动能力。过度兴奋的学生可能对教室里降低的光线亮度反应良好。有些学生，尤其是患有自闭症的学生，对荧光灯非常敏感，在白炽灯光或自然光的环境下会比较安静。隔音耳机可以帮助他们集中注意力，加重的毯子或背心可以起到镇静的作用。有几种设备可以为需要感官刺激和活动的学生带来镇静，例如，抗焦虑魔方是一种具有可塑性的物体，它可以让焦虑的学生有事可做，并给他们提供自我安慰，类似物体可能是由橡胶、硅胶、塑料、黏土或油灰制成的，如库什球、软手球、橡皮泥、扭曲玩具和可揉捏的橡皮擦，它们对不安分和过度活跃的学生也很有用。（焦虑的学生可能会情绪失控，因此衡量焦虑学生的自我控制水平非常重要。）

嚼东西可能会让一些学生感觉更好一点，而摇椅和豆袋对一些学生来说是代替传统课桌的有效选择。让学生能够进行一些运动和休息，如被允许他们站立、伸展肢体和散步，这是有帮助的。职业治疗评估有助于确定对学生的最佳干预措施。

三、残疾和障碍之间的区别

在研究针对有心理健康障碍学生的特殊适应性之前，理解残疾的概念以及术语"残疾""障碍"之间的区别是有帮助的。残疾，无论与身体还是与心理有关，都是指限制一个人的行动、感觉或活动的状况。残疾人是指在某一特定领域的能力有限或缺失的人。例如，盲人是看不见东西的；色盲的人视觉能力有限；一个有严重阅读障碍的学生可能有足够的智力，但由于神经困难，可能在解读书面语言方面有明显的限制。

另外，残疾程度是指一个人的残疾在多大程度上限制了他在世界上的活动能力。这是一个重要的区别，因为很多人虽然有严重的残疾，但能够很好地活动，生活能力的缺陷度很低。海伦·凯勒就是一个很好的例子，她没有听力和视力，却是一名成功的作家、政治活动家和演说家。有些人有轻微的残疾，却由于各种各样的因素，发展成严重的残疾。例如，一名有阅读障碍的学生可能因为多年的挫折而自卑，也可能不愿意尝试掌握新的技能。

对残疾学生进行教育干预的目标是最大限度地提高他们在学校取得成功的能力（希望在家庭和社区也能如此），并尽可能地消除他们的残疾或残疾带来的影响。

四、解决学生心理健康问题的课堂干预

有心理健康障碍的学生明显是残疾的，而且比那些有其他医疗残疾的学生更严重。与其他医学疾病不同，心理健康障碍不表现为呼吸急促、跛行、皮疹或其他容易识别的身体表现。心理健康障碍也不容易被发现，因为许多儿童和青少年宁愿表现为"坏的"而不是"病态的"，从而掩盖焦虑、抑郁或其他心理健康问题，以避免被他们的同

龄人所排挤。

确定适当的干预措施，使有心理健康障碍的学生能够在教育环境中实现目标，远不像对有身体残疾的学生所做的那样简单。一般来说，量化身体残疾程度（如听力损失、视力损害、肌肉无力等）比确定抑郁、焦虑或注意力不集中的程度更容易。心理健康障碍的症状也可能由于疾病的性质和环境因素而发生变化，例如，抑郁障碍的发作可以自行缓解。此外，环境压力和需求可能会加剧心理健康障碍症状。

对于在其他健康障碍类别下接受特殊教育服务的学生，针对其身体疾病的表现设计调节和修正方案是正常的做法。然而，许多有情绪和行为问题的学生正在接受情绪障碍类特殊教育服务，即使他们已经被诊断为心理健康障碍，也接受了一般的行为干预，这些干预措施也并不关注他们潜在的心理健康障碍的本质。

这是一个复杂的问题，对于干预这些学生的最佳方法，教育工作者和心理健康专业人员之间存在相当大的分歧。在我看来，最实际的方法是，对于一名被诊断为患有心理健康障碍，并有着与该障碍症状相一致行为的学生，干预应该集中于其潜在障碍的性质及其临床表现。这种方法也可以帮助那些没有被诊断出来但有潜在心理健康障碍迹象的学生。

（一）首先要知道的

为了向那些直接由于心理健康障碍导致学业或行为困难的学生提供成功的调节和修正，在征得家长同意的情况下，教育工作者确认以下信息是非常有用的：
- 该学生患有的心理健康障碍类型。
- 是否提供了心理治疗以及采取了哪种类型的治疗。
- 治疗是否刚刚开始，预期症状是否有所改善，或者治疗是否已经进行了一段时间，预期症状是否保持在相同水平。
- 是否有改变治疗策略的计划（如改变药物种类或药物剂量），如果有，将在何时实施。

有些缺陷是可以通过治疗避免其最终发展成残疾的，例如，近视的人可以戴眼镜来解决视觉困难。同样，一些心理健康障碍也是可以治疗的，直到持续存在的症状消失，例如，重性抑郁障碍的症状，在综合进行心理治疗和药物治疗时，可以完全缓解。有些残疾是可以部分治愈的，有些（如完全失明）则无法治愈。正在接受重性抑郁障碍治疗的学生在症状明显时，可能需要大量的干预措施来解决其经常出现的缺乏精力、疲倦和注意力难以集中的问题。相关症状改善后，这些干预措施可能就不再是必要的。一名患有 ASD 的学生，即便接受了最好的治疗，也很有可能继续需要各种教育干预，包括社会技能训练、职业治疗等。一名患有 ADHD 的学生如果开始接受药物治疗，就可能会在某些方面表现出显著的改善，比如减少多动和冲动，而在其他方面，如组织能力方面仍然存在困难。

（二）如何找到答案

由于这些原因，在教育工作者（如教师、护理人员、社工）、家长以及医疗和心理治疗服务者之间建立开放的沟通渠道是很重要的。了解治疗的类型和阶段以及学生对治疗的反应有助于指导教育工作者为有心理健康问题的学生提供有针对性的干预措施。（有关这个问题的更多信息，请参阅第17章。）对有心理健康障碍的学生的有效干预不仅仅是提供住宿安置和调整方案。我们需要认识到这些学生和那些身体残疾的人一样有残疾，理解残疾的本质（特点、严重程度、长期性），并实施有适当期望和目标的干预措施。

（三）设定可实现的目标

如果目标设定得太低，教育计划对于学生来说就没有足够的挑战性，学生的进步就会很小；如果目标设定得过高，学生、家长和教师就会因为没有达到目标而感到沮丧。例如，一名学生可能被认定存在注意力不集中的问题，他的一天中可能只有20%的时间在专注于一件事。因此，在他其余80%的时间里设定一个完成任务行为的短期目标可能是有问题的。对于一些学生来说，这可能是可行的，特别是如果要提供治疗的话，但对于一些学生来说，这可能不是一个可实现的目标。在理想情况下，设定的目标应该是最佳的挑战，但让学生有最低限度的挫败感，这样才能取得持续、渐进的进步。行为干预需要为学生的成功打下基础，如果学生因为他的行为问题或缺乏进步而不断受到负面影响，就需要对教育计划进行重新评估。

一个针对色盲学生的教育计划不会有这样的目标："约翰将能够区分绿灯和红灯"。合理的目标应该是："约翰会知道，当开车接近红绿灯时，车顶的灯亮表明他应该停车，车底的灯亮则表明他应该继续前进"。换句话说，课堂干预须考虑学生的残疾情况，并围绕学生的残疾情况开展，以确保在学校取得成功。学术干预需要基于学生完成课堂任务的能力。由于心理健康障碍会影响这种能力，因此区分认知测试（如智商测试）所测量的能力和学生在课堂环境中实际拥有的能力是很重要的。如果教育工作者说，"我知道强尼能做正常的课堂作业，他有这个能力"，那么他们可能没有意识到ADHD、抑郁障碍、焦虑障碍或其他心理健康障碍对学生实际完成作业能力的影响。

影响学生学习能力的因素可以包括心理健康障碍的具体症状（如ADHD的注意力分散或重性抑郁障碍的注意力集中困难）、更广泛的情绪调节问题、在社交场合中的困难，以及在表现出适当解决问题的能力方面的困难。

（四）技能训练

技能训练有助于协助有心理健康障碍的学生在学校取得成功。它可以由学校的社工、顾问、心理咨询师提供，在某些情况下，也可以由教师提供，它不同于心理治疗。心理治疗是一种专注于治疗学生潜在的心理健康障碍的干预疗法，而技能训练是一种干预措施，它教授学生可以练习和掌握的具体技能，以改善其在家庭、学校和社区中的功能。

技能训练是许多针对有心理健康障碍学生的干预计划的一个非常重要的组成部分。以下两种有缺陷的学生需要技能训练。

第一种是一群根本没有学会适当技能的学生。这通常是由于他们经历的巨大家庭压力和所处的混乱环境（如无家可归、家长滥用药物、极度贫困）。由于缺乏基本技能，尤其是社交技能，这些学生可能在教育环境中存在严重的障碍。

第二种是由于心理健康障碍导致技能缺失的学生。根据定义，一些心理健康障碍会使个体具有技能缺陷。例如，患有 ASD 的个体在社交技能方面有明显缺陷，因此，患有 ASD 的学生在评估非语言情感表达、同情心以及在与他人的社交互动、做出适当决策方面都有困难。患有 ADHD 的学生可能在社交技巧方面有很大的困难，特别是经常打断别人谈话和无法注意到来自同龄人或成年人的微妙的社交暗示。其他有心理健康障碍的学生可能有完整的技能，特别是当障碍发生在青少年后期时。例如，一个 16 岁的初次发病的重性抑郁障碍患者可能有优秀的社交技能和自我控制能力，如果该障碍得到及时有效的治疗，该患者可能不需要任何技能训练。然而，如果抑郁障碍持续一段时间，那么该患者可能需要把技能训练作为康复计划重要的一部分。

技能训练基于这样一个概念——技能是通过经验或培训而发展起来的能力。技能是可以观察和量化的，它们可以被练习，也可以在训练过程中被纠正。培训方式因学生环境的不同而有所不同（普通教育、特殊教育的独立教室），也因存在的心理健康障碍的性质和技能缺陷而有所不同。

技能训练可以针对许多技能缺陷。它可能关注自我调节技能、社会技能、沟通技能的发展，或者用功能性的技能替代适应不良的技能。技能训练也可能涉及对学生家长的培训，教他们理解他们的孩子如何处理信息、如何对不同的环境做出反应等，家长的参与有助于将技能训练推广到家庭和学校环境中。

技能训练的例子包括社交技能训练、自信技能训练、愤怒管理技能训练和组织技能训练。这样的训练可以帮助学生应对压力、解决问题、学会自我监控情绪和冲动、提高组织安排的能力并学习放松技巧，它可以个人、团体或家庭的形式开展。技能训练的目标包括培养缺失的、延迟的或扭曲的技能，帮助家庭了解他们孩子的障碍。

虽然技能训练不构成心理治疗，但它可以是一种收费的心理健康服务，具体取决于学生所在州的医疗补助和私人保险的保险福利设置。可以为心理健康服务的医疗补助计划买单的学区，也可以为技能训练买单。例如，作为心理治疗计划的一部分，如果技能缺陷是由于学生的心理健康障碍造成的，或者技能训练服务提供者符合某些心理健康专业标准，或者技能训练在医学上被认为是必要的，那么学区就可以为技能训练买单。在一些学区，技能训练可能被认为在教育上是必要的，是相关服务的个性化教育计划的一部分，也可能是必要治疗计划的一部分，并且可以由医疗补助计划报销。在这些学区，从特殊教育和医疗补助计划获得报销不属于双重倾斜，所以还有可能获得额外的资金。鉴于州与州之间的差异很大，学区管理者需要鉴别可用的资金来源。

教育工作者可以提供技能训练服务，同时提供心理治疗、药物治疗、社区医疗或由心理健康专业人员提供的其他心理治疗干预措施。重要的是要了解，心理治疗本身并不会自动改善技能缺陷，而为了完成心理治疗干预的目标，通常需要特定的技能训练。除了向有技能缺陷的学生传授技能，随着时间的推移，与学生一起练习他们所学到的技能也很重要。针对这种情况的教学技术可能包括强化学习技能、暗示技能建立互动、角色扮演、成就强化、降级和不良行为的重新定向。

技能训练是每个教师日常活动中不可缺少的一部分。教师不断地塑造学生的行为、鼓励学生自我控制、奖励积极的社会互动并帮助学生应对生活中的挑战。技能训练经常被提供给可能患有心理健康障碍或可能患病但没有被诊断出来的学生。作为教育计划的一部分，技能训练可以在更正式的基础上进行，包括客观测量基线状态、设定具体目标和持续评估结果。

五、课堂适应、调整和改造

对于心理健康障碍，提供治疗以减轻或消除症状通常比向未治疗的心理健康障碍提供适应措施更好。对于严重的致残障碍，如重性抑郁障碍或精神分裂症更是如此。

在学校中，最有效的适应措施是识别学生的实际障碍，并提供量身定做的干预措施，以最大限度地取得成功。根据学生的需要、学习方式、兴趣和障碍的具体性质，适应、调整和改造需要因人而异。

有心理健康障碍或身体残疾的学生可能需要调整教育方案，以满足他们的特殊需要。当教育工作者清楚地了解心理健康障碍的性质及其对课堂的影响时，对有心理健康障碍的学生的适应措施可能是最有效的。在理想情况下，干预应在心理健康障碍的早期提供，必要时要在整个过程中持续进行。

在许多情况下，可以在常规课堂内进行这些干预，而不需要额外的系统性干预。

教师可为不需要特殊教育服务的患病学生提供课堂协助，实际上，在转介学生接受特殊教育服务之前，有必要在课堂上进行干预。

患有心理健康障碍的学生通常在多个领域受到伤害，包括学校、家庭和社区。他们可能在交朋友和维护人际关系方面有困难，可能与家庭成员发生冲突。他们可能正经历着严重的不快乐和焦虑，这要么是他们心理健康障碍的外显症状，要么是他们在应对心理健康问题时遇到的困难的次要症状。因为他们的问题会影响他们的教育经历，所以学校干预不仅可以支持他们在学校取得成功，还有助于让这些成功给学生带来自尊。

学校专业人员致力于为所有学生提供教育服务，并以学业成就为中心。这些服务的描述方式多种多样，术语经常可以互换使用，"服务""适应""调整""改造""支持""干预"等术语各有其特定含义。

服务是指个性化教育计划和504计划中列出的任何旨在改善学生行为或学业表现的干预、调整、改造或策略。适应是指对残疾学生的学习环境、课程、教学或评估实践所做的改变，以帮助学生成为一个成功的学习者。这种改变使残疾学生与非残疾学生实现相同的课堂目标，提供额外的服务来减少学生残疾的影响，让学生更容易达到学业要求。例如，一些在书面语言方面有学习障碍的学生被允许做口头报告，以口头而不是书面的形式参加考试，甚至可以大声朗读课本。

调整分为以下几类：

- 展示调整改变了向学生展示指导、作业或评估的方式。例如，鼓励学生做出选择可以提高任务的参与度、做作业的效率和准确性。
- 反馈调整改变了学生被允许反馈指令的方式，或者用来帮助学生形成反应的组织手段。
- 时间或行程安排调整是指分配给某个活动或考试的组织或时间的变化。例如，对于患有ADHD的学生来说，延长他们的考试时间往往会让他们得出更正确的答案。
- 环境调整是指改变学生完成作业或考试的环境，或者调整在场人员。提供适应性的设施、分配靠近教师的座位或小组教学有利于学生的学业和行为表现。

改造是指所授课程和布置作业的改变。这些改变可能会向学生提供由于残疾而降低学业水平的教育资料，因此可能会改变或降低学生的学业期望。调整和改造都是一种支持方式，它们都支持学生在学校里尽其所能取得成功。

干预是指通过注重学生的发展或提高学生的知识水平、技能、行为能力、认知能力或情绪调节能力的过程而做出改变。干预的一个例子是在年级课程中为有学习障碍的学生提供数学或阅读辅导服务，目的是帮助学生达到年级水平。

不幸的是，一篇文献综述发现，很少有对照研究明确地证明和量化课堂改造和心理健康障碍调整的有效性（路易斯、哈德森、里希特和约翰逊，2004）。哈里森、班佛、埃文斯和欧文斯（2013）指出，在个性化教育计划和 504 计划中列出的针对 ADHD 学生的策略中，超过 70%没有经验依据来支持它们。他们还指出，传统的干预方法侧重于帮助学生通过课程考试和毕业，而不是提高学生的能力，使他们能够实现与年龄相适应的社交水平、行为能力和学业期望。

进一步的研究不仅在学生上学期间是必要的，在他们作为成年人进入劳动力市场之后也很有必要，这样可以更好地评估不同的课堂干预对改善结果的有效性。尽管如此，许多教育工作者会发现本书中描述的干预措施是有效的。所有这些都基于这样一个前提：当学生的残疾使他们在课堂环境中难以取得成就时，就可能需要改造或额外的服务。哈里森及其同事（2013）对文献的回顾表明，学业干预包括帮助学生进行自我管理（提高课堂预习能力）、培养学生组织技能、教会学生记笔记（提高笔记质量、任务完成度和日常作业分数）、辅导家庭作业和向教师进行咨询。人际交往技能训练的目标是培养学生发展自我目标、解决问题的技能，以及即时反馈的实践技能。家庭干预，如家庭疗法、家长培训和家庭解决问题沟通培训，可以缓解家庭紧张关系，包括与学生上学困难相关的紧张关系。一些学校项目提供多种干预措施，比如人际交往和组织技能的混合培训及与家长的沟通培训。

六、针对患有 ADHD 学生的教育策略

ADHD 是在普通教育和特殊教育中表现出心理健康问题的学生中最常见的心理健康障碍类型，认识到这一点是说明如何设计针对心理健康诊断关键的教育干预方法的良好起点。以下几种方法在帮助有其他残疾的学生时也很有用。

（一）对教育工作者的培训及支持

这个过程的第一步是确保教育工作者明白，ADHD 是一种合理的神经行为诊断，它的症状会催发或导致学生在课堂上的困难。教育评估和功能性行为评估必须承认，在课堂上发现的问题是学生的临床障碍症状，这样才能避免将问题归咎于学生。换句话说，不假思索地推断患有 ADHD 的学生是为了逃避作业而分心是不恰当的。在功能性行为分析中，人们通常会注意到行为的 3 个外部功能（回避任务、寻求注意力和获得有形奖励）。然而，第 4 个功能表明，导致这些行为的心理健康障碍内在因素也需要被注意。当然，一名患有 ADHD 的学生可能是想逃避作业，或者注意力分散和回避行为并存的。重要的是，要弄清楚一个行为在多大程度上是由内在因素造成的，在多大

程度上是由外部功能造成的。在这方面，临床-行为谱系概念的使用是有帮助的（参见第 2 章）。教师需要了解 ADHD 的症状，以便认识到有些患有 ADHD 的学生并不是过度活跃，并认识到在不同环境中 ADHD 症状会有所不同。对患有 ADHD 的学生实施有效教学策略是应对该种障碍的核心策略，正如《精神障碍诊断与统计手册Ⅴ》中所概述的那样。除了这种障碍本身的症状，学生可能还会因为之前在课堂上的失败而产生一些次要问题，这种情况下，教学策略还需要解决学生士气低落和对自己期望低的问题。

要想课堂组织得很好，对学生有明确的规则和期望是很重要的。此外，保持一致性也是至关重要的。教师要能够识别学生的学习风格并进行相应的教学，动手实践往往比过度让学生阅读书籍和其他印刷资料更成功，因为这是运用多种感官帮助学生掌握知识，是非常有效的。

课堂规则应根据学生的具体情况加以调整。在学生实现了自己的目标后，调整策略也会随着时间的推移而改变。行为干预的关键因素是了解学生的天赋和能力，并用合理的期望挑战他们，使他们获得成功。目标必须是可以实现的，才能提高成功的可能性。课程可能需要修改以适应学生的能力水平。能力水平既反映了认知能力，也反映了干扰学生充分发挥其认知能力的其他因素，如注意力分散、情绪变化和焦虑等，适应这些因素可以帮助学生取得成功。

患有 ADHD 的学生可能非常混乱，因此可能在教师和家长之间的信息传递方面存在重大问题。这种情况在美国各地经常重演，一位家长问孩子："你有家庭作业要交吗？"得到的回答是"没有"，后来才发现孩子没有完成重要的家庭作业。针对这种情况，家长与教师之间最好通过电子邮件、网站或其他沟通方式进行直接沟通，以确保家长收到准确的作业要求信息。

要求学生在课后将作业纸带回家的做法是有问题的，因为它会让需要额外帮助的学生暴露在同伴面前。理想情况下，调整和改造应该尽可能不被同伴察觉。

由于各种原因，家庭作业经常是一个大问题。家长可以给他们的孩子规定一个固定的学习时间和地点，建立一个把家庭作业带回家做完后再带回学校的系统。对于在学校很难按时完成课上作业的学生，最好是调整其在学校一天的预期作业量，而不是把未完成的课上作业变成家庭作业。

在某些情况下，应该考虑取消有明显心理健康障碍症状学生的家庭作业。一些有心理健康障碍的学生在放学后可能会感到认知疲劳，并且在回家后很难集中精力完成家庭作业。如果家庭作业问题导致持续的权力斗争，从而导致作业难以完成和成绩不佳，就应该重新考虑布置家庭作业的意义。可以对那些接受特殊教育和参与 504 计划的学生的教学方案进行调整和修改，从而使他们完全不需要做家庭作业。这样做的有利一面是，减轻了可能加剧学生及其家长情绪问题和焦虑症状的压力。不利的一面是，如果作业不在家里完成，或者在学校没有足够的时间完成，那么学生可能会在学业上落后。教育工作者需要权衡所有的因素来决定家庭作业是否必要，避免对所有人都不利的权力斗争。如果一名有严重心理健康问题的学生能够掌握知识并且在考试中表现良好，就证明由于完不成家庭作业而让学生留级不一定是合理的。

课堂上的指导需要清晰和简洁。在理想情况下，它们应该以书面形式呈现并用序号标明。反馈需要不断地强化积极的行为，并在需要的基础上重新引导消极的行为，当结果必要时，它们应该是一致的、直接的、与行为相关的。

重要的是不要让学生注意到消极的行为。用一个微妙的信号鼓励学生改变不恰当的行为是有帮助的，因为有障碍的学生如果成为同学关注的焦点，就很容易变得意志消沉。学生应该被允许有尽可能多的选择，以激励他们，帮助他们取得成功。

教师的态度至关重要。教师要避免把学生的问题个人化，避免权力斗争，保持冷静和积极的态度，认识到学生的心理健康障碍才是问题所在，而不是归咎于学生本身。面对有明显身体残疾的学生保持积极的态度，这对于教师来说比面对那些有心理健康障碍的学生要容易得多，因为心理健康障碍不是显而易见的，而如果学生有身体残疾，如创伤性脑损伤或脑瘤，就会导致他们在学习、情感和行为方面的明显困难。教师要经常问问自己该如何教导学生，这是有帮助的。

（二）针对患有 ADHD 学生的特殊教育策略

患有 ADHD 的学生不仅有明显的注意力分散、多动和冲动问题，而且在执行功能方面也有更细微的缺陷。执行功能是调节、管理和控制其他认知过程的认知过程，其他认知过程如计划、工作记忆、注意力、问题解决、语言推理、抑制、思维灵活性、任务转换以及行动的启动和监控，这些任务的完成都需要适应性的辅助。

下面列出了一些在数学和语言教学中的具体策略，这些策略可能有助于对患有 ADHD 的学生进行教学。其他参考资料请参阅美国教育部官网文章 Teaching Children With Attention Deficit Hyperactivity Disorder：Instructional Strategies and Practices。

针对患有 ADHD 学生有效的数学教学策略如下：
- 让学生使用柱状图或其他图表来帮助组织资料。
- 为口头或书面信息传递有困难的学生复印问题。
- 减少学生需要解决的问题的数量，因为问题太多可能会让人不知所措，从而无法达到布置作业的目的。
- 在学生的课本上标出重要的内容。
- 使用贴纸、便利贴等工具，清楚地标出学生需要完成的作业。

- 把作业分成可管理的小模块，一个模块一页，以免让学生不知所措。
- 确保作业表里没有过多信息，作业纸应该留有足够的空白。
- 可能的话，允许学生使用辅助工具，如计算器、乘法表等。
- 如果定时测试会让学生感到沮丧，就取消它。
- 要清楚、简明地列出对学生的期望。

针对患有 ADHD 学生有效的语言教学策略如下：

- 对作业格式有一致的标准，比如规定学生姓名、日期、页码等要素的位置。
- 把纸固定下来，或者使用更厚的纸，一些学生认为这样有帮助。
- 使用大的横格纸，以方便学生完成写作作业。
- 允许学生使用电脑，允许他们使用软件上的拼写检查功能，鼓励页面整洁。
- 教授学生记笔记的技巧，如使用缩写和两栏布局记笔记，或者用某种模型来做笔记。
- 使用改进的 SQ3R（调查、提问、阅读、背诵、复习）阅读法提高学生阅读理解能力。这有助于学生调查资料、在阅读结束时查看问题、在阅读时突出重点，并回答有关阅读作业的问题。
- 让学生调动尽可能多的感官来提高记忆力。
- 使用首字母缩写和助记法来帮助学生提高记忆力。

七、针对患有 ASD 学生的教育策略

患 ASD 较严重的学生通常在特殊教育系统中接受服务，有些还接受专门的、自给自足的服务项目。然而，许多患有轻度 ASD 的学生接受了限制较少的特殊教育服务，甚至完全接受普通教育。这些学生的语言和认知功能基本健全，但在社交技能、环境敏感性、认知灵活性和情绪状态调节方面存在显著问题。许多属于轻度范围的学生并没有被诊断为 ASD，但是他们在课堂互动中可能会显得笨拙和与众不同。课堂干预方案需要根据每个学生的功能水平量身定做。通常情况下，这些学生的能力是明显分散的，在某些方面能力很强（如死记硬背），而在其他方面能力较弱（如使用抽象语言）。认知、语言和职业治疗评估可以帮助人们理清学生的教育状况，这些信息可以用来设计有效的课堂干预方案。相对于他们的接受能力和表达能力，患有 ASD 的学生在视觉空间上的优势更大，如果信息以视觉的形式呈现，他们就可以更好地学习和记忆它们。

视觉辅助工具可以帮助学生学习、自我控制和交流。可视化支持可以帮助学生组织日常事务，提供方向和指示，以及学习新知识。可视化的时间表可以帮助学生预测新的活动，从而帮助他们应对日常生活中的变化，它可以说明适当的课堂行为，可以

帮助学生学习社交技能。在不同的社会情境中，举例说明的情景有助于学生学习社交技巧。

患有 ASD 的学生对积极强化刺激有反应，但这些积极强化刺激通常不同于那些对其他学生有效的方法。例如，一名患有 ASD 的学生可能更喜欢独处，表演自己喜欢的舞蹈，或者玩一些能产生特殊感官刺激的东西。

因为患有 ASD 的学生如果不能成功完成学习任务，就很容易受挫，所以逐步提高学习任务的难度是很重要的。复杂的任务需要分解成子任务，这些子任务通过小的、易学习的步骤逐步加强。这个过程不仅适用于发展学习技能，也适用于发展生活技能、社交技能。许多患有 ASD 的学生会专注于特定的主题，这些主题可以用来教授学术主题中的概念，随着时间的推移，主题可以增加。

对视觉、听觉、触觉、嗅觉和味觉刺激的超敏感反应可以通过使用安静的、镇定的放松区域和减少有害刺激来解决。语言交流技能可以使用适合学生发展的语言来传授，在传授时最好使用具体的、熟悉的、简单的、清楚的语言。

教师应该根据学生处理语言的能力来调整语速。倾听技巧可以分解为不同的组成部分，比如面向说话者、保持安静，以及表现出对所传达信息的理解。使用具体的例子和实践活动可以帮助学生掌握语言技能。肢体或手势的提示有助于学生的学习过程，但是只有在学生需要的时候才应该使用，这样学生就不会对这些提示产生依赖，学生自主的努力应该受到鼓舞和奖励。

拥有较高机能的 ASD 患病学生可以学习自我管理，在自我管理活动中，他们可以监控自己的行为。他们可以学会识别特定的行为及其强化因素并记录他们对这些行为的表现，这个过程有助于自我控制。结构化游戏可以提高注意力，促进互动、模仿和社交，这些结构化游戏可以根据学生喜欢的活动和日常生活来组织。社交技能的发展需要学习特定的技能，如等待、轮流发言、处理过渡、转换话题、接近他人、灵活地与他人互动等。患有 ASD 的学生可以从同伴和导师的参与中获益，他们可以成为适当社交互动的榜样。

辅助技术和计算机应用对患有 ASD 的学生来说是非常有效的，这些将在本章的结尾处详述。

八、针对患有重性抑郁障碍学生的教育策略

抑郁障碍常常表现为对教育工作者来说并不明显的内在症状。一名学生可能在教师的眼皮底下，在教室里默默痛苦，成绩不佳。例如，抑郁的学生可能会独自在餐厅吃饭，拒绝在操场上与同龄人互动，而且可能成为骚扰、嘲笑或欺凌的对象。在课堂

上，他们可能不愿意或无法参与课堂讨论。有些患有抑郁障碍的学生可能会表现出易怒、愤怒和抵触情绪，并且可能会有反社会行为，开始吸毒或酗酒。患有抑郁障碍学生的家长不知道他们的孩子患病是很常见的现象。教育工作者可能是最早意识到这些警告信号的成年人。对这些学生的干预需要符合他们心理健康障碍的性质、程度、严重性和长期性。

如果一名学生最近被诊断为重性抑郁障碍，并开始接受心理治疗和药物治疗，他可能会有严重的睡眠障碍，可能会有药物副作用，抑郁症状可能会持续几个星期而得不到缓解。抑郁的学生可能很难集中精力在学习科目上，而且可能会因为自我怀疑和绝望而分心。这些学生可能需要减少作业量，甚至缩短上课时间。随着时间的推移和症状的改善，我们希望这些治疗将不再是必要的。

因为重性抑郁障碍会使患者难以应对每天的压力，所以尽可能减轻抑郁学生的压力是很重要的。学习任务可能需要修改，完成任务的期限可能需要延长，作业量可能需要减少。由于在课堂上，患病学生可能很难得出问题的答案，因此他们可能需要更多的时间来回答问题。当患病学生感到不知所措时，他们可能需要一个安静的环境。患有抑郁障碍的学生不太可能恰当地配合这些干预措施。一般来说，他们想要努力学习，想要与其他学生一样被对待。他们需要明白，抑郁障碍对他们在学校的表现有负面影响，他们只有在从疾病中康复，才会在课堂上不那么吃力。课堂上的情绪基调会影响所有的学生，对于那些患有焦虑障碍或抑郁障碍的学生更是如此。对于教师来说，确保课堂环境不具威胁性，而具备支持性和培养性是至关重要的。学生在课堂上，应该对自己给出的问题答案感到安全和自在，而不用担心被同学嘲笑。作业需要明确定义，反馈应该针对具体的课堂期望。

抑郁障碍会导致记忆困难和混乱，教师可以帮助学生梳理学习资料和作业的条理，他们对学生阐明课堂期望，设定时间表，帮助学生理解完成课业所涉及的步骤。患有抑郁障碍的学生在计划、决策和维持日常生活方面可能需要额外的帮助。抑郁障碍会导致消极的自我形象，从而导致自我期望低—成绩差—感觉自己是失败者的恶性循环。教师可以树立积极的自我对话榜样，鼓励学生建立自信。教师可以给学生传达这样的信息：犯错误是没有关系的，从错误中学习经验会带来积极的学习体验。学生可能需要他人指导以学习处理紧张的社交状况的方法，帮助学生设定短期的、可实现的目标可以增强他们的自信心，帮助他们取得成功。

对于家长、朋友、教师和其他教育工作者来说，建立一个支持性的网络是很重要的。对于学生来说，每天都能和别人打交道并交流情绪问题是很有帮助的，这个人可以是学校辅导员、班主任、档案管理人员或其他值得信任的成年人。应该鼓励学生尽可能多地进行社交活动，即使他们没有在其中获得与以前一致的乐趣。

教育工作者应该鼓励学生拥有健康的生活方式，因为它们有助于抑郁障碍的治疗。教师可以强调体育活动、充足的睡眠、健康的饮食习惯和放松技巧的重要性。有效的抑郁障碍治疗通常涉及心理治疗和可能的药物治疗，让家长签署一份信息公开协议是很有帮助的，这样学校工作人员就可以与治疗者沟通有关学生情绪的关键问题，治疗者就可以告知学校工作人员学生的功能水平以及任何需要监控的问题。对于学校的心理健康工作人员（辅导员、心理咨询师、社工或护士）来说，与学生进行持续的接触，帮助他们应对学校中的压力，评估他们的情绪是很有帮助的。同样重要的是鼓励学生，让学生在感到情绪脆弱或产生自杀想法的时候，可以信任学校的工作人员，并没有负担地寻求帮助。

学生的自杀倾向需要被认真对待。教师没有责任评估自杀的风险，但他们有责任提醒学生的家长和学校的工作人员。学校需要制定协议来明确风险评估方法（针对教育工作者与外部危机干预机构），以及可能的紧急干预措施，包括把高危学生转诊到医院急诊室。

九、针对患有焦虑障碍学生的教育策略

许多针对抑郁学生的课堂干预措施也适用于患有焦虑障碍的学生。此外，由于焦虑可能是多种心理健康障碍的症状，所以有多种方法来满足焦虑学生的教育需求。对所有患有焦虑障碍学生都有效的方法包括确保课堂活动和学业期望的一致性。许多焦虑的学生在确切地知道在教室里会发生什么之后，会感到放松。对于焦虑的学生来说，有一个地方可以让他们每天与一个值得信赖的专业成年人接触（如班主任）是很有帮助的。与年长的跨年级同伴导师的良好关系也可以缓解焦虑，尤其是在小学到初中和初中到高中的过渡时期。学校的社工、辅导员或心理咨询师也很重要，他们可以和学生讨论焦虑的感觉。对于学校的护理人员来说，对学生因焦虑而产生的身体不适保持敏感是很重要的，尤其是当学生经常去护士办公室的时候。

举个最简单的例子，一名患有严重恐怖症的学生，在面对恐惧刺激时会变得非常焦虑。如果研究蛇是科学课程的一部分，那么在课堂上讲解蛇的知识或者图片时，会让对蛇有恐怖症的学生直接暴露在令他恐惧的情境中，进而导致恐怖症发作。同样，如果在体育课上被要求爬到一根绳子的顶端，那么恐高的学生可能会惊恐症发作。一名有幽闭恐怖症的学生可能会在洞穴勘查的实地考察课程中惊恐症发作。通常情况下，在遇到困难情况之后，教师才会意识到学生患有恐怖症。当教师对某些在一些学生那里没有问题却有可能给一些学生造成极度困难的事情感到很敏感时，他们就可以注意到那些可能会面对不断升级的焦虑风险的学生，并适当地进行干预。患有恐怖症的学

生经常受到超出他们情绪、压力处理能力的恐惧刺激的挑战，在受到挑战的课堂上，他们可能会成为回避者，他们的整体课业可能会受到影响。教师应该和有这种恐惧的学生交谈，并在必要时允许学生避开会让他们产生高度恐惧的情况。教师可以将他们观察到的情况告知家长，并提醒如果孩子的问题严重到需要治疗的程度，家长最好为他们寻求治疗。

不幸的是，许多学生都经历或目睹过虐待的情形，因此受到了创伤。掌握这些情况有助于教师保持敏感，尤其是当课堂活动集中在防止虐待的话题上时。如果课堂讨论引发了学生的焦虑症状，则可能有必要将该生转介给学校辅导员、社工或心理学家。

患有强迫症的学生在课堂上可能会有强迫行为，如反复触摸电灯开关、检查门锁、清点物品、过度洗手等。如果他们被迫停止这些行为，很可能会明显地更焦虑，并可能发展出替代强迫行为。在学校心理健康专业人员的帮助下，教师可以帮助这些学生找到应对强迫症和强迫行为的方法，避免他们做出可能引起同龄人排斥的行为。

患有分离焦虑障碍或社交焦虑障碍的学生后面会发展为拒学症，这尤其具有挑战性。他们可能会经历严重的焦虑，尤其是在到达学校的时候，由于持续的担忧和恐惧，他们可能会在课堂上很难集中注意力。对于这些学生，这样的教育策略可能会有帮助：当他们到达学校时，安排一名被学生信任的成年人为他们进行登记，这名成年人可以帮助学生梳理自己的感受，并指导他们为上学做好准备。患有社交焦虑障碍的学生可以从社交技能小组中获益，特别是当有类似问题的学生也是这个小组的成员时。

十、针对有精神病性症状或躁狂症状学生的教育策略

患有表现为阳性症状（妄想、幻觉）的精神病性障碍或躁狂症的学生，他们会出现严重的症状（如极端躁动、易怒、自大、判断力受损），这使其难以甚至无法参加教育活动。如果一名学生有严重的躁狂症，足以引起精神病性症状，或者同时患有具有这两种特征的障碍（分裂情感性障碍），那么这两种问题可能同时出现。如果这种严重紊乱得到治疗，症状通常会改善，而后教育干预就可以成功。

精神病性障碍和躁狂症有一个共同的特征：当个体患有其中一种严重症状时，就会缺乏对自己心理健康状况的了解。根据定义发现，当人们向精神病性障碍患者提供相反的信息，告知其妄想不存在时，并不会改善其妄想的症状，因为妄想的一大特点就是坚信不疑。而一个有躁狂症的人倾向于把别人看作问题所在。精神病性症状和躁狂症状把个体置于临床-行为谱系的末端，患者可能对行为干预反应不良。一位教师如

果在学生身上发现了精神病性障碍或躁狂症的症状,就必须直接或在学校心理健康专业人员的帮助下,向学生的家长表达自己的担忧。当这些症状严重到有伤害学生自己或他人的迹象时,则构成精神病学紧急情况,需要进行危机干预,包括必要时的住院治疗。

在治疗和康复过程中,患有精神病性障碍或躁狂症的学生通常需要一个教育环境,这个教育环境要有最少的刺激和干扰,要有支持性和培养性,要让学生有安全感和受支持感。避免和有妄想症状的学生争吵是很重要的,但是应该以一种平静和关心的方式告知他们实际情况。上述针对抑郁障碍和焦虑障碍的教育策略对这些学生也有帮助,它们包括减轻压力、修改任务和减少作业量,这些教育策略有助于与学生沟通明确的期望,帮助有组织困难的学生。此外,还可以配置一名学校工作人员,学生每天都可以向他报到,与他交流感受。

有躁狂症状的学生也有很高的抑郁障碍风险,他们的抑郁症状要么与躁狂症状混合出现,要么在躁狂发作之后出现。患有双相情感障碍的个体抑郁发作时会具有较高的自杀风险,这些学生需要在家里和学校中被密切监测。用于治疗精神病性障碍和情绪波动的药物可能会有显著的副作用,包括镇静、精神错乱、身体异常运动、头痛、头晕、震颤、虚弱、恶心和肢体不协调。教育工作者和学校护士的协作对敏锐察觉用药学生的副作用表现是有帮助的,如果学生的副作用能够被注意到,就便于确定学生药物使用的副作用情况,并提醒家长和治疗者。

十一、针对有对抗或挑衅行为学生的教育策略

有些学生由于种种原因,在与学校的关系中始终处于一种对立的状态。这是不足为奇的,许多人都反对权威人物。由于他们不遵守规则和不断挑战极限,他们在和家人相处时也可能有很大困难。有趣的是,普遍的对立行为在儿童早期被认为是正常的,并被通俗地称为"可怕的两岁"。

对立行为说明了权威与权力的区别。一个有对立行为的个体可能没有或有很少权威,但是对立的行为可能会让他在自己当下所处的环境中有很大的控制权。例如,一个在公司里权力很小的秘书,当上司是他不尊重的人时,他可能会推迟发送一封重要的邮件。尽管没有什么权力,秘书仍然有严重扰乱商业活动的力量。一个小孩可能会为了上厕所而与家长进行权力斗争,在日程安排上他们是没有权力的,但可以通过不合时宜的上厕所行为来扰乱家长的日程安排。家长经常感到困惑,为什么他们的孩子会为了完成一项只需几分钟的任务而争论几个小时,事实上,孩子这样做是为了吸引家长的注意力。

反对可能是一个强有力的工具。圣雄甘地和马丁·路德·金倡导非暴力抵抗，反对不公平的歧视性法律，罗莎·帕克斯拒绝坐在公共汽车的后面以表示对种族歧视的反对。但是当对立行为不是一种集中的工具，而是在与权威人物打交道的所有情况下都不断地、不加选择地使用时，它就会成为问题。这样就会弄巧成拙，并有可能导致无休止的权力斗争，让人感到受挫，产生怨恨。

许多有对立行为的儿童和青少年不断挑战底线的行为源于在家中缺乏一致的底线。"橡胶栅栏"的例子说明了这种现象：当一个农民买了一匹马，把它放在马棚里时，马做的第一件事就是跑到栅栏处。通过这样做，马确定了自己活动范围的极限。但是如果栅栏是橡胶的，并且每天改变它的形状和大小呢？这匹马就需要每天测试活动范围的极限。如果橡胶栅栏后来被一个坚固的木栅栏取代，马就会再测试一段时间，以确保活动范围的界限被明确定义。因此，如果孩子的家长不遵守底线，今天强制执行，明天不强制执行，或者不断地改变底线，那么，他们的孩子就会继续挑战这些底线。这种行为可以成为习惯，并且可以延伸到包括学校在内的环境中，即使在那些环境中已有明确的底线。

持续对抗行为的另一个原因是，患有心理健康障碍的儿童和青少年可能会感到沮丧和无力，并可能通过参与权力斗争来做出反应。虽然这种行为没有明显的目标，但它确实对环境产生了影响。

在与有对立行为的学生打交道时，认识到问题出在对立本身，而不是学生本身，这是很有帮助的。有经验的教师会意识到，避免参与权力斗争是至关重要的，俗话说"一个巴掌拍不响"，与其对这些学生采取专制行为，要求他们服从，并威胁如果他们不服从就会有负面后果，不如授权给这些学生。只要有可能，就给学生提供选择，让他们知道你是他们学习过程中的伙伴。

确保学生能够完成课堂作业是很重要的。一些患有心理健康障碍（如ADHD）的学生由于组织混乱、注意力不集中、易分心而无法按时完成课堂作业。他们知道自己无法完成作业，甚至可能拒绝尝试。如果分配给他们的作业总是经过适当的调整，学生可能就不会进入这种持续拒绝作业的对立循环。不幸的是，一旦这种对立循环被确立，它不会仅仅因为新的作业有适当的调整而结束，打破这种对立循环可能需要一些时间。一些教师会变得沮丧，因为该学生可能有正常的智商，可能在他们看来有能力完成课堂上的作业。但教师需要认识到，能力还包括智力以外的其他因素，比如集中注意力和完成复杂作业的能力。

对立行为并不总是由于潜在的心理健康问题，有时它只是一种正常的沮丧、无聊或寻求关注的表达。处理这种对立行为的基本方法与前面提到的一样，避免参与权力斗争，提供尽可能多的选择，在处理这种情况时保持幽默，而不是把行为个人化。

对立违抗型的学生都有根深蒂固的行为模式。他们可能会用这些对立行为来避免表达自己对课业的理解，因为被认为没有足够的学术能力可能会让人尴尬。有经验的教师会为这些学生提供机会选择各种方法来展示他们对课业的掌握，教师可能会说："好吧，如果你不想写关于这个主题的论文，也许可以画个连环画或者拍一段视频。"通过避免权力斗争和提供不同的反馈方法，教师可以打破对立的行为模式。

只要有可能，学生就应该参与制定课堂规则和学业期望的过程，并明确如果不遵守这些规则会导致的后果。表扬学生对课堂的积极贡献是很有帮助的，给学生提供机会，让他们向同伴传授技能、帮助年龄较小或能力较差的学生、与同学分享知识等方法有助于帮助学生建立自尊，并减少负面的、寻求关注的行为。

十二、针对有行为问题和破坏性行为学生的教育策略

行为问题在所有年级的教室里都是常见的，在小学就表现出这些行为的学生在青春期会有反社会行为的重大风险。在标准化考试中，他们也面临着更低的分数和更差的表现，他们在课堂上的表现分散了教师的注意力，使教师难以专注于课堂教学，也会影响其他同学的教育体验。

无论学生出于什么原因实施破坏性行为，教师都有必要维持一个稳定的课堂环境，让所有学生都能在其中学习。教师应表现出冷静的态度，注重积极的一面，确保所有学生都清楚地理解课堂规则。这有助于让学生认识到自己在控制行为方面有困难，并为他们提供机会在一个安全、无刺激的环境中冷静下来。重要的是要避免权力斗争，并在任何可能的时候赋予学生选择权。患有 ADHD 的学生通常很难安静地坐着，因此，他们的过度活跃会在课堂上造成混乱。患有 ASD 的学生在焦虑时可能会捣乱。自我安慰的活动（如玩黏土之类的触觉活动）可以帮助学生冷静下来，停止他的破坏性行为。通过触觉刺激，如使用加重的安全带、座椅楔，或者使用一个大的充气球作为座位，都可以帮助这些学生冷静下来，也可以防止他们的破坏性行为。此外，专业的治疗或咨询可以为有特殊需要的学生提供建议和帮助。

虽然本书相当重视解决行为问题的潜在心理健康因素，但是认识到有些行为问题并非源于心理健康障碍同样重要，如 ADHD、情绪障碍、焦虑障碍或精神病性障碍等。如第 2 章所述，一些学生属于临床-行为谱系上的行为或主要行为部分：有些学生有着明显的反社会态度；有些学生具有掠夺性，会有欺凌行为；有些学生还会做出许多其他不良行为，包括偷窃、说谎、使用武器、逃跑、逃学等。这些学生可能会计划他们的反社会行为，并且可能对在实施他们的不良行为过程中伤害他人毫无悔意。一些学生可能有心理健康障碍，但表现出的行为只是恰巧与这种心理健康障碍相似，而不是

由它引起的。这些学生给他们的同学和教师带来了特殊的挑战。

许多学校正成功地运用 SEL 项目，向学生传授破坏性行为的积极替代方案。如果你的学校没有这样做，那就应该向学校管理者提供相关参考信息（详见第 21 章）。

超时隔离是指将有严重破坏性行为的学生从教室中隔离，并将其安置在一间僻静的房间，这种做法已被广泛使用，但这是一种有争议的干预措施，尤其是在隔离过程中对学生进行人身限制这一行为，引起了很大争议。因此，重要的是要找到其他可以成功的、不需要严格限制的干预措施。斯特奇和基罗斯（1997）确定了几种行为干预措施，这些措施已被证明对有破坏性行为的学生有效：

- 对于许多学生来说，奖励适当行为是有效的。
- 过度纠正是要求实施破坏性行为的学生将被破坏的环境恢复原状，然后进行正确行为的过程。即使没有对课堂造成物理破坏，这种积极的做法也可以使用，事实证明，这是有用的。
- 差异强化是一种有用的干预措施，可以在特定时间间隔内，在学生没有破坏性行为的情况下，为其提供正向强化。
- 群体应急程序可以为群体行为或群体中个体的行为提供强化。
- 基于家庭的偶发事件依赖于教师频繁向家长提供关于学生行为的反馈，这些反馈对于维持家庭和学校教育方案的一致性非常有帮助。
- 功能性行为干预可以确定行为问题的功能以及在行为之前发生的影响因素，随后使用相应的干预手段控制这些前因，以增加学生的适当行为。
- 刺激暗示是一种技巧，在运用这种技巧时，教师可以用一个不被其他同学察觉的中性线索（如黑板上的一个预先做好的粉笔标记）来提醒学生用恰当的行为来代替不恰当的行为。
- 自我管理干预可以教会学生管理自己行为的方法，如自我监督、自我指导、自我评价和自我培训，而不是依赖于外部力量管理。

一项关于干预措施能够有效减少学生的破坏性行为的文献综述强烈支持使用以下方法：

- 在教学过程中给学生提供反馈的机会。
- 使用积极的行为支持，包括功能性行为评估。
- 对学生进行社交技能培训。
- 教会学生采取期望的替代行为和进行自我管理。
- 在全校范围内开展积极的行为支持活动（参见第 18 章）。

支持对学生行为进行独立监控的行为管理策略比那些需要持续的外部监测的策略更可取。让学生和家长参与选择行为干预措施，有助于让家庭和学校采取一致的行为管理策略。

十三、针对有暴力行为学生的教育策略

一些学生会实施高度破坏性的行为，有时甚至是暴力行为，他们中的许多人患有严重的心理健康障碍。对于教育工作者来说，在与有这些行为的学生打交道时，了解基本的降级技巧是很重要的。

如果情况失控，学生实施危及自己和他人的暴力和破坏性行为，则可能有必要从学校请来其他专业人员，甚至是警察，以确保所有人的安全。教育工作者和警察必须对种族和文化问题保持敏感，以便在干预危机时避免种族偏见。当一名学生处于危机之中，并且没有表现出迫切的暴力行为时，教育工作者可以采取一些措施来降低危机进一步升级导致暴力的风险。

重要的是不要对学生构成威胁，给他们空间，这样他们就不会觉得被困住了。让学生知道教师和学校里的其他人都在关注他并愿意倾听他；问问别人能帮上什么忙；避免和不合理的说法争论；让他们知道学校里的工作人员想要帮助他们，并把刺激保持在最低限度；只留一个人与学生对话，而其他人保持一定的距离；语速慢一点，声音轻一点，使用简短的句子；避免突然的动作、持续的眼神接触和肢体触摸。学生需要知道有人在那里为他提供帮助和支持。

教师和其他学校工作人员在面对有暴力行为的学生时可能有严重受伤的危险，即使是小学生。他们必须认识到这一点，不要冒任何不必要的风险。学校应该有处理处于"崩溃"状态的学生的程序，所有的工作人员都应该意识到并扮演好他们在这个过程中的角色。

长期有这种问题的学生往往会被推荐进行特殊教育评估，他们可能需要更严格的安置、更小的教室，甚至一对一服务的专业人员。他们的低挫败感承受能力、发泄行为、难以控制愤怒和攻击性爆发是由于潜在的心理健康障碍，针对这些障碍的治疗可以减少这些行为。

十四、辅助技术的使用

教育工作者一般都能熟练使用辅助技术，以满足有身体残疾和学习障碍的学生的需要，但辅助技术也可以帮助患有心理健康障碍的学生。辅助技术设备在 IDEA 中被定义为"用于提高、维护或改善残疾儿童功能、能力的任何物品、设备或产品系统，无论是从市场上买来的、经过修改的还是定制的"。该术语不包括通过手术植入的医疗

设备或该设备的替代品。辅助技术设备包括独立设备、硬件和软件，它可以是各种技术含量低的设备，比如身体残疾学生使用的铅笔握把，也可以是经过编程有助于增强交流的高科技电脑。

学习障碍和心理健康障碍之间有很大程度的重叠。许多患有心理健康障碍的学生也患有学习障碍。例如，美国国家心理健康研究所的数据显示，20%～30%患有ADHD的学生也有特殊的学习障碍。此外，对患有学习障碍的学生有帮助的辅助技术可能也对那些患有心理健康障碍但没有特殊学习障碍的学生有帮助。例如，一名患有ADHD的学生可能由于注意力不集中而导致阅读困难，因此可能会受益于文字转语音的辅助技术。文字转语音和语音转文字技术可以提供突出显示、记笔记和文字处理等附加功能。例如，库兹韦尔教育系统提供了广泛的信息技术选择，学生可以用不同的颜色进行高亮显示（例如，粉红色代表标题，黄色代表主要思想，绿色代表词汇），找出高亮显示单词的意思，提取注释和高亮显示，将大纲发送到文字处理软件中，并对资料进行总结。

执行功能工具可以帮助学生组织资料和完成任务。它们可以帮助一个人计划、组织、跟踪日历，列出任务，制定时间表，获取联系信息并记各种笔记。它们允许个人在计算机或手持设备的帮助下管理、存储和检索信息。

自由形式的数据库软件对有组织和记忆障碍的学生是有帮助的。它们可以与文字处理软件或其他软件一起使用，允许用户在电子笔记中创建和存储相关信息，这些电子笔记可以通过输入原始笔记的片段来检索。例子包括由微逻辑和微软One Note提供的信息选择程序。Xmind软件可用于捕捉、组织、计划和对想法采取行动，以及鼓励可视化和创造性。

信息和数据管理器可以帮助有组织和记忆障碍的学生。它们帮助学生组织、计划、存储和检索个人日历、任务列表、联系信息和其他电子形式的信息，如Memo to Me和Watch Minder。

灵感软件提供了多种表达、表述和参与的媒介，帮助学生在视觉上组织和整理想法，从而构建写作结构，提高沟通和表达能力。它帮助学生创建可视化的图表和图形，用来将学校作业分成易于管理的模块。

纸质电脑笔对那些在写作、阅读、记忆或听力方面有障碍的学生很有帮助。他们用这种特殊的纸和笔记录音频并将其与学生的写作联系起来。学生一边做笔记，一边给教师录音，之后可以通过点击笔记上的字迹或图表来听演示的部分。智能回音笔就是这种技术的一个例子。

辅助技术设备可以为有学习困难、注意力不集中或执行功能问题的学生提供帮助。它通常被认为是一种适应，而不是补救，因为它填补了学生的能力差距。它不能治愈学生的障碍，但允许学生在教育过程中同样体验成功。它是一种工具，就像拐杖和眼镜是为有身体残疾的人提供额外帮助的工具一样。辅助技术设备通过最大限度提高学生参与课堂活动的能力来支持现有的教育计划。

辅助技术设备需要是可用的和可访问的，以便在使用时不会对学生和教师的活动造成重大干扰。它也必须被接受，主要是被学生接受（否则就不会被使用），其次也要被家长、教师和同学接受。教师有必要评估学生的情况，以确定对辅助技术的最佳利用。肯塔基大学的辅助技术（University of Kentucky Assistive Technology，UKAT）工具包是一个以研究为基础的工具系统，为学生提供辅助技术服务。它基于特殊教育的首要目标，即以帮助学生在学校成功发挥能力为前提，响应普通课程和学校的需求，它鼓励在使用高科技之前考虑非技术和低技术含量的解决方案。

UKAT 工具包系统地指导个性化教育计划和辅助技术设备团队从参考到考虑使用辅助技术设备，它可供学校免费下载和使用。源自威斯康星州的辅助技术倡议——辅助技术设备需要根据每名学生的特殊情况量身定做，这是一个有用的信息。它不应该干扰补救工作，也不能仅在技能处于稳定状态和学生表现出最小进步时是有效的。它需要至少 1~3 个月的试用期，并需要在使用前向学生和教育工作者进行培训。

十五、应用软件的使用

有许多应用软件为有心理健康障碍和特殊学习障碍的学生提供帮助。例如，Autism Xpress 是一款帮助患有 ASD 的学生将视觉面部表情与情绪匹配的应用软件。Social Express 是一款通过场景来教患有 ASD 的学生如何思考和管理社交情境，从而发展有意义的社交关系的应用软件。Choiceworks 是一款可以帮助有组织困难的学生的应用软件，教师和家长可以使用他们自己的图片或该应用软件库中的图片来创建可视化的日程安排。提醒系统可以给学生和家长发送关于家庭作业、考试和特殊事件的短信提醒，且不会透露教师的电话号码。

Class Dojo 通过为学生的创造力、团队合作和其他积极的课堂行为分配分数来记录关于学生行为的实时数据，这些数据可以与家长和其他教育工作者共享。"龙听写""苹果听写"功能可帮助因身体缺陷或学习障碍而限制书写能力的学生，把人的声音转录成电脑屏幕上的文字。Conversation Builder Teen 帮助学生进行语言社交技能训练，教他们以适当的方法来介绍自己、问问题、进行语言观察，以及改变谈话的主题，它还能教学生如何应对讽刺和欺凌。

Phonics Genius 通过帮助学生识别和区分单词的发音来提高语音意识。Social Quest 鼓励年纪较大的小学生、中学生和高中生参与城堡探险，同时帮助他们发展演讲和语言能力，以及社交技能。

　　Quick Quest 有一些功能可以帮助学生提升一些技能，比如保持条理性、进行适当的对话、建立和维持人际关系、培养情感意识和放松。Social Skill Builder 可以帮助学生培养解决问题、交朋友和生活的技能，批判性思维和对事情后果的预估能力。

　　Everyday Speech Social Skills 是为高功能的 ASD 学生设计的一款应用软件。它教授学生与日常活动相关的技能，如沿街行走、使用洗手间、排队、问路或询问信息，或者加入一个团体。Anger Thermometer 教授学生愤怒管理技能，包括识别、理解和控制愤怒的健康方法。Daylio 是一款免费的应用软件，用户可以通过它追踪自己的情绪和活动，它能分析结果，帮助用户检测他们的情绪变化模式。

讨论

案例：艾略特的故事

　　艾略特是一名非常无组织的七年级学生，他患有 ADHD，正在接受特殊教育服务。他在完成书面作业方面有明显的问题，而且在完成任务时非常困难（ADHD 的诊断标准之一）。星期一，他有一份作业要交，在家长的帮助下，他非常努力地完成了作业，终于在下个星期五交了上去。教师说这是一篇 A 级的论文，但给了艾略特 F，因为按照课堂规则，作业每迟交一天就要扣一分。艾略特感到灰心丧气，几乎没有动力继续做之后的作业，他的家长也很沮丧，对教师很生气。

反思问题

　　我们有什么不同的做法吗？对艾略特来说，允许迟交作业而不受处罚的让步是否合适？这种适应方式是否符合学生核心障碍的标准？这种让步是否会给艾略特一个信息，即没有必要努力准时完成任务？随着时间的推移，在艾略特学习了组织策略之后，如何调整这种适应，以鼓励他完成任务？

第 21 章

针对有情绪或行为障碍学生的循证教育干预

作为促进学习和减少行为问题的特别有效手段，针对有情绪或行为障碍学生的以学术为中心的干预，最近得到了关注。具体来说，2013 年汉诺威研究报告《情绪或行为障碍的有效方案》断言："尽管针对情绪或行为障碍的教育历来以关注课堂管理、社会技能和愤怒管理为特征，但是最近许多研究人员认为，以学术为中心的干预——相对于单纯关注行为的干预——在支持和治疗有行为障碍的学生方面可能是最有效的"。

该研究报告还指出，零容忍政策，即学生因具体违规行为而被自动停学或开除，可能会对患有情绪障碍的学生造成伤害。因为这样的政策将已经有麻烦或不受约束的学生从最有能力帮助他们解决困难的教师和辅导员那里赶走。

作为零容忍政策更有效的替代方案，前一章我们提出了教育工作者可以使用的多种策略，以帮助学生提升在一个安全、平静、和谐的教室中的幸福感，其中也包括了那些有情绪和行为问题的学生。本章概述了具体的循证课堂实践，这些课堂实践实施了上述策略，以促进学生学习，确定了有效的教学方案，相关文献提供了其实施的详细信息。所有策略与方案都足够灵活，以适应每名学生的具体需求，并考虑了他们的心理健康问题的性质和程度。

为了最大限度地发挥教师和其他教育工作者使用这些策略的能力，学校应该提供相关的在职培训，因为这些教育工作者很可能以前没有接受过此类培训。但是也要注意，没有必要对教育工作者进行过多的培训或监督，以免影响他们的正常教学工作。

一、整个学校和教室的学习环境

各种各样的策略可以用来预防学生的行为问题和创造一个有利于学习的课堂环境。重要的是要记住，课堂上用于教学的时间和学生用于学习的时间是教育成功的关键因素。在独立的教室里，教师常常花费过多的时间来管理学生的行为问题，而其中一些问题是可以避免的。

（一）积极的课堂管理策略

群体行为管理比个体行为管理更困难，因为有同伴传染和个体在群体中的不当行为倾向，而这些不当行为不会在个体基础上表现出来。

积极的课堂管理策略包括常规性的活动，比如在学生进入学校或教室时主动微笑着问候他们。保持课堂井然有序，确保所有学生都理解课堂规则和期望，设定目标，并对学生的表现提供反馈，这些都很重要。因此，有一个提示系统来释放和重新吸引学生的注意力是有帮助的，教师要提供大量的机会来让学生回答教师的问题，要对课堂活动有一个直观的时间表，要有一个激励系统来奖励达到期望的行为，确保课堂上积极的互动比消极的多。

重要的是尽量减少课堂上的干扰，尤其是对于患有 ADHD 的学生。教师与学生的交流应该集中在积极的方面，但必要的训诫或纠正应该简短、不带感情色彩、没有威胁性，并且要私下对学生说，不要当众训斥学生。

如果一名学生有过激行为，需要缓和紧张情绪，那么教师应该冷静地说话。要尽量与学生站在同一高度，而不是居高临下地俯视他，教师要充分表达关怀，并通过交替活动或休息来鼓励学生的良性行为。

（二）建立明确的课堂规则和期望

研究表明，仅仅建立课堂规则是不够的。不管这些规则看起来多么明显，系统地、直接地把它们展示给学生是很重要的。研究支持传统的建立课堂规则的方法、教师强化课堂规则的方法以及使用提示提醒学生课堂期望的方法。将这些策略扩展到全校范围，可以增加成功的几率。学生可以参与建立和执行期望，代币制可以加强对规则的遵守。全校范围的行为支持可以帮助所有学生了解课堂期望，并为有行为问题的学生提供额外的支持。课堂期望应该是清晰的、简洁的和明确的，有一个积极的框架，并保持在最小值。应该从学年开始就让学生了解课堂期望，并在整个学年中不断地与学生一起回顾。

对这些策略的有效性进行持续的评估是很重要的，对于那些难以达到课堂期望的学生来说，重新教学可能是必要的。这些学生包括那些注意力不集中、易冲动或执行能力有障碍的学生。当学生不遵守规则时，不应该认为他们是"对立的"。通常，经过足够的教学和强化，这些学生能够并且愿意遵守规则和努力达成课堂期望。

（三）基于功能的干预

基于功能的干预旨在应用功能行为评估的结果来制订一个干预计划，以解决学生的行为困难。对于有心理健康障碍的学生来说，关键的问题是，他们的一些行为是直接源于其心理障碍，还是反映了诸如获得有形的东西、逃避学业或寻求关注等需求。对这一问题的敏感性，以及对学生行为在临床-行为谱系中所处位置的考虑，将有助于确保基于功能的干预可以成功地解决行为导向的问题。

（四）其他课堂实践

研究表明，课堂实践的影响在重要性上与学生背景的影响相当。课堂实践包括关注对儿童发展的理解、实施严格而相关的课程、促进人际关系发展、培养积极的参与者而不是被动的观察者，以及允许学生充分动脑筋。课程应该是综合的，并赋予学生自主权。它应该根据所教的内容、使用过程、预期结果和环境中的物理因素来区分，并且应强调主动学习，践行在实践中学习的原则。

二、学业干预措施

（一）学业支持和课程或教育条款修订

学业支持旨在帮助学生提高学术能力，这对他们的成功是必要的。课程或教育条款修订包括调整概念难度、教育目标和教学方法的组合。课程内容可以修改，例如，调整学习策略的传授方式，简化概念或降低对阅读水平的要求，以及传授不同的知识和技能。教学方法可以通过各种方式进行调整，例如，尽量防止学生分心和布置更少的作业。结合学生的个人兴趣修订课程可以成为管理学生行为的有效工具。功能性行为分析可以识别独特的动机特征，因此可以纳入课程修订范围。对于有持续心理健康障碍症状的学生，可以在修订课程时将其症状纳入考虑范围，以增加学业成功的可能性。

（二）合作学习

合作学习（Cooperative Learning，CL）是一种课堂组织形式，在这种形式中，学生在满足一定标准的条件下，可以小组的形式完成一个任务或项目。系统化的方法要求小组成员对任务或项目的全部内容承担个人责任。小组需求包括成员之间为达到学术目标而相互依赖（积极的相互依赖）、小组成员可以承担个人责任、小组成员之间共享的交互工作、使用小组协作技能和小组处理信息。

（三）提升学习和研究技能的专业教学

专业教学包含了完成个性化教育计划的目标以及所需要的独特教学服务类型。这些服务包括对教学方法、技术、材料、物理设置、媒体和环境的调整、改造和适应。专业教学是对一般课程的补充，并针对每一名学生独特的学习特点来进行设计。当学生的心理健康障碍影响他们参与课堂作业的能力时，专业教学技术可以创造出将这些症状（如注意力分散、焦虑）考虑在内的教学方法。

（四）同伴协助学习策略

同伴协助学习策略已被证明在提高小学生阅读能力方面是有效的，并且在中学生中也显示出良好的应用前景。同伴协助学习策略采用同伴中介教学的方式，让学生以结对或小组的形式互相提供阅读能力方面的辅导，这些辅导可能包括信息排序、生成主要观点陈述以及产生和评估对学术成果的预测。同伴协助学习策略的目标包括提高阅读的准确性、流畅性和学生对文章的理解能力。同伴导师被教导纠正他们同伴的阅读错误，提供鼓励和反馈，并奖励正确的回答。学生轮流扮演学生和导师（"运动员和教练"）的角色。指导一般持续约半小时，每周进行三四次。结对的学生是根据他们的需要和能力挑选的，也会定期更换，学生会随着时间的推移学习各种技能。在这个过程中，教师可以在课堂上四处走动，观察学生，并给予个别指导。教师可以让学生使用自己选择的阅读资料。

同伴协助学习策略在阅读以外的学科上也表现了良好的应用前景，这一策略也适用于中学生。对于教师来说，对学生的需求和学习方式保持敏感，并使能够相互配合协作的学生成功结对是很重要的。

三、非学业干预措施

（一）社交和情绪学习

学术、社会和情绪学习合作组织（Collaborative for Academic，Social and Emotional Learning，CASEL）将社交和情绪学习定义为"儿童和成年人理解和管理情绪、设定和实现积极目标、感受和表现出对他人的同情、建立和维持积极关系并做出负责任的决定的过程"。它侧重于自我意识、自我管理、负责任地决策、维持人际关系和提高社会意识的技能学习。这些技能可通过课程教学、全校范围内的实践和政策，以及家庭和社区的共同努力进行推广。

（二）利用同伴强化干预提升积极行为技能

除了学科辅导，同伴强化干预在其他情况下也可以成为有用的学习工具，比如培养生活技能。例如，结对干预在帮助患有 ASD 的学生学习适当的社交技能方面是有效的，对非残疾的同龄人进行培训，以实施同伴强化干预措施，可以促进和改善患有 ASD 的学生与其他同龄人之间的互动。这些干预措施宣扬了这样一种观念：每天向同龄人学习互动，会产生即时的、可扩大的效果。

（三）冲突解决技能

冲突解决是一种可以传授的技能。它不仅对普通学生有用，对那些易冲动、社交能力差、情绪不稳定、认知困难、有被虐待或忽视的历史或其他心理健康问题的学生更有用。学生要学习和平解决冲突的方法，而不是以愤怒、恐惧和困惑来应对冲突情况，从而导致被动的攻击或恐惧。学生应该学习必要的技能，让他们在面对威胁时能够抑制冲动并思考潜在的应对方法以及使用冲突解决技巧，来处理这些具有挑战性的情况。

（四）社交技能教学是常规课堂教学的一部分

社交技能教学更适合在真实的情境中进行，而不是在治疗师的办公室里。当一名学生从未学习过适当的社交行为时，他的社交技能缺陷就会显露，或者它们可能是一种潜在心理健康障碍的直接表现，比如 ASD。

社交技能教学包括最初的技能训练，然后是持续的实践。它鼓励合作、人际沟通和倾听、自律、积极解决问题，并提高学生对非语言沟通的意识。它提出了许多方法来预防和替代不恰当的行为，并提高学生的社交能力。社交技能教学利用自然发生的情境，在自助餐厅或走廊等环境中教授学生实施恰当的行为。社交技能教学的成功与否是靠学生在各种环境下归纳自己技能的能力来衡量的。

（五）愤怒管理课程

愤怒管理课程侧重于帮助学生学习处理冲突的技能，避免因愤怒情绪而产生的敌对和攻击性行为。它为行为反应提供了多种选择，从而提供了更多解决冲突的机会，降低了侵犯和暴力的可能性。它帮助学生在愤怒情绪出现时与他人进行有效的沟通，并以可接受的方式维护自己。它教会学生如何恰当地回应他人，而不是下意识地以消极的方式回应。愤怒管理课程与社交技能教学相关联，缺乏社交技能的个体往往容易误解他人的行为，从而产生挫败感和愤怒感。

（六）行为支持管理计划

行为支持管理计划能够促进亲社会行为，并利用应答和操作性条件反射、塑造、消除不良行为、重新定向、建立适当的社会行为等技术。行为支持管理计划的干预措施可能包括在学生情绪激动时采取降级程序。学生和家长应该充分了解课堂上的行为支持系统。

要尽可能使用限制最少的方法，它们包括口头指令、重新定向和提示。更严格的干预措施包括制造一段安静的时间或暂时休息。进一步的严格干预措施包括，当学生表现得对自己或他人有危险时，搂住他或用房间将他隔离。不同的学区在政策、程序和指导方针上有不同的限制，这些限制包括接触破坏秩序的学生，教育工作者在向学区提出申请时需要注意这些限制规定。通过适当的早期干预，隔离和约束是可以避免的。

理想情况下，针对情绪失常个体的特殊项目中的学生行为支持管理，应该在更大的范围内实施，包括在全校和全班范围内实施的积极行为干预和支持，如 PBIS 系统。

（七）预先纠正教学策略

当教师提醒学生在开始活动或进入情境之前的期望时，预先纠正或提示是很有用的，因为在这些环境中，已经有过很高的失败风险。这些提示可以通过手势、陈述、视觉线索、模型或肢体帮助来实现，最好是在预期行为的前后。例如，当教师对一名学生进行一对一的关注时，另一名学生可能会表现出一些破坏性行为。意识到这一变化，并采取适当的策略进行干预，可以防止学生行为失控。提示可以从最低的级别开始，如果最低级别的提示没有效果，则可能需要提高级别。正强化可以提高产生激励效果的可能性。当激励与特定的或有陈述的表扬和加强学生监督相结合时，能够显著减少不恰当的行为，增加恰当的行为。

（八）集体导向的应急策略

教师经常把行为干预策略集中在个别学生身上，使用强化（如口头表扬）等技术来增加期望行为的可能性。然而，这些个性化的技术很难在多名学生表现出不恰当行为的课堂上进行实践。相反，集体导向的应急策略已经被证明和个别干预策略一样有效，并且在多名学生表现出情绪和行为问题的课堂上有实际应用。集体导向的应急策略节省了教师的时间，促进了小组成员之间积极的社交互动，还有助于提高适当行为的改进水平。

集体导向的应急策略针对一名教师面对有特定行为的一组学生的情况，并且演讲或强化物的效果取决于一组学生中的个体、子集，或者该组整体。这一策略利用的是同伴的影响，同伴是主要的改变推动者，而不是教师。

集体导向的应急策略可以是依赖的、独立的或相互依赖的。依赖是指如果集体中有一个人符合条件并得到奖励,那么集体中的所有成员都会得到强化。独立奖励对符合强化标准的集体成员是有效的,对其他成员也会起到强化作用。集体导向的应急策略的关键是,只有集体中的所有成员都认同一个标准,这个标准才能得到强化。

集体导向的应急策略针对的不恰当行为的具体例子包括说话不得体和不能安静地坐在座位上。代币制可以用作加固技术。

四、学生的个人练习

（一）学业方面

1. 创造选择机会

许多长期有行为困难的学生都被反复告知他们的行为是多么的"错误",这可能会导致学生的无助感和最终的权力斗争。通过创造选择机会来解决行为困难是至关重要的,这种策略能让学生对自己的生活有一种更强的掌控力。允许学生进行选择可以促进独立,帮助学生自我监督并做出适当的行为,给他们一种控制感,鼓励他们积极参与适当的活动,建立自尊,提高责任感,并最终减少不恰当的行为。

2. 指导学生进行自我监督

指导学生进行自我监督是教学活动的一个重要组成部分,特别是对于那些难以认识到自己教育困难本质的学生。例如,有注意力缺陷的学生往往没有意识到这些缺陷的性质和程度,他们可能会感到沮丧,尽管努力在课堂上表现得很好,但是学业问题仍然存在。对于这些学生来说,进行自我监督时可以问自己一些问题,比如"我在座位上坐好了吗?""我在做作业吗?""我在听教师说话吗?""我在寻求帮助吗?",这些问题比"我注意到自己的注意力缺陷了吗?"更具体。学生能够识别一种可衡量的技能,并能描述自己的进步,比如在拼写测试中正确拼写单词。

明确目标行为,收集基线数据。通过学习目标行为的本质以及这些行为与其他课堂行为的区别,学习如何自我评估,自我记录目标行为,可以让学生学会自我监督。自我监督可以改变学生行为的频率、强度和持续时间,节省了教师监控学生行为的时间。它能提供及时的反馈,随着时间的推移,学生的档案也能得到改善,自我意识得到提高,这种方法已经被证明具有积极的效果。

（二）学生的非学业实践

1. 积极的行为干预和支持

积极的行为干预和支持已经被证明可以减少行为问题和提高学习成绩。它的前提是持续的教学，加上对学生积极行为的反馈，它减少了对纪律的依赖，促进了一种富有生产力的、安全的学习氛围。积极的行为干预和支持的概念与其他最佳实践相关联，包括创造选择机会、建立明确的课堂规则和期望、积极的课堂管理和预先纠正的教学策略。理想情况下，积极的行为干预和支持在中学和小学都适用，其目标是在所有学校环境中定义、指导和维持适当的学生行为。这将有助于学生从课程中过渡出来，并在理想情况下防止一些学生要求限制性的课程。

2. 利用同伴强化来促进适当的行为

有情绪或行为问题的学生被同龄人拒绝的几率明显高于正常的学生。同伴排斥是青少年犯罪、攻击性行为和其他消极生活结果的最强影响因素之一。有心理健康障碍的学生往往难以建立和维持人际关系，可能会误解社交暗示，并在解决人际关系问题上有困难。这些困难使他们面临被同伴拒绝的风险，以及随之而来的情绪和行为问题。

另外，同伴可以帮助学生增强自尊和强化课堂功能。将同伴作为学生适应社会和行为功能的强化媒介的策略也叫同伴强化干预，它将同伴直接或间接地作为主要改变媒介。表扬积极的同伴是一种简单的同伴强化干预，在这种干预中，教师奖励那些在结构化的日常会话中为被其他同龄人拒绝的目标学生提供描述性赞扬的同伴。它的前提是同伴在亲社会行为的发展中发挥着强大的作用，即便是每天简短的同伴表扬，也可以提高那些孤僻学生的同龄人接受度、社交互动频率和社会参与度。它还能减少破坏性行为，可以被同伴强化的积极行为包括表现出良好的愤怒控制能力、与他人分享、帮助其他同学以及努力完成作业。

3. 行为契约

行为契约对那些有持续行为困难、组织混乱、不服从任务安排、挑衅和对抗权威的学生是有用的。行为契约的优势在于让学生承担责任，提供结构和一致性，提升责任感，促进与家长的沟通，提高学生的成绩。行为契约通常使用确定目标行为的日常表格，并与学生一起审查结果，定期将结果寄给家长。学生有机会处理行为数据，并确定行为改进的方法。目标行为应该是可观察的和可测量的，强化物应该是具有激励性的和易提供的。如果目标行为在比预期的更短时间内完成，就可以提供奖励。行为契约应该是书面的，并由各方签字。教师可以监督学生的行为，但应尽可能鼓励学生自我监督。

对非学术行为的自我监督方法与对学术行为的监督方法相似。在任何一种情况下，确定具体的、可量化的行为都是必要的，行为应该是学生能认识到的，并在可持续的基础上进行监督，以确定改进的程度。

五、危机干预计划

随着不良行为越来越严重，多年来，课堂干预已经发生了显著变化：从 20 世纪 40 年代的主要问题是嚼口香糖、在走廊上跑步、不按规矩说话，到今天的吸毒、酗酒、自杀、帮派斗殴、校园枪击等。如今，对于学校来说，有必要明确定义和理解危机干预计划，以应对学生对自己或他人构成危险的情况。当学生发表自杀言论或威胁要伤害他人时，学校要有一个预先确定的计划来说明学校的专业人员将介入，这是很重要的。例如，明尼苏达州的亨内平县政府有一个危机小组，该小组有能力在学校评估可能需要的干预措施，如住院治疗，除非县政府的危机小组和教育工作者有明确的共识，否则县政府危机小组的工作人员更倾向于听从教育工作者的意见进行危机评估。然而，这一过程存在隐患，可能导致学区承担不必要的责任。

所以，必须澄清警察在社区中的作用和警察联络官员的作用，并确定要求他们进行干预的限度。虽然学校管理人员、辅导员、社工和心理学家可以有效地处理小危机，但重要的是要为需要社区援助的更密集的干预措施确定门槛。当一个同地协作的心理健康专业人士在学校中为学生服务，而这位专业人士的当事人正在陈述对自己或他人的潜在伤害时，这个过程就变得更加复杂。所以，学校需要签订有关治疗师在学校危机评估中的作用的协议，以及明确学区的最终责任是要确保危机得到适当处理。

第 22 章

结论和建议

一、学校对学生心理健康问题的广泛关注

一些读过本书第 1 版的教育工作者反馈,在他们所工作的地方,无论是在学区还是在社区,学生获得心理健康服务的机会都很有限,心理健康政策、指导方针或协议也很少甚至没有。还有一些在学区工作的人,他们的工作重点是识别学生的心理健康需求,并与学校和社区内的多种专业人员(或社会服务、公共卫生、心理健康医疗机构)合作,提供满足学生心理健康需求的服务。

对于前一类教育工作者来说,他们掌握了关于学生心理健康问题的知识,却在一个不能有效解决这些问题的系统中工作,这是非常令人沮丧的。如果一个学区在分析学生问题和实施服务时采取了一种只分析学生外在行为的干预方法,那么对于教育工作者来说,试图解决造成学生在课堂上行为困难的心理健康问题是很困难的。如果学区由于担心成为最终付款人,而从来不让教育工作者建议家长让学生得到心理健康综合评估,那么,教育工作者可能会因为没能让一名患有可被治愈的心理健康障碍的学生得到相应治疗而感到沮丧。如果一个学区的管理者对儿童和青少年的心理健康障碍的认识和理解有限,那么他们对患有这些障碍的学生做出的干预决策可能是无用的,甚至是有害的。

二、制定学生心理健康政策和措施的好处

在学区和教学楼的所有岗位上安排掌握儿童和青少年心理健康障碍知识的专业人员可以让这些学生得到显著的改善——这种影响不仅在课堂上,更能辐射到学校系统。

作为教育小组的成员,知识渊博的专业人员可以在学生被转介特殊教育之前提出以心理健康为重点的干预措施建议。例如,在家长允许的情况下,他们可以确保在学

生服药或接受心理治疗时,将信息传达给学生的治疗者。他们可以询问进行教育评估和功能性行为分析的学校心理咨询师,是否有证据表明,学生可能有心理健康障碍的内在因素造成的行为困难。他们可以要求说明学校心理咨询师、社工、辅导员和护士的角色和工作内容,以及他们自己的角色,以满足有心理健康障碍的学生的需求。最重要的是,他们可以改变自己对既有心理健康障碍又有行为困难的学生的态度和看法,从而使学生从具有更高敏感性、更强同情心和更专业知识的人那里获益。

有了这种转变,在与这些学生及其家庭打交道时也会更成功。这样可以避免权力斗争,进而避免教师和学生因为权力斗争失败的循环而士气低落。当被认为有问题的是心理健康障碍,而不是学生时,师生交往的冲突和挫折就会大大减少。这样,教育工作者、学生和家庭就更有能力为学生的成功而共同努力。这就是向心理健康障碍的公共健康模式的范式转变。

教育工作者可以与他们的管理者分享关于各种学校心理健康服务模式的信息,这些服务可以只在校园场地开展。这种分享可以帮助学校管理者理解,学校可以远离诊断和治疗学生的心理健康事务,同时与社区心理健康服务提供者合作,确保有风险的学生得到他们需要的帮助。

当一个学区建立现场的、同地协作的心理健康服务模式时,无论是由学校雇用的工作人员还是社区心理健康工作人员提供服务,教育工作者在确保这种模式的成功上都发挥着至关重要的作用。

在需要的时候,通过适当的信息公开,教育工作者能够与这些心理健康服务提供者就学生在诊断前和治疗过程中的基本行为表现进行交流。此外,他们和教育小组的其他成员可以获得有关学生心理健康障碍性质的信息,因为他们与学校环境有关,这些信息可以用来为学生提供更有效的教育干预措施,包括调整和修改课程方案。这是一种与社区心理健康服务提供者沟通的方法,当他们在学校现场时,效果会更好。

教育工作者还可以向学生教授有关心理健康障碍的迹象和症状的知识,以及如果学生或学生的同伴在遇到这些问题时应该采取的措施。卫生教师可以倡导丰富卫生课程的内容,以更有效地解决情绪障碍、焦虑障碍和 ADHD 等问题。对多样性保持敏感性的课程,可以促进理解和避免对有心理健康障碍学生的污名化。反欺凌项目可以扩大其重点,让大家认识到有心理健康障碍的学生更容易受害。

通过更多地参与鉴定各种心理健康障碍的关键行为迹象和症状,并记录其严重性、急/慢性和周期性,教育工作者将提高对这些障碍的性质及其课堂表现的认识。在将这些信息传达给专业治疗者的过程中,以及在监测治疗计划改变后所发生的行为变化的过程中,教育工作者将越来越了解心理治疗和药物治疗对这些学生的作用。

三、建议

在许多领域，对学生的心理健康支持可以从改善中受益，但我想通过集中讨论可能阻碍对有心理健康障碍的学生的教育和治疗的两组政策来结束本书。针对第一组政策，我建议特别关注如何安置那些因情绪或行为障碍而被确定有资格接受特殊教育服务的学生。第二组政策是 IDEA 中的"最后付款人"条款，这使得学区可能要为其学生的心理健康相关费用负责，而这些费用没有通过其他渠道支付，因此可能会降低学区参与解决学生心理健康问题的意愿。

（一）改善有情绪或行为障碍的学生上特殊教育课的安置标准

如全书所述，因情绪或行为障碍而被认定有资格接受特殊教育服务的学生表现出广泛而复杂的残疾、需求、行为，以及对为他们提供服务的公立学校的挑战。不幸的是，即使受过特殊教育，这些学生在回到学校和毕业后的表现往往也很差（瓦格纳，1995）。情绪或行为障碍与其他心理健康障碍不同，因为它基于行为，而不是特定的、公认的残疾。事实上，一名学生只需要表现出不同于同龄人的不当行为，就可以被认定有情绪或行为障碍了。换句话说，这变成一个重复的问题，行为症状变成残疾本身。

尽管如此，学校必须为患有情绪或行为障碍的学生做出安置决定，就像他们对其他被诊断为患有心理健康障碍的学生所做的那样。如果对学生的需求和残疾没有一个明确的定义，那么制定和实施有效的教育干预措施是困难的，在某些情况下甚至是不可能的。教育工作者必须在不知道这些情绪或行为障碍的原因或促成因素的情况下，设法减少学生的攻击性、多动性或冲动行为。

（二）关于情绪障碍类别的建议

根据联邦和各州的特殊教育法，并不是所有的残疾学生都有资格接受特殊教育和相关服务。要想接受联邦和各州法律规定的特殊教育和相关服务，学生必须符合 IDEA 规定的 13 种残疾中的一种。其中有情绪障碍，情绪障碍在《美国联邦法规》第 34 卷第 300 节第 7 条第 3 款第 4 项第 1 点中定义为："在很长一段时间内表现出下列一种或多种特征的状况，并在很大程度上对学生的教育表现产生不利影响：（1）无法用智力、感官或健康因素来解释的学习能力低下；（2）无法与同学和教师建立或维持令人满意的人际关系；（3）在正常情况下产生不恰当的行为或感觉；（4）普遍存在的不快乐或抑郁的情绪；（5）倾向于出现与个人或学校问题有关的身体症状或恐惧"。

上述款项第 2 点规定，"情绪障碍包括精神分裂症""该术语不适用于社会适应不良的儿童，除非确定他们有情绪障碍"。最初，这一定义是根据鲍尔在 20 世纪 50 年代对学生的描述而创建的。他和他的同事收集了 200 多名被心理健康专家认定为"情绪失常"的学生的学术、情感和社交信息，发现将这些学生与同龄人区分开来的因素有 5 个，这 5 个因素成为上述所列的特征。该定义在最初创建时，添加了"严重"一词，规定该问题对教育表现产生不利影响，它包括了精神分裂症，排除了非严重情绪障碍也存在的社会适应不良。这个定义既没有量化"长时间"，又没有定义"社会失调"这个词。1999 年的《美国联邦法规》进行了修订，以反映国会意志，删除了"严重"一词，但没有做出任何实质性改变。值得注意的是，尽管自 20 世纪 50 年代以来，儿童心理健康障碍的研究取得了显著进展（例如，儿童抑郁障碍在当时没有被视为一种障碍），但标准基本上没有改变。虽然其他属于特殊教育类别的残疾可能突然发生（如创伤性脑损伤、需要适应性体育训练的身体损伤、突发性听力丧失），情绪障碍的标准仍然认为，情绪问题需要存在"很长一段时间"，才能被认定为情绪障碍。事实上，一些儿童的心理健康障碍，如 PTSD、惊恐障碍、躁狂症等，可能会突然发作。

在解释 2004 年 IDEA 重新授权期间，对情绪障碍定义所要求的变更的立场时，美国教育部对最终法规的评论称："从历史上看，这一领域很难就情绪障碍的定义达成共识，这一点自 1977 年以来一直没有改变。1993 年 2 月 10 日，美国司法部在《联邦公报》上发表了一份'调查通知'，征求对严重情绪障碍的现有定义的意见。随后，他们就'调查通知'所收到的反馈表达了广泛的意见，却没有就该定义达成共识。鉴于缺乏共识，而且国会没有做出任何需要改变定义的指示，该部门建议，情绪障碍的定义保持不变。我们审查了该法案以及收到的针对新战略行动的评论，得出了同样的结论。因此，我们拒绝对情绪障碍的定义做任何改变"。

美国教育部对最终法规的评论展示了 2006 年在情绪障碍定义上的僵局。然而，在本书中发现的问题以及之前在文献中争论的问题一直延续到今天。现在，是时候再次进行协商讨论，争取达成一致意见了。

为了解决情绪障碍分类的根本弱点，即不能帮助教育工作者了解学生的核心障碍，这个概念的定义可以更具体地与特定的表现联系起来。弗尼斯和库尼泽（1992）对该定义进行了如下修订：

（1）情绪或行为障碍指的是一种以学生在校情绪反应或行为为特征的残疾，这种情绪反应或行为非常不符合学生的年龄、文化或种族规范，从而对他们的教育表现产生不利影响。教育表现包括学术、社交、职业和个人技能。这样的障碍表现有以下特征：

- 不仅是对环境中压力事件的一种暂时的、预期的反应。
- 经常在两种不同的环境中发生，其中至少一种与学校有关。

- 学生对普通教育的直接干预反应迟钝，或者一般干预是不够的。

（2）情绪和行为障碍可以与其他残疾共存。

（3）患者可能包括患有精神分裂症、情绪障碍、焦虑障碍或其他持续性行为、适应障碍的儿童或青少年，这些障碍会对他们的教育表现产生不利影响。

这一变化是在国家层面上朝着提高对教育的理解迈出的一步。然而，它仍然将情绪障碍类别认定为残疾，而不是像其他残疾类别那样强制鉴定学生的实际残疾，并提供适当的调节和修正。

1. 确认学生的实际残疾

以下建议旨在确认学生的实际残疾，并在教育环境中适当地解决这些问题。其中一些建议可以由学区来完成，一些则需要州政府或联邦政府的干预。

- 修改 IDEA 中的财务责任要求。学区有可能不得不支付昂贵的心理健康治疗费用，包括为他们在学生身上发现的问题支付学生住院治疗的费用，这是导致他们不愿在特殊教育评估中处理学生心理健康障碍的一个主要因素。
- 消除社会失调排斥。这是一个很难界定的概念，很难被描述或应用于教育背景。
- 要求对被评估有情绪障碍的学生进行心理健康筛查。
- 要求筛查工具是可靠的、有效的、敏感的和具体的，要求评估结果，以确定全州范围内该障碍的百分比和类型、随后进行的干预，以及这些干预的学术和行为结果。
- 如果心理健康筛查发现了学生有心理健康障碍的症状，其症状反映了学生在课堂上的情绪或行为障碍，则应提供资金用于诊断评估，以澄清问题。这就需要向学校提供超出其目前支付水平的资金，并调整学校在心理健康服务方面可能承担的财务责任。在明确诊断后，将针对学生潜在的残疾设计治疗方案。在某些情况下，治疗可以改善课堂上出现的问题。
- 对于父母不同意接受心理健康诊断评估的学生，即使他们表现出严重的情绪或行为障碍，也可以允许诊断授权例外。
- 将那些有慢性健康问题（如 ADHD）的学生排除在外。因为这些问题是造成他们情绪或行为障碍的主要原因，所以应该将这些问题放在其他健康障碍中。要阐明确定问题是否源于慢性健康问题的方法。
- 明确将其他心理健康障碍（如双相情感障碍、重性抑郁障碍、恐慌症、强迫症、PTSD）定为慢性健康问题。
- 增加其他健康障碍标准，以更好地反映作为慢性健康问题的心理健康障碍的教育表现。

考虑到改变联邦法律所带来的困难，以及为了更具体地说明行为的性质和原因，州法律也可能被制定或修改，弗尼斯和库尼泽（1995）的建议也适用于州一级的改变。底线是要确保学生的实际残疾得到识别，一旦这一步完成，就可以对学生的干预措施进行适当的个性化规划。

2. 协调学校实践

为了支持政策的改变，需要回归个性化规划的基本前提。要做到这一点，就必须利用家长、教育工作者、社区工作人员和学生的专业精神、技能和积极态度，并将为学生群体制定的僵化的、预先形成的、千篇一律的教育规划放在一边。IDEA 为学生制定的中心规划文件是《个性化教育计划》，其名称体现了其意图。

在实践中，制订这样一个计划意味着积极发展和协调全学区和全校的行为支持力度，对教育工作者进行临床障碍培训，以及对学校评估人员进行功能性行为评估的培训。这需要了解有情绪障碍的学生是如何从完全主流化的学校进入完全隔离的情绪障碍学校的。而且，制订计划时需要审查学生的档案，以找到已治疗和未治疗的心理健康问题的证据，发展适当的社区模式来解决学生的心理健康问题，最重要的是，明确如何识别、处理、跟踪和不断修改学生的个性化教育计划。该计划的重要组成部分可能包括从学校到工作的过渡计划、对 IDEA 相关服务的考虑、对纳入课外活动和非学术活动的计划，以及使学校对单个学生有益的其他方式。这些活动可以由教育部或学校专业人员、学区领导组成的实践小组提供支持。

3. 监控教育成果

为了确保学生的个性化教育计划奏效，州教育部门和学校必须制定一个跟踪学生教育成果的程序。现在，建立一个基于全州和全学区学生的考试成绩、毕业率、辍学率和个人成长报告的以结果为中心的基本跟踪系统已经成为可能。有了这些现有的信息，就可以在个别学生、学校和学区层面监控有情绪障碍学生的进步。这些结果报告也可以用来展示全州范围内的情绪障碍干预项目的总体成功率，成功率较高的学区和学校可以通过项目改进策略来帮助其他成功率较低的学区和学校。（想要更全面地讨论与患有情绪障碍的学生相关的教育问题，可以参考斯图尔特和迪克尔在 2011 年发表的文献。）

（三）撤销 IDEA 中的最后付款人条款

IDEA 通过规定各州和公共机构如何为残疾儿童和青少年提供早期干预、特殊教育和相关服务，来确保为所有残疾儿童和青少年提供服务。为残疾儿童和青少年提供心理健康服务的一个障碍是最后付款人条款（IDEA 第 303 节第 510 条，1990），该条款使学区成为无法通过其他来源支付的费用的最终承担者。

IDEA 要求各州都有明确各种公共系统财政责任的机制、为解决跨部门争端制定的程序、根据协议或其他机制解决机构间纠纷的程序（包括在此基础上地方教育局可提起诉讼的程序），以及确保从其他机构获得支付或以其他方式执行协议或机制的规定。

然而，在大多数州，对于确定资助住院治疗服务的财政责任等情况，通常没有明确的程序和机制。在我看来，为了改善对有心理健康障碍的儿童和青少年的服务，由于潜在的巨大经济责任而使学校举步维艰的最后付款人条款，应该被取消。我这么说有几个原因：

（1）研究表明，大约18%的儿童和青少年有心理健康障碍，其中5%有严重的心理健康问题，但这些儿童和青少年中只有20%接受过心理健康治疗。

（2）这些障碍通常在学校中表现出来，尤其是当它们导致破坏性行为，并导致特殊教育评估时。

（3）评估情绪障碍并不需要识别任何实际的残疾，而是仅仅基于行为。然而，大多数被评估为这类障碍的学生都显示了心理健康问题的迹象。

（4）研究表明，这类学生的结果非常糟糕，因为他们的情绪问题很少得到治疗，所以对源于潜在障碍的行为进行干预往往不会成功。

（5）即使有明显证据表明学生患有未治疗或治疗不当的心理健康障碍，学区也不愿推荐学生进行心理健康综合评估，因为他们担心不仅要为综合评估付费，还要为随之而来的心理健康治疗服务承担潜在的巨大经济责任。如果学生接受住院治疗，而其家庭保险不支付费用，那么学区可能要花费数万甚至数十万美元。法院裁定，学生的教育需求与他们的心理健康需求"不可分割地交织在一起"，因此，学区有责任支付学生的教育和心理健康服务费用。

（6）在美国各地，许多学校的心理咨询师都被学校管理人员禁止直接建议学生进行心理健康综合评估。然而，每年都有数亿美元花费在教育评估上，目的是让这些学生有资格接受特殊教育服务，但这些服务并不能奏效。通常，有严重心理健康障碍（如PTSD、严重情绪障碍）的学生会被学校的专业人员认为仅仅是有行为问题，这只会加深学生潜在的障碍。

（7）如果取消最后付款人条款，并且确定为患有严重障碍的学生支付超过一定数额的特殊教育费用的其他资金（如州"高需求资金"），那么有风险的学生将更有可能被诊断、评估和成功治疗，学区会更愿意适当地解决学生的心理健康问题。学区可以与其他系统（如县政府、医生、心理健康专业人员）合作，更有效地为学生服务。

（8）除非消除这种阻碍因素，否则旨在改善学生心理健康服务的其他措施（如增加学校辅导员的数量）不会产生重大影响，因为学生潜在的心理健康障碍仍将得不到诊断和治疗。

（9）特殊教育中的情绪障碍是一个较为复杂的问题，它是唯一一种与实际残疾（如学习、发育、身体残疾）没有直接联系的残疾类别。

情绪障碍是一个重复的范畴，因为它成了残疾。例如，一名没有心理健康障碍的学生，如果他有不良行为和攻击性，那么他就有可能被归入这一类。如果他随后对教师或同学有暴力行为，那么即使这种行为被证明是有计划和有动机的，他也不会被开除。"表现决定评估"可能会确定他的行为是残疾引起的，而他的残疾就是情绪障碍本身！

此外，最后付款人条款降低了情绪障碍类学生潜在的心理健康障碍被识别、评估和治疗的可能性。也许这一类别应该被取消，用一个功能更强的类别代替，或者其他健康障碍类别应该用于那些被诊断出患有心理健康障碍并对其教育进程产生不利影响的学生。

我鼓励那些为学校管理者、心理学家、社工、护士、心理咨询师、精神科医生和家长服务的组织，在这个问题上表明立场，齐心协力，消除 IDEA 的最后付款人条款。

四、最后的话

正如美国卫生局前局长戴维·萨奇于 1998 年所说："我相信我们可以为这个国家塑造一个不同的未来，因为它关系到心理健康"。拥有和理解儿童和青少年心理健康知识的教育工作者将是实现这一目标的关键参与者。

附录 A

精神障碍诊断与统计手册

一个准确的诊断需要具备 4 个基本因素。它需要是敏感的，因为标准需要识别绝大多数（理想的是所有）有这种障碍的个体。它需要具体一些，这意味着没有这种障碍的人不会被错误地诊断。它需要可靠，这样当几个临床医生检查同一个患者时，他们会得出相同的诊断结论。最后，它必须是有效的，因为它能识别真正患有这种障碍的人。在过去的几十年里，精神病学领域试图改善诊断中的这些因素，这造就了今天使用的标准。自 19 世纪 50 年代以来，精神病学领域已经公布了鉴别心理健康障碍的关键特征的标准。《精神障碍诊断与统计手册Ⅰ》于 1952 年出版，随后是 1968 年的《精神障碍诊断与统计手册Ⅱ》，1980 年的《精神障碍诊断与统计手册Ⅲ》，1987 年修订的《精神障碍诊断与统计手册Ⅲ-R》，1994 年的《精神障碍诊断与统计手册Ⅳ》，2000 年的《精神障碍诊断与统计手册Ⅳ-TR》（文本版），以及 2013 年的《精神障碍诊断与统计手册Ⅴ》。每个新版本都对以前的诊断分类进行了修改，扩大或缩小标准范围、增加其他标准和删除没有明确科学依据的标准。

所有的心理健康障碍都有显著的行为、情感或认知障碍，表现为生理、发育或心理功能方面存在异常。心理健康障碍与严重的痛苦或残疾有关，与压力源对应的或文化中认可的反应（比如正常的悲伤反应）或偏离社会标准的行为和社交冲突都不是心理健康障碍。

2013 年 5 月，《精神障碍诊断与统计手册Ⅴ》发布，描述患者诊断的方法与以前的版本相比有很大变化。由于教师可能会看到变化之前和之后的报告，所以这两种类型在这里都有描述。

《精神障碍诊断与统计手册Ⅳ》《精神障碍诊断与统计手册Ⅳ-TR》是 2013 年 5 月之前对 K12 学生进行的所有诊断评估的主要来源。它们采用多轴格式，将主要的精神病学诊断，如情绪障碍、焦虑障碍、精神病性障碍等，放在轴Ⅰ中。轴Ⅱ包括智力迟钝（现在称为智力发育障碍）和人格障碍。轴Ⅲ列出了可能导致患者精神症状的身体状况或医学疾病。轴Ⅳ定义了患者所经历的社会心理压力的程度，从轻微到灾难性。

轴Ⅴ在评估时对患者的功能水平进行评级，并记录患者在前一年的最高功能水平。

《精神障碍诊断与统计手册Ⅴ》不再采用多轴诊断方法，而是结合了之前的轴Ⅰ、轴Ⅱ、轴Ⅲ。其中有一节分别标注了以前作为第四轴基础的社会心理和环境因素，以及以前在第五轴中标注的功能水平。许多患有心理健康障碍的学生的诊断都基于《精神障碍诊断与统计手册Ⅳ-TR》，这可能会给教育工作者造成困惑。《精神障碍诊断与统计手册Ⅴ》对几种疾病的标准进行了重大修订，并消除了几种疾病或将另外几种疾病纳入其他类别。例如，阿斯伯格综合征不再是一种可诊断的疾病，那些有导致这种诊断的症状史的人现在被诊断为ASD。

为了使描述明确，本书中的诊断描述基于《精神障碍诊断与统计手册Ⅴ》的标准。然而，《精神障碍诊断与统计手册Ⅳ》的一些信息也被用于帮助教育工作者从第四版到第五版过渡。本书并没有涵盖下面列出的所有诊断，但它们是为那些对进一步探索心理健康诊断和治疗问题感兴趣的教师列出的。以下是从《精神障碍诊断与统计手册Ⅳ-TR》到《精神障碍诊断与统计手册Ⅴ》的主要变化。

在神经发育障碍类别中，术语"智力迟钝"终于不再被使用，取而代之的是智力障碍（智力发育障碍）。语音障碍已转变为交流障碍，口吃已转变为自童年发生的言语流畅障碍。一种新的障碍——社交（公共关系）沟通障碍已经被增加，它指的是在社交中使用非语言和语言沟通的持续困难。ASD、阿斯伯格综合征、儿童崩解症、雷特综合征和广泛性发育障碍都被纳入了ASD的诊断中。ADHD的症状开始出现的年龄从7岁以前改为12岁以前，成年人诊断该障碍所需的标准数量也减少了。阅读障碍、数学障碍、书写表达障碍和未特定的学习障碍都被纳入了特定学习障碍的诊断范围。

精神分裂症谱系和其他心理健康障碍的分类标准不再有亚型（偏执型、紧张型、混乱型、未分化型、残余型），并使用维度方法对症状的严重程度进行了分级。

在情绪障碍类别中有许多变化。由于担心双相情感障碍在儿童中被过度诊断，因此增加了破坏性情绪失调障碍的诊断，指的是18岁以下的儿童和青少年表现出持续易怒和频繁发作的严重行为控制障碍。心境恶劣障碍和慢性抑郁障碍统一为持续性抑郁障碍。经前期烦躁障碍（俗称经前症候群）成为一种新的诊断。丧亲时的抑郁症状不再是抑郁障碍诊断的排除性因素。

在焦虑障碍类别中，有特定恐怖症或社交焦虑障碍的成年人不再需要有过度的或不合理的焦虑才能被诊断。分离焦虑障碍和选择性缄默症现在被归为焦虑障碍。PTSD和急性应激障碍现在属于一个新的类别——创伤和应激相关的障碍。强迫症则属于强迫及相关障碍的一个新类别，囤积障碍和抓痕障碍也被列入其中。

婴儿或幼儿喂养障碍已更名为回避性/限制性摄食障碍。神经性厌食症的诊断不再以闭经作为女性的诊断标准。

性别烦躁作为一种新的疾病，取代了《精神障碍诊断与统计手册Ⅳ-TR》中的性别认同障碍，并为儿童、青少年和成年人分别列出了标准。

《精神障碍诊断与统计手册Ⅴ》新增了章节"破坏性、冲动控制及品行障碍"，它结合了"通常在婴儿期、童年和青春期首次诊断的障碍""冲动控制"的诊断。对立违抗性障碍的标准现在被分为愤怒的/易激惹的心境模式、争辩/对抗行为类型和报复模式，行为障碍的排斥性标准已经被移除。品行障碍增加了一个新的标注：伴有限的亲社会情感。间歇性爆怒障碍现在包括言语攻击和非破坏性或非伤害性的身体攻击。

在与物质相关和成瘾障碍类别中，增加了赌博障碍的诊断。关于物质使用，《精神障碍诊断与统计手册Ⅴ》不再将物质滥用和物质依赖区分开来，物质使用障碍标准包括中毒、戒断、物质所致的障碍和未特定的其他物质相关障碍。

附录 B

关于个性化教育计划的心理健康相关服务

大多数有心理健康障碍的美国学生都接受普通教育。当有心理健康障碍的学生被认定为残疾并需要特殊教育时，他们通常会有严重的、未经治疗的心理健康障碍。理想情况下，他们都应该通过县政府服务机构、公共健康项目、初级护理人士和心理健康服务提供者的帮助进行了适当的心理健康筛查和治疗，但通常情况并非如此。考虑到许多美国学生没有保险或保险不充足，美国教育部颁布的 IDEA 规定，学校是相关服务（包括心理健康相关服务）的最后付款人，因此，学校在教育有心理健康问题的学生方面担负着巨大的责任。

服务的定义

IDEA 要求学区为符合条件的学生提供"相关服务"，这类服务在 IDEA 中被广泛地定义为心理服务、社会工作服务及咨询服务，详情如下：

……这些发展、矫正和其他支持服务包括心理服务、社工服务、学校护士服务，以及旨在使残疾学生获得免费的适当公共教育的服务，如在学生的个性化教育计划中所述的咨询服务……以及为帮助残疾学生接受特殊教育而可能需要的医疗服务（但这种医疗服务仅用于诊断和评估），并包括对学生残疾状况的早期识别和评估。（参见《美国法典》第 20 卷第 1401 节第 26 条第 1 款。）

《美国联邦法规》包含了对上述定义中所包含的术语含义的指导，如下所示：

"咨询服务"是指由合格的社工、心理学家、指导顾问或其他有相关资格的人员提供的服务。（参见《美国联邦法规》第 34 卷第 300 节第 3 条第 2 款。）

"家长辅导及训练"是指协助家长了解孩子的特殊需要，向家长提供有关孩子发展的信息，并帮助家长获得必要的技能，使他们能够支持实施孩子的个性化教育计划或个别化家庭支持服务。（参见《美国联邦法规》第 34 卷第 300 节第 3 条第 8 款。）

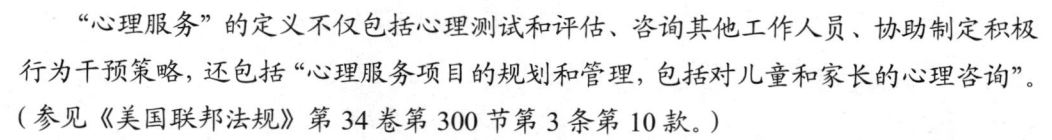

"心理服务"的定义不仅包括心理测试和评估、咨询其他工作人员、协助制定积极行为干预策略，还包括"心理服务项目的规划和管理，包括对儿童和家长的心理咨询"。（参见《美国联邦法规》第 34 卷第 300 节第 3 条第 10 款。）

"社会工作服务"的定义包括以下任何一项或全部（参见《美国联邦法规》第 34 卷第 300 节第 3 条第 14 款）：

- 准备学生的社会或发展历史。
- 对学生和家庭进行团体和个人咨询。
- 与家长在其他方面合作，解决影响学生在学校中的表现的问题。
- 调动学校和社区资源，使学生能够在其教育方案中尽可能有效地学习。
- 协助发展积极的行为干预服务。

"咨询"一词的公认定义是在解决个人、社会或心理问题和困难方面提供帮助和指导。这不同于"治疗"一词公认的定义，后者旨在通过心理手段缓解或治愈心理健康障碍。"治疗"在 IDEA 中没有被定义，许多人认为提供治疗来缓解或治愈心理健康障碍超出了 IDEA 所设想的通过支持性和矫正性服务来帮助学生从教育中受益的范畴。

IDEA 下心理健康相关服务提供标准

有关服务是"必要的"这一认定有各种不同的解释。美国最高法院非常实际地阐述了这一标准："除非在上学期间向学生提供所需要的服务，否则学生不能上学"。

具有指导意义的是，法院的一项裁决驳回了学区提出的多因素测试，这种测试将允许考虑学生是否需要持续（而不是断断续续）的护理、现有的学校工作人员是否能够提供这项服务、这项服务的成本，以及服务执行不当的潜在后果。该决定表明了法院的观点，即国会意在确保残疾学生上学是有意义的，如果有必要为学生提供相关服务，使其能够从特殊教育中受益，则应向学生提供相关服务，而不必特别考虑学区的财政问题。

需要注意的是，标准规定的服务是必要的，而不仅仅是对学生"有益"的服务。此外，该标准还涉及支持学生教育所必需的服务，而不是学生生活中其他无关的领域。

医疗服务的限制

相关服务的定义只包括"仅用于诊断和评估"的医疗服务。例如，一个学区被要求为一名心理健康需求未得到满足而影响其学业和人际关系的学生提供诊断和评估服务。其他医疗服务则超出 IDEA 定义的相关服务范围。

药物监控通常被看作一种超越诊断和评估范围的医疗服务，因此被排除在学区的责任之外。

心理健康服务的连续性

为学生的心理健康需要提供的相关服务不一定完全符合心理健康服务的连续性。从心理健康服务提供者的角度来看，服务的连续性从最弱到最强烈，类似于以下情况：

- 学校心理学家、辅导员或社工提供教育支持和社交技能培训，为对立和违抗的学生设计积极的行为干预，为学校工作人员提供行为计划实施、咨询（如帮助焦虑的学生从教育项目中受益）方面的培训，以及为学生提供护理服务（如调剂精神药物）。
- 心理健康诊断、门诊治疗或药物治疗。
- 日间治疗。
- 住宿安置。
- 住院治疗。

在传统意义上，学区认为提供第一类服务是适当的，并认为提供其他服务超出了学校的职责范围。然而，对判例法和行政决定的回顾表明，学区也有责任将其他类型的公共教育服务纳入职责范围。

例如，明尼苏达州教育部发现，一个学区拒绝向学生提供由 IDEA 保证的免费的适当公共教育，原因是该学区未能提供心理咨询服务，以满足学生的独特需求。学校和家长一致认为该学生有不当行为和逃学问题，需要心理咨询。该学生的家长无法为学生提供心理健康服务，最终，州教育部命令学区为该学生安排心理咨询，费用由学区承担。

资助住宿安置的责任

对于有心理健康问题的学生来说，最集中（通常也是最昂贵的）的安排是住宿安置。《美国联邦法规》专门为一些 IDEA 学生考虑住宿安置项目，规定如下："如果向残疾学生提供特殊教育和相关服务时，有必要将其安置在公立或私立住宿项目中，则该项目，包括非医疗护理和食宿，不得向学生的父母收取任何费用"。（参见《美国联邦法规》第 34 卷第 300 节第 104 条。）

美国的很多法院已经就学校资助住宿安置责任的案件做出了裁决。这些案件的结果差别很大，一些法院命令一个学区支付该项目的费用，一些法院则认为安置住宿项目的费用必须由另一个实体或学生的家庭承担。

例如，在一个涉及情绪和行为紊乱的学生的案例中，该生存在扰乱课堂、行为无礼、不服从命令、旷课、滥用药物、性滥交、逃学的行为和自杀企图，学校试图在日间治疗安置所中教育她，但被她的不按时出勤所阻挠。法院命令学校资助她的住宿安置项目，理由是不可以把学生的行为问题和学习过程分开，而且该生不可能在非住宿环境中取得教育进步。法院拒绝根据安置是否出于"教育"的考虑来裁决这个案件，并表示："我们的决定考虑的不是问题本身是'教育'还是'非教育'，而是是否需要解决问题以便学生学习"。相比之下，在另一个涉及逃学和性滥交行为的案例中，法院拒绝学区资助其的住宿安置项目，因为法院认为住宿环境对满足该生的教育需求不是必要的，同时指出，这是由于"该生的行为问题是学习过程之外的问题，这些问题是在学校以外的地方表现出来的"。

在另一个法院裁决案例中，法院拒绝要求学校向家长报销住宿安置的费用。因为法院发现，该生在公立学校提供的住宿安置（学校的独立安置，包括在治疗设置中的学术和情感支持）中，在他清醒的时候取得了进步，但当他的毒品问题发作时，他的进步受到了影响。法院驳回了原告的论点，即学生的毒品问题和残疾是"交织在一起的"，并指出接受这一论点将导致要求财政拮据的学校为所有残疾学生资助药物滥用治疗项目，而这一要求没有任何法律依据。法院的理由是，"虽然住宿安置可能是处理学生药物滥用问题的最有效方法，但这不是学区的责任"。

总而言之，一些法院似乎依赖学区的教育使命和拒绝要求支付住宿安置费用来区分医疗或药物相关问题，一些法院则考虑住宿安置对学生的学习是否有必要。虽然这些考虑略有不同，但这些案例中体现的关键似乎在于学区能否说服法院，相信它们让学生有机会在非住宿安置中取得足够的进步。

足够的进步是无法预测和具体实际调查的，这取决于专家证人的说服力。美国联邦第八巡回法院裁定，在一个案例中，一名有行为障碍的学生在行为上几乎没有进步，但在学业上以平均速度进步，在这种情况下，学业进步的表现足以证明学区对学生情况的关照。法院的声明如下：

这里的记录表明，一名学生的行为问题，如果无人照管，可能会显著降低他的学习能力，而他正在学习的事实，是他的行为问题至少部分得到了照料的重要证据。当然，我们希望学生在行为上有更多的进步，但 IDEA 并不要求学校为最大限度地发挥学生的潜力而努力，或者，事实上，保证学生真的会有所进步。它只要求学校向学生提供一个合理的、能提供教育利益的个性化教育计划……

实际关注事项及建议

在将心理健康服务定义为相关服务的门槛方面，各学区存在很大差异。这种不确定性是可以理解的，因为 IDEA 在概念中没有定义，不同法院的裁决也有差异。

为满足心理健康需求而提供的服务费用可能很高。在少数州，法律规定可以将心理健康服务的费用转嫁给学校以外的实体。例如，密苏里州为学区的财政责任设定了上限，规定超出上限的费用由州政府承担。在加利福尼亚州，学生教育计划中的心理健康相关服务一度由县政府而不是学区负责。

然而，在大多数州，虽然学区可以向第三方申请相关服务的报销，但如果无法报销，学区仍需承担费用。无论是否有资金支持，提供相关服务的义务都是存在的。如果学区不提供必要的相关服务，就可能需要承担学生私人寻求服务的费用以及律师费、诉讼费等相关费用。

此外，各学区对心理健康服务提供者的具体合同安排也有很大差异。学区可以选择由当地的专业人员提供服务，或者通过与社区心理健康服务提供者签订合同。正如本书第 15 章所指出的那样，每种选择都有其优点和缺点。

结论

一个不可避免的事实是，学校要为那些因心理健康问题而难以从教育中获益的学生提供服务。由于资源稀缺，心理健康服务可能是昂贵的。然而，寻求逃避提供适当相关服务义务的代价可能更昂贵，而且在法律上是站不住脚的。

作者推荐了一个双管齐下的方法。

首先，各学区可以与其他系统（如县政府心理健康和公共健康项目）建立成功的合作关系，以确保学生的心理健康需求通过学校以外的渠道得到满足。

其次，学校必须对个性化教育计划团队进行有关法律标准和要求的培训，确保为学生提供服务的专业人员得到适当的许可和监督，并寻求以一种对代价敏感的方式提供适当的服务。

考虑到 IDEA 中的最后付款人条款和大量没有保险的学生，全国和各州学校组织应考虑游说修改立法，从而减少那些努力为学生未得到满足的心理健康需求提供服务的学区的法律和财务责任。

注：本附录改编自萨拉·拉夫博士和威廉姆·迪克尔博士于 2009 年 11 月在《调查与分析》上发表的论文《个性化教育计划的心理健康相关服务》。

附录 C

对滥用物质的学生进行特殊教育评价

青少年滥用物质现象普遍存在，这往往会影响他们的学业进步和社交情绪功能。（在本附录中，"物质"一词包括酒精、大麻或可卡因等非法物质，以及滥用的处方药。）然而，在 IDEA 中，物质使用不被视为一种"残疾"。因此，一名学生仅仅是滥用物质或被诊断为物质使用障碍，并不会使这名学生成为 IDEA 规定的"残疾学生"。同样地，学生使用物质这一事实并不意味着我们有义务在 IDEA 的规则下对学生进行评估。虽然这些法律原则看起来很简单，但对于教育工作者和律师来说，这些法律原则并没有给他们带来多少安慰。

在实践中，当教育工作者被要求评估一个正在主动使用或最近使用过某种物质的学生时，就会出现复杂的问题。非法使用物质可以导致学生表现出某些心理健康障碍的症状，包括情绪障碍（如重性抑郁障碍和双相情感障碍）、焦虑障碍，甚至精神病性障碍。因此，物质使用可能导致教育工作者错误地得出结论，认为学生符合特殊教育的标准，如存在情绪障碍或其他健康障碍。这种错误会给学生带来严重的后果，因为无论是中毒的不良情绪影响，还是戒断的影响，都无法从特殊教育和相关服务中得到改善。事实上，针对学生的物质使用问题引入特殊教育和相关服务将使问题复杂化，甚至可能是有害的，因为这些服务忽略了真正的问题，并可能使学生在较长一段时间内隐瞒物质使用情况。

针对学生使用物质而采取的特殊教育和相关服务也会损害学区和学生家长之间的关系。当这些服务明显不能满足学生的情感和行为需求时，家长可能会责怪学校，具有讽刺意味的是，他们可能会要求更高水平的服务或高度限制性的安置，如住宿安置。此外，当学生的物质使用问题最终被曝光时，家长可能会声称这是"由残疾引起的"，或者学生是"自我用药"，因为学区未能及时确认学生的残疾。当学生因使用物质被开除，家长后来又声称这是学区未能识别的一种残疾的表现时，学区就特别可能因为没有确认这种残疾而被指控。

评估使用物质学生的挑战

活性物质的使用可以在几个方面影响教育评估。第一，物质使用会对学生的学习成绩产生负面影响。在某些情况下，物质使用和学习成绩下降之间存在着不可否认的相关性。第二，物质使用会影响学生在教育环境中发挥能力和与他人互动的方式。第三，物质使用会影响学生在运用一些工具上的表现，这些表现是教育评估的一部分。例如，主动使用物质会导致在注意力、执行功能、解决问题、抽象推理、认知效率以及短期和长期记忆方面的缺陷。第四，使用物质会使教育工作者对学生的绝对和相对优势、劣势产生一种不准确的认识，这反过来也会妨碍他们对学生的教育需求的准确认识。

大多数评估包括家长和教师对学生教育功能的报告，这些报告通常是通过访谈、检查表和行为量表的施测来获得的。除非家长和教师的报告专门针对学生在物质使用前、开始使用后或使用结束后的功能表现，否则报告可能会显示一名学生有重大教育需求，即使这些需求完全来自物质使用。

如开头所述，物质使用可能会使学生表现出某些情绪障碍的症状，并导致教育工作者错误地断定学生符合情绪障碍的标准。物质使用也会产生耐力有限、注意力不集中、警觉性受限等症状，这会导致教育工作者错误地断定学生符合其他健康障碍的标准。不足为奇的是，听证官已经发现，在集中注意力、完成任务、持续努力完成任务以及表现出持续的兴趣方面，ADHD 和物质使用对学生的影响可能类似。

显然，当学生在测试、观察或面谈时处于物质的影响之下，或者当学生在测试、观察或面谈前 24 小时内使用物质时，其影响最为显著。一名听证官认为，如果学生在评估期间似乎受到了某种物质的影响，"最佳做法"就要求教育工作者与学生和家长讨论明显的物质使用情况，然后争取学生同意在一段特定的时间内放弃使用任何物质，这样才能得到有效的评估结果。不幸的是，这种所谓的"最佳实践"可能很快与现实发生冲突，大多数使用物质的学生都无法完全戒掉。此外，如下所述，简单地放弃使用物质可能对评估结果的有效性影响不大。

研究表明，物质使用会对各种功能产生持续影响，比如短期记忆，这会对学生的整体表现产生负面影响。物质使用不良影响的持续时间和严重程度取决于多种因素，包括学生使用的物质类型和使用物质的频率。如果一名学生每天都使用可卡因或海洛因等硬核物质，那么这名学生在教育评估中的表现可能会受到持续数周甚至数月的影响。如果学生使用像甲基苯丙胺那样的物质，那么学生的表现可能会无限期受到影响。

作为排除性因素的物质使用

实施 IDEA 的《美国联邦法规》规定，情绪障碍这一类别"不适用于社会适应不良的学生，除非他们被确定有情绪障碍"。同样，一些州在诊断标准中将物质使用视为排除因素。例如，在明尼苏达州，情绪或行为障碍的标准要求学生表现出一种对学习有不利影响的情绪或行为反应，但其主要原因不是非法使用物质。同样，在威斯康星州，其他健康障碍的标准要求学区确定学生的教育表现是否因健康问题而受到不利影响。IDEA 认为，物质使用障碍不被视为一个健康问题。因此，如果学生的教育表现因物质使用而非健康问题受到不利影响，则该学生将不符合其他健康障碍的标准。

将物质使用视为一种排除因素的标准，证实了 IDEA 中不将物质使用障碍视为"残疾"的原则。但这些规则并不能简化分析，学区仍然必须确定学生的不良教育表现和不恰当行为是物质使用的结果还是由于经过验证的残疾。

学区推迟对正在使用物质的学生进行评估

不幸的是，联邦法律不允许学区推迟评估，直到学生停止使用物质。美国教育部一再声明，学生使用物质并不能免除学区的"学生发现"责任（学校有义务找到所有年龄在 0~21 岁，可能有残疾和可能有资格接受特殊教育服务的学生）。

虽然一些州已规定，将物质使用作为对学生进行评估时的排除因素，但这些规定并没有免除学区在初审时进行评估的责任。在完成充分而全面的评估之前，学区不得因学生疑似使用物质影响对其接受特殊教育资格的判断。

解析物质使用和致残情况的影响

评估小组面临的明显挑战是确定和区分使用物质的影响与可能存在的任何致残情况的影响。一名学生的历史数据在克服这一挑战时是非常宝贵的，特别是当数据被绘制在时间线上时。例如，学习成绩的急剧下降与物质使用的发生时间相关，这将是对评估小组的考虑非常有帮助的信息。关于学生是否在开始使用物质前或结束使用物质后出现致残症状的数据也会有所帮助。当然，如果缺乏物质使用开始和结束的准确时间，评估小组的工作将受到严重影响。如果历史数据涵盖了学生使用物质的一段时间，而开始使用物质的情况尚不清楚，则可能无法将物质使用症状与心理健康障碍症状区分开来。

潜在的共病增加了对确定学生教育需求的挑战。当物质使用同时伴有其他疾病（如抑郁障碍或 ADHD）时，就会发生共病。共病并不意味着一种疾病会导致另一种疾病，相反，它意味着两种疾病同时存在。家长的律师喜欢引用一些研究，声称患有物质使用障碍和 ADHD 的青少年存在共病的几率比一般人群要高。然而，尽管该学生在滥用物质之前就患有 ADHD（根据定义，这种障碍在 12 岁之前发作），在开始使用物质之前，ADHD 症状的表现在教育环境中可能是温和的。在这种情况下，可以认为物质的作用才是罪魁祸首，而不是 ADHD。

学区对执行教育评估时进行物质使用评估的建议

IDEA 不禁止学区提议将物质使用评估作为特殊教育学生初次评估或再评估的一部分。此外，一些州似乎鼓励将物质使用、物质筛查甚至物质使用评估作为特殊教育评估的一部分。例如，在明尼苏达州，情绪或行为障碍的标准明确规定，评估可以包括来自物质使用评估的数据。

然而，学区在提议将物质使用评估作为特殊教育评估的一部分时，必须谨慎行事。一些州有数据隐私法，将与物质使用咨询师的交流列为"机密"数据，除非交流内容涉及对儿童的身体虐待或性虐待，或者基于儿童对自己或他人构成危险的情况。家长的律师会争辩说，数据隐私法禁止学区将物质使用评估的结果作为正当程序听证会的证据。学区可以通过坚称家长自愿将学生的身心状况置于争议中，从而驳倒这种争辩，但最好完全避免这个问题。避免这个问题的一种方法是通知家长和学生，物质使用评估不会产生物质使用咨询师和患者特权，或者任何类似的特权，并让家长和学生放弃主张该特权的任何权利，以及放弃主张物质使用评估的任何部分保密的权利。家长倾向于支持这种做法，因为如果没有弃权声明书，他们和学校一样，可能无法获得学生向物质使用咨询师提供的任何信息。

支持物质使用咨询师和学生之间沟通保密的公共政策是明确的，站在社会的角度，我们希望鼓励学生与物质使用咨询师谈论潜在的物质使用问题。不幸的是，这项公共政策付出了巨大的代价。在实践中，保密政策的保护可以使学生继续使用危险物质而不通知他们的家长，而他们的家长可能处于实施必要干预的最佳位置。如果学生的物质使用危及自己或他人（如醉酒驾驶），物质使用咨询师需要了解允许与学生的家长沟通这些问题的法律要求。

当接受特殊教育的学生开始使用物质时，可能会出现的法律问题

物质使用问题在学生中很普遍。例如，2007 年明尼苏达州对公立学校学生的调查发现，35%的男性和 25%的女性高中毕业生报告在过去两周至少有一次连续喝了 5 杯或更多的酒。调查还发现，28%的男性和 22%的女性称自己会在吸毒或饮酒后开车。此外，34%的男性和 27%的女性报告自己在 2006 年使用过大麻或其衍生物。低年级学生的比例尽管低于高中生，但仍然很大，这令人不安。

当接受特殊教育的学生被发现在学校中使用、拥有或分发物质时，如果个性化教

育计划团队认定这种行为不是残疾的表现，那么学校可以开除他们。许多情绪障碍类学生都有个性化教育计划目标，以及针对性地解决冲动和错误选择的问题。这些学生的家长可能会争辩说，使用、拥有或分发物质是学生障碍的一种表现。除非学区有证据表明该学生正在实施计划，比如预先安排的毒品交易，否则家长的论点对于听证官来说可能极具说服力。当然，不管结果如何，学区都可以根据 IDEA 的规定，选择进行 45 天的单方面更改安置方案。

当一个学区试图就物质使用问题对一个特殊教育学生进行处罚时，家长可能会采取攻势，辩称学区没有提供适当的教育方案导致了学生的物质使用。例如，家长可能会争辩说，学生是在进行自我物质治疗，因为学区没有发现学生的需求，或者没有提供必要的服务和支持来满足学生的需求。听证官员一般会拒绝接受这些论点，但学校最好在对这些论点做出反应之前考虑所有的事实。

当接受特殊教育的学生出现物质使用问题时，也会给学区带来关于学生安置的适当性的难题。例如，家长可能会争辩说，物质使用问题是学生情绪障碍的结果，而学区有义务支付学生在禁酒学校、日间治疗安置所或住宿安置所的费用，以解决学生的物质使用问题。简单的解决方案是提供事先书面通知，拒绝家长的要求，因为物质使用问题在 IDEA 中不被视为残疾。然而，在许多情况下并不适合简单地回应。不幸的是，一些个性化教育计划的目标是解决物质使用问题。（这个过渡目标就是一个例子："学生将改进他的行为，从一天内 30% 的时间都选择使用物质的活动，到 100% 的时间选择不使用物质的活动"。）当个性化教育计划明确指出物质使用问题时，学区可能很难辩称，它没有义务进一步解决物质使用问题，也难以拒绝将其作为免费适当的公共教育的一部分。

结论

在对正在使用或最近使用过物质的学生进行初步评估时，学区必须克服许多挑战，并且需要了解在评估过程中可能出现的法律问题。评估本质上是生成在一个特定时间点对学生的简要说明，结合重要的历史数据，这种评估可以准确地描述学生的教育表现和需求，明确学生是否真正具有 IDEA 所规定的残疾。

注：本附录改编自迈克尔·瓦尔德施普格博士和威廉姆·迪克尔博士于 2010 年 7 月在《调查与分析》上发表的论文《物质与残疾：对滥用物质或酒精的学生进行特殊教育评估》。